Unterrichtspraxis S II

Geographie

Herausgeber:

Ulrich Brameier

Hanns-Joachim Kolb

Norbert von der Ruhren

Band 15

Gesellschaftliche Strukturen

Leitbilder der Stadtentwicklung

Autoren:

Rudolf Juchelka

Arno Kreus

Norbert von der Ruhren

Betreuender Herausgeber:

Norbert von der Ruhren

Aulis Verlag Deubner

Bibliografische Information Der Deutschen Bibliothek

Die Deutsche Bibliothek verzeichnet diese Publikation in der Deutschen Nationalbibliografie; detaillierte bibliografische Daten sind im Internet über *http://dnb.ddb.de* abrufbar.

Das vorliegende Werk wurde sorgfältig erarbeitet. Dennoch übernehmen Autoren, Herausgeber und Verlag für die Richtigkeit von Angaben, Hinweisen und Ratschlägen sowie für eventuelle Druckfehler keine Haftung

Best. Nr. 8655
Alle Rechte bei AULIS VERLAG DEUBNER Köln, 2003
Umschlaggestaltung: Sybille Hübener
Satz: Verlag
Zeichnungen: Elisabeth Galas, Köln
Umschlagfoto: © Tourismus+Congress GmbH Frankfurt am Main, Fotograf: Daniel Zielske
Druck und Verarbeitung: Hans Kock Buch- und Offsetdruck GmbH, Bielefeld
ISBN 3-7614-2460-4

Hinweis: Nicht in allen Fällen war es uns möglich, den Rechteinhaber von Materialien ausfindig zu machen. Berechtigte Ansprüche werden selbstverständlich im Rahmen der üblichen Vereinbarungen abgegolten.

Inhalt 0

0	**Inhalt**	3
1	**Vorwort**	5
2	**Didaktische Vorbemerkungen**	6
3	**Unterrichtspraktischer Teil**	7
3.1	**Fallbeispiel I:** *Historisch-genetische Stadttypen in Mitteleuropa* (Arno Kreus)	
3.1.1	*Sacheinführung*	7
3.1.2	*Möglicher Verlaufsplan*	11
3.1.3	*Methodische und didaktische Anregungen*	12
3.1.4	*Materialien*	13
3.1.5	*Lösungshilfen*	25
3.2	**Fallbeispiel II:** *Leitbilder der Stadtentwicklung in außereuropäischen Kulturkreisen* (Norbert von der Ruhren)	
3.2.1	*Sacheinführung*	28
3.2.2	*Möglicher Verlaufsplan*	33
3.2.3	*Methodische und didaktische Anregungen*	34
3.2.4	*Materialien*	35
3.2.5	*Lösungshilfen*	45
3.3	**Fallbeispiel III:** *Leitbilder des Städtebaus und der Stadtplanung in Deutschland im 20. und 21. Jahrhundert* (Rudolf Juchelka)	
3.3.1	*Sacheinführung*	49
3.3.2	*Möglicher Verlaufsplan*	51
3.3.3	*Methodische und didaktische Anregungen*	51
3.3.4	*Materialien*	52
3.3.5	*Lösungshilfen*	66
4	**Klausurvorschlag**	69

Beilage:

Folie 1: Städte außereuropäischer Kulturkreise im Vergleich

Folie 2: a) Strukturmodell der US-amerikanischen Kernstadt am Ende des 20. Jahrhunderts

b) Schematische Skizze der US-amerikanischen Stadt zu Beginn des 3. Jahrtausends

Gliederung des Gesamtwerks

Unterrichtspraxis S II – Geographie
(Die Titel der einzelnen Bände sind z. T. noch Arbeitstitel.)

Ökologische Strukturen

1. Eingriffe in Ökosysteme
2. Nachhaltiges Wirtschaften
3. Ökosystem Stadt
4. Freizeitgestaltung und Umwelt
5. Endogene und exogene Kräfte
6. Entwicklungspotenzial von Naturräumen

Wirtschaftliche Strukturen

7. Welternährung
8. Globalisierung und Standortfaktoren
9. Verkehrs- und Kommunikationsnetze
10. Tertiärisierung und Stadtentwicklung
11. Regionale Disparitäten
12. Agenda 21 als Wirtschaftsfaktor

Gesellschaftliche Strukturen

13. Bevölkerungswachstum und Tragfähigkeit
14. Weltweite Migration
15. Leitbilder der Stadtentwicklung
16. Raumwirksamkeit globaler Zusammenarbeit
17. Zusammenwachsen und Desintegration von Räumen
18. Armut und Marginalisierung

Quellennachweis Folie 2:
M 13: Nach Rita Schneider Sliwa: Nordamerikanische Innenstädte der Gegenwart. In: Geographische Rundschau, Heft 1/1999, Braunschweig: Westermann 1999, aus: Bender H. U., u. a.: Fundamente. Gotha: Klett-Perthes 2001, S. 390
M 15: Nach Hahn, R. USA. Perthes Länderprofile, 2. Aufl. Gotha: Klett-Perthes 2002, S. 44; aus Kreus A., und N. von der Ruhren: Fundamente Kursthemen USA/Kanada, Russland/Nachfolgestaaten der Sowjetunion. Gotha: Klett-Perthes 2002, S. 91

Vorwort

Amerikanisieren unsere Städte? – Frankfurt/„Mainhattan"
© *Stadt Frankfurt am Main*

Städte sind zu allen Zeiten und in allen Kulturkreisen Spiegelbilder der jeweiligen Gesellschaftssysteme und Wirtschaftsordnungen. Bereits 1876 schrieb *F. Ratzel*: „In den Städten strahlt zusammen, verdichtet und beschleunigt sich das Leben eines Volkes, nicht bloß mit dem Erfolge, dass es wirksamer und reicher wird, sondern auch mit dem, dass es deutlicher sein Wesen ausprägt und dauernde Zeugnisse desselben hinstellt und der Nachwelt übergibt. Sie bringen das Größte, Beste und Eigentümlichste desselben zur vollen Geltung." Etwa hundert Jahre später lieferte *P. Schöller* eine geographisch pointiertere Charakterisierung der Stadt, indem er die Städte als „verdichtete Brennpunkte des Lebens ihrer Region" und „als Steuerungszentren der menschlichen Organisation der Lebensräume" bezeichnete.

Wenn Städte also „Ausdruck der menschlichen Lebensform in Vergangenheit und Gegenwart" sind (*R. König*) – so kann man die obigen Zitate wohl verkürzt zusammenfassen – dann ergibt sich zwingend daraus die Forderung, dass sich auch der Erdkundeunterricht mit dem Phänomen Stadt und ihrer lebensräumlichen Bedeutung für die Schüler zu beschäftigen hat. Dazu möchte der vorliegende Band Anregungen und Unterrichtsmaterialien liefern. Dem Titel des Bandes *Leitbilder der Stadtentwicklung* entsprechend, werden genetische Stadttypen aus Mitteleuropa sowie Konzepte des Städtebaus und der Stadtplanung in Deutschland im 20. und 21. Jahrhundert vorgestellt. Ausgeweitet wird der Blick auf andere Kulturräume, wobei als Beispiele die US-amerikanische, die lateinamerikanische und die islamisch-orientalische Stadt gewählt wurden. Nach einer einleitenden Sacheinführung skizzieren die Autoren jeweils einen Verlaufsplan und geben einige kurze methodisch-didaktische Anregungen für die Unterrichtspraxis. Kernstück jedes Fallbeispiels bildet die Zusammenstellung von im Unterricht erprobten Arbeitsmaterialien. Ein Klausurvorschlag rundet das Unterrichtsangebot ab.

Norbert von der Ruhren
Herausgeber

2 Didaktische Vorbemerkungen

Didaktische Vorbemerkungen

Das Thema Stadt hat seit langem einen festen Platz im Kanon der Schulgeographie. Zu Recht. Die Legitimation ergibt sich nicht nur aus der Tatsache, dass die Stadt der Lebensraum unserer Schüler schlechthin ist – leben doch inzwischen fast 90 % der Bevölkerung Deutschlands in Städten –, sondern auch und vor allem daraus, dass in den städtischen Räumen sich die meisten Gegenwartsprobleme wie in einem Brennglas konzentrieren. Dazu zählen z.B. die Engpässe in der Infrastruktur, die Beeinträchtigung der ökologischen Situation der Städte und damit der Lebensqualität ihrer Bewohner, die z. T. extreme soziale Segregation in Form der Ghettoisierung der Armen und schwachen Gesellschaftsschichten, der wirtschaftliche Bedeutungsverlust der Innenstädte infolge der Abwanderung von Bevölkerung, Gewerbe und tertiären Einrichtungen bzw. die durch die umfangreichen rural-urbanen Wanderungen verursachten krassen regionalen Disparitäten zwischen den städtischen Räumen einerseits und den ländlichen Peripherregionen andererseits. Folgerichtig sind dies auch alles unverzichtbare Gegenstände des Geographieunterrichts. Etwas vernachlässigt wird in jüngerer Zeit hingegen die historische Perspektive. Leider! Sind doch viele der genannten Probleme nur verständlich vor dem Hintergrund der Genese unserer Städte.

Wenn in den folgenden Fallbeispielen also genetische Siedlungstypen vorgestellt werden, dann geschieht dies nicht um der Historie willen und auch nicht aus einer Vorliebe für Fremdes und Exotisches. Die historische und kulturgenetische Perspektive soll vielmehr dazu beitragen, den Blick für das amorphe Gebilde der heutigen Stadt deutlicher zu schärfen, die komplexen räumlichen und sozialen Beziehungen in den städtischen Gebilden besser zu erkennen sowie gegenwärtige Probleme vor dem Hintergrund der historischen und kulturellen Gegebenheiten umfassender zu verstehen. Dazu dient auch das dritte Fallbeispiel; sind doch alle Leitbilder und Konzepte der Stadtplanung im 20. und 21. Jahrhundert als Versuche zu werten, gewachsene Missstände in den städtischen Räumen zu beseitigen, die Städte wieder lebenswert zu machen.

Das übergeordnete Ziel einer Unterrichtssequenz, der die in diesem Band vorgestellten Materialien zugrunde liegen, könnte somit lauten: Die Schüler sollen durch die historische Perspektive sensibilisiert werden für die heutigen räumlichen Probleme der Stadt, einschließlich der jeweiligen Ursachen, um sie so zu kompetentem Handeln und Verhalten in ihrem Lebensraum zu befähigen.

Literatur
Zur Grundlegung

→ *Benevolo, Leonardo* (1999): Die Stadt in der europäischen Geschichte. München
→ *Benevolo, Leonardo* (2000): Die Geschichte der Stadt.
→ *Heineberg, Heinz* (2000): Grundriss Allgemeine Geographie: Stadtgeographie. Paderborn, Wien, München, Zürich
→ *Hofmeister, Burckhard* (1999[7]): Stadtgeographie. Braunschweig
→ *Hotzan, Jürgen* (1997[2]): dtv-Atlas Stadt. Von den ersten Gründungen bis zur modernen Stadtplanung. München
→ *Köck, Helmut* (Hrsg., 1992): Handbuch des Geographie-Unterrichts, Bd. 4: Städte und Städtesysteme. Köln
→ *Lichtenberger, Elisabeth* (1998[3]): Stadtgeographie – Begriffe, Konzepte, Modelle, Prozesse. Stuttgart, Leipzig
→ *Lichtenberger, Elisabeth* (2002): Die Stadt. Von der Polis zur Metropolis. Darmstadt
→ *Schöber, Peter* (2000): Wirtschaft, Stadt und Staat. Von den Anfängen bis zur Gegenwart. Köln, Weimar, Wien
→ *Schöller, Peter* (1980): Die deutschen Städte. Wiesbaden
→ *Stewig, Reinhard* (1983): Die Stadt in Industrie- und Entwicklungsländern. Paderborn

Zur Unterrichtspraxis

→ *Claassen, Klaus* (1996): Die Stadt. Lebensraum im Wandel. Braunschweig
→ *Knapp, Daniela* (2001): Urbane Räume. Berlin
→ *Knoth, Peter* und *Barbara Stricker* (1995): Lebensraum Stadt: Raum zum Leben? München
→ *von der Ruhren, Norbert* (Hrsg., 2000): Materialien-Handbuch Geographie Band 5: Stadt, Raumplanung. Köln

Fallbeispiel I:
Historisch-genetische Stadttypen in Mitteleuropa

3.1.1 Sacheinführung

Städte, so wie wir sie heute vorfinden, sind immer ein Produkt menschlichen Wirkens – intentionaler Vorstellungen ihrer Gründer, historisch-gesellschaftlicher Bedingungen und Wandlungen, wirtschaftlicher Grundlagen und Veränderungen – und im Gesamten auch immer ein Spiegel ihrer Zeit. So ist die Struktur der Städte einem ständigen Wandel unterworfen, der sich sowohl in ihrer Physiognomie als auch in ihrer Funktionalität und in ihren inneren Differenzierungen wiederfindet. Trotz dieses Wandels ergibt sich aber vor allem in den Innenstädten in aller Regel ein unmittelbares Nebeneinander von modernen und alten Strukturen, Letztere besonders im Grund- und Aufriss der Stadt, d. h. in der Straßenführung, in den Parzellierungen der Grundstücke, in der Anlage von Plätzen oder in den historischen Bauten und Häusern. Dieses Maß an Beharrung nennt man *räumlich-zeitliche Persistenz*; sie sagt etwas aus über den Charakter oder auch über Einzelmerkmale eines bestimmten historischen Stadttypus.

Die Kenntnis von den Vorgängen der Stadtgenese gibt notwendige Einblicke in Grundlagen des heutigen Erscheinungsbilds, aber auch in heutige Probleme unserer Städte. Sie ist somit eine Grundvoraussetzung für eine moderne, nachhaltige und das wertvolle historische Erbe bewahrende Stadtplanung.

Man kann verschiedene Stadtentstehungs- bzw. -entwicklungsphasen unterscheiden (**M 2**), wobei die Intensität an Stadtgründungen sehr unterschiedlich war (**M 3**).

→ *Die römische Stadt*

Die römischen Städte, deren Ursprung in der griechischen Polis, dem antiken Stadtstaat, lag, waren die ersten Siedlungen in Mitteleuropa, die Merkmale und Funktionen von Städten besaßen. Sie entstanden im Zuge der Ausdehnung des Imperium Romanum über die Alpen hinweg nach Norden und Nordwesten; bis zum Ende des ersten Jahrhunderts n.Chr. waren so Städte in Gallien, Britannien und in Teilen Germaniens entstanden (**M 4**). Hier stellte der Limes die Grenze der römischen Stadtgründungen dar, die vor allem linksrheinisch und entlang des rechten Donauufers lagen – von Köln über Mainz, Worms und Basel bis nach Regensburg. Bedeutendste Gründung wurde Trier, das ab 275 n.Chr. Hauptstadt des römischen Westreichs wurde (**M 5**).

„Die Stadtneugründungen ... erfolgten nach ca. 450 v. Chr. großenteils im regelmäßigen Rechteckraster in Anlehnung an das von HIPPODAMUS beim Wiederaufbau von Milet in Kleinasien ab 479 v.Chr. entwickelte geometrische Straßenraster (Hippodamisches Schema)." – „Nach der Festlegung des Straßenrasters als Rechteckraster erfolgte die Zuweisung bestimmter Nutzungen zu gewissen Bereichen; es gab solche für öffentliche Gebäude, Hafengebiete, Wohnflächen, militärische Einrichtungen." (*Heineberg* 2000, S. 193/194, *Hotzan* 1997, S. 25)

Grundsätzlich unterschied man die römischen Städte nach ihrer Funktion: Lagerstädte, die sich an militärische Lager oder Kastelle anlehnten, bürgerliche Städte wie Köln oder Trier, Bäderstädte wie Aachen oder Wiesbaden. Zwei Merkmale war ihnen allen gemeinsam, nämlich das Forum als der Mittelpunkt der Stadt sowie das schachbrettmusterartige Straßennetz.

Zu erkennen sind die römischen Stadtgründungen im heutigen Stadtbild nur noch an einzelnen Objekten (wie der Porta Nigra in Trier), da sie im Mittelalter gänzlich überformt wurden (**M 6**).

→ *Mittelalterliche Stadtentwicklung und Stadttypen*

Die intensivste Städtegründungsphase in Mitteleuropa stellt die Zeit zwischen 1100 und 1400 dar. Vorher hatte es – bedingt durch das Ende des Römischen Reiches und die Völkerwanderung sowie die sich anschließende Neuordnung Europas – einen starken Verfall der städtischen Kultur gegeben. Das änderte sich, wie gesagt, ab ca. 1100, und in den folgenden 300 Jahren wuchs zum einen die Zahl der Städte in Mitteleuropa, zum anderen erfuhren die Städte selbst ein intensives (Auffüllungsprozess innerhalb der vorhandenen Begrenzungen wie der Stadtmauer) und z. T. auch schon extensives Städtewachstum (Bevölkerungs- und Flächenwachstum über die alte Begrenzung hinaus, z. B. Bau einer zweiten, erweiterten Stadtmauer).

Den Impuls für die mittelalterlichen Stadtgründungen setzte vor allem der an Bedeutung und Einfluss gewinnende Bürgerstand. Zwar gab es oft Gründungen in Verbindung mit Dom- oder Klosterburgen, doch dominierten die Städte, die beispielsweise an Kreuzungen von Handelswegen oder an Flussfurten als Kaufmannsstädte entstanden. Die besondere Stellung der Stadt mit ihren eigenen Rechten und Privilegien – „Stadtluft macht frei." – sowie die rasche Bedeutungszunahme der Kaufmannsgilden und Handwerkerzünfte wurde auch in der Physiognomie und der Funktionalität der mittelalterlichen Städte deutlich:

– in der scharfen Abgrenzung vom agrarisch geprägten Umland durch Stadtmauer, Wall und Graben,

– in der zentralen Lage der Hauptkirche und vor allem des Rathauses als dem Sitz bürgerlicher Selbstverwaltung,

– in der Mittelpunktslage und wirtschaftlichen und gesellschaftlichen Funktion des Marktplatzes (**M 7**).

Bis heutzutage spielen die im Mittelalter geprägten städtischen Elemente, zu denen vor allem noch das unregelmäßige Straßennetz gehört, eine wichtige Rolle. Während im Zuge der Industrialisierung um die Mitte des 19. Jahrhunderts die Stadtmauern verschwanden, sind die anderen Elemente im Wesentlichen erhalten geblieben und stellen die Alt- und Innenstadtplanung vor entscheidende Anforderungen. Stichworte hierfür sind z. B. die Verkehrsplanung, die Stadtsanierung, der Erhalt einzelner Bauten und eines historischen Stadtensembles oder die Notwendigkeit, die Altstadtstruktur mit modernen Cityfunktionen in Einklang zu bringen.

Die gängige Literatur unterscheidet verschiedene mittelalterliche Stadtentwicklungen bzw. Stadttypen, wobei diese Unterscheidungen teils physiognomischer, teils intentionaler bzw. funktionaler Natur sind. Immer aber lagen diesen Vorgängen bestimmte Leitbilder und zeitbezogene Vorstellungen von städtischen Siedlungen zugrunde:

Frühmittelalterliche Keimzellen (8./9. Jh.) für die Stadtentwicklung waren zum Beispiel befestigte Königshöfe (Beispiel: Dortmund) oder die Domburgen der Bischofssitze, wie in Münster/Westf. (**M 8**). Daneben entstanden – häufig an eine Burg angelehnt – kaufmännische Siedlungen, die so genannten Wikorte, deren Aufschwung allerdings erst begann, als sich die Kaufleute zu Gilden zusammenschlossen.

Mutterstädte (bis ca. 1150) nannte man die oft nur mühsam mit der Fürstenpfalz oder der Kirchenburg zusammengewachsene, bereits differenzierte Siedlung der königlichen Kaufleute. Ihr Zentrum wurde der Markt. Wie das Beispiel von Münster zeigt, veränderten die mittelalterlichen Städte durch Stadterweiterungen häufig ihre ursprüngliche Form. Das ging so weit, dass sich (zunächst) selbstständige Städte in unmittelbarer Nachbarschaft entwickelten und dann zu sog. Doppelstädten (Hamburg, Brandenburg) oder sogar Gruppenstädten (Hildesheim, Bremen, Braunschweig) zusammenwuchsen.

Nach dem Vorbild der Mutterstädte entstanden zwischen 1150 und 1250 **Gründungsstädte** als planmäßig angelegte Stadtanlagen. Sie wurden vor allem in günstiger Verkehrslage errichtet, und zu ihrem eigentlichen Mittelpunkt wurde mehr und mehr der Marktplatz. Dessen quadratische Anlage steigerte oft die Regelmäßigkeit der Stadtanlage, wie dies z. B. bei Freiburg i. B., Lemgo oder Lübeck sichtbar wird.

Bescheidene Gründungen, die aber zwischen 1200 und 1300 in großer Zahl und Dichte im ganzen Deutschen Reich entstanden, waren die **territorialen Klein- und Zwergstädte**. Mit diesen meist landesherrlichen Gründungen sollte die jeweilige Territorialmacht eine Stärkung erfahren. Sie erreichten kaum einmal 20 ha Fläche, entstanden häufig in den Grenzregionen rivalisierender Territorien und besaßen zwar oft eine geschützte Lage, aber meist auch eine geringe Verkehrsgunst (Haltern, Dorsten).

Ohne Zweifel gehört die mittelalterliche Stadt zu den ganz wesentlichen Energien ihrer Zeit, mit einem Wirken weit über diese hinaus. Sie war sowohl raumprägend als auch ein entscheidender politischer, gesellschaftlicher und wirtschaftlicher Entwicklungsträger. Dennoch ist es problematisch, überhaupt von der mittelalterlichen Stadt zu sprechen. Neben der Differenzierung nach Phasen und Typen (s. o.) wird dies auch in ihren unterschiedlichen Größen deutlich (**M 9**). Der größte Teil dieser rund 3000 Städte konnte den administrativen und wirtschaftlichen Funktionen einer Stadt selbst nach damaligem Verständnis nur ansatzweise gerecht werden. Und: 3000 städtischen Siedlungen war jahrhundertelang ein geringes Bevölkerungswachstum oder sogar Stagnation oder Rückgang gemeinsam.

Eines muss man sich also vor Augen halten: Das Mittelalter stellte in Mitteleuropa die bedeutsamste Stadtentwicklungsphase dar, die wiederum entscheidende Impulse für die Entwicklung Europas gab, doch waren diese Städte noch weit von ihrer heutigen Größe, Multifunktionalität und Dynamik entfernt.

→ *Die frühneuzeitlichen Stadttypen*

Wie **M 3** zeigt, verzeichnete die Zeit zwischen 1400 und 1850 einen starken Rückgang bei den Neugründungen von Städten; hier war offensichtlich ein Sättigungsgrad erreicht. Die Gründe hierfür waren unterschiedlicher Art: Seuchen wie die Pest reduzierten die Gesamtbevölkerung – und damit den Bedarf an städtischem Siedlungsraum – ebenso wie der Dreißigjährige Krieg, an dessen Ende sich die Zahl der in Mitteleuropa lebenden Menschen halbiert hatte. Kaufmannsbünde wie die Hanse, die ja die Gründung und Entwicklung von Städten massiv mitgetragen hatten, zerfielen, und durch waffentechnische Neuerungen boten z. B. Stadtmauern schon ab dem 16. Jh. ohnehin keinen Schutz mehr – nicht nur eine Sättigung war erreicht, die mittelalterliche Stadt entsprach auch nur noch eingeschränkt den neuen Bedürfnissen.

Dennoch sind gerade im 16.–18. Jh. einzelne bedeutsame frühneuzeitliche Stadttypen entstanden. Diese ergaben sich durch historisch-politische, gesellschaftliche und wirtschaftliche Veränderungen, also durch die Bereiche, die die Entwicklung von Städten beeinflussten.

Vor allem die Fürsten gewannen an Macht (Absolutismus), was sich in ihrem Gestaltungswillen bei der Gründung von Fürstenstädten (s. u.) niederschlug.

Für die Stadtgründungen ergaben sich also neue Intentionen und Leitlinien.

Die **Bergstädte** wurden vor allem im 15. und 16. Jahrhundert von Landesfürsten auf der Basis von Erzfunden im Harz (1526 Zellerfeld, 1530 Clausthal), im Böhmerwald, in den Sudeten oder auch in den Alpen gegründet.

Im 16. bis 18. Jh. entstanden in protestantischen Gebieten die so genannten **Exulantenstädte**, die z. T. planmäßige Erweiterungen von fürstlichen Residenzen darstellten und in denen vor der Gegenreformation geflohene Protestanten Unterkunft fanden. Beispiele sind Altona oder Homburg, aber auch Städte, in deren Namen sich entweder der Heimat gebende Landesherr wiederfindet (Karlshafen/Weser) oder das neu gewonnene Gefühl der Exilanten (Glückstadt/Elbe oder Freudenstadt im Schwarzwald).

Finden sich schon in diesen beiden Stadttypen die planmäßig umgesetzten Motive von Herrschern, so noch mehr im wichtigsten Typus dieser Zeit, den **Fürstenstädten**. Zwei Phasen lassen sich hier unterscheiden, nämlich einmal die **Festungs- oder Garnisonsstadt** und zum anderen die **Residenzstadt**.

Das von dem Franzosen Vauban (1633-1707) entwickelte, sternförmige System der *Bastion* wurde zwar auch zur Sicherung mittelalterliche Städte benutzt, wie z. B. bei Frankfurt und Braunschweig (**M 10**), doch fand es ebenso Anwendung bei fürstlichen Neugründungen. Diese unterlagen, dem Zeitgeist entsprechend, einem streng rationalen Prinzip, sodass sich mit und innerhalb der Bastion klare geometrische Strukturen finden. Waren diese in der Renaissance noch – innerhalb der Bastion – in den Baukörpern der Zitadelle und der Bürgerstadt enthalten, so trat im Barock eine entscheidende Veränderung ein: Die Macht des Fürsten sollte sich in der Stadtgestaltung widerspiegeln, und entsprechend wurde der Grundriss der Stadt konsequent auf die Residenz des Herrschers ausgerichtet.

„Alleinige Aufgabe des Straßennetzes und der Freiflächen der idealtypischen barocken Residenzstadt war die Hinführung zum absoluten Richtpunkt der Stadt, zum Schloss. Eine annähernde Verwirklichung war nur bei einer Neuanlage möglich."
(*H. Friedmann* 1968, S. 27)

Vorbild für solche Schloss- und Parkanlagen war natürlich das französische Versailles Ludwigs XIV; in Deutschland fand der Gedanke einer solchen Anlage seine konsequenteste Umsetzung in der Schloss-, Park- und Stadtanlage von Karlsruhe, die der Markgraf Karl Wilhelm ab 1715 errichtete (**M 11, M 12**). Das schachbrettmusterartige Straßennetz Mannheims dagegen, der zweiten großen Anlage einer Residenzstadt in Deutschland, war durch die bereits existierende Bürgerstadt vorgegeben, sodass hier der Neubau des Schlosses auf dem Platz der ehemaligen Zitadelle mit dem rechteckigen Straßenmuster zu einem städtebaulichen Kompromiss zusammengeführt wurde (**M 13**), wozu auch das Schleifen der Bastionsanlage ab 1789 gehörte, deren Unterhaltung teuer war und die kaum noch nennenswerte Schutzfunktion erfüllen konnte. Trotz der Kompromisslösung kam man aber auch in Mannheim dem barocken Ideal nahe.

→ *Die Stadt des Industriezeitalters und der Gründerzeit*

Wie bisher zu sehen war, lagen den Phasen der Städtegründungen und Stadtentwicklung jeweils unterschiedliche Leitbilder zugrunde, geprägt durch die jeweils politisch-gesellschaftlichen und / oder wirtschaftlichen Grundbedingungen ihrer Zeit.

So ist es nicht verwunderlich, dass ab der Mitte des 19. Jh.s im Zuge der Industriellen Revolution neue Tendenzen der Stadtentwicklung entstanden, die in ihrer Intensität den radikalen wirtschaftlichen und gesellschaftlichen Veränderungen entsprachen.

Neugründungen im Industriezeitalter. Zwar lag der Schwerpunkt der Stadtentwicklung in dieser Zeit in den Veränderungen und Erweiterungen, die bereits vorhandene Städte erfuhren, doch gab es auch Neugründungen. Ihre Intentionen lagen auf der Hand:
– die Entstehung zahlreicher Industrieunternehmen, dadurch ausgelöst
– eine starke rural-urbane Migration (Landflucht), einhergehend mit einer plötzlich und massiv auftretenden Wohnungsnot in den Zuwanderungsräumen,
– der Zwang zur Nähe von Arbeits- und Wohnplatz in einer Zeit der fehlenden Mobilität des Einzelnen.

Also entstanden Städte in unmittelbarer Nachbarschaft neu gegründeter Unternehmen vor allem auch in den Montanrevieren. Neben verschiedenen Ruhrgebietsstädten (z. B. Oberhausen in Verbindung mit dem Hütten- und Stahlwerkskomplex von Thyssen – heute Standort des CentrO) ist aber vor allem Ludwigshafen am Rhein ein Exempel für diese Stadtgründungsphase (**M 14**), eine Siedlung, die ihre Existenz dem BASF-Werk verdankt.

Diese neuen, durch die Industrialisierung initiierten Städte zeigen dabei wesentliche Strukturmerkmale, wie sie in den gründerzeitlichen Vierteln der seit 1850 rapide wachsenden „alten" Städte zu finden sind.

Gründerzeitliche Mietskasernen. Das rasante Bevölkerungswachstum hatte in Mitteleuropa in den neuen industriellen Verdichtungsräumen für die Städte gravierende Folgen. Bis 1880 waren alle Stadtbefestigungen geschleift, die Stadt wuchs in das Umland hinaus und sie veränderte ihre Struktur und ihren Grundriss. Die ehemalige Stadt wurde nun zum Stadtkern, an den sich sowohl der Bahnhof, Gewerbegebiete als auch Viertel für

die Unterbringung der neuen gesellschaftlichen Klasse, der Arbeiterschaft, anschlossen. Die Gründe für diese Mietskasernenbebauung waren vielfältig (**M 17**), die sich ergebende Struktur immer ähnlich:
- vier- bis fünfgeschossige Miethäuser,
- Blockbebauung mit geschlossenen Straßenfronten,
- Seitenflügel und Quergebäude zur Ausnutzung der Fläche,
- dadurch Hinterhöfe mit schlechter Besonnung und Belüftung der Wohnungen,
- klein geschnittene Wohnungen mit wenigen Zimmern (im Durchschnitt 1-3),
- störendes, oft emittierendes Gewerbe innerhalb der Blöcke liegend,
- regelmäßiges Straßennetz, rechteckig mit Diagonalachsen und sternförmigen Plätzen. (**M 15–M 16**)

Neben dieser Form, die auch heute noch das Bild unserer Städte mit prägt und die durch die herrschaftlichen Miethäuser in besserer Wohnlage ergänzt wurde, traten noch zwei weitere städtische Sonderformen: einerseits die **Villenviertel** mit Einzelgebäuden und Parks am Stadtrand sowie andererseits die **Werkskolonien**, von denen die Zechensiedlungen des Ruhrgebiets nicht die einzigen, aber doch die bekanntesten sind; sie stellten für ihre Zeit ein besonderes soziales Engagement der Gruben- oder beispielsweise der Stahlwerksbesitzer dar.

→ *Die Großwohnsiedlungen des 20. Jahrhunderts*

Zwar wurden „echte" Stadtgründungen im vorigen Jahrhundert selten, doch entstanden als neuer Typus so genannte Großwohnsiedlungen (**M 18**), die sich allerdings in Mitteleuropa anders präsentieren als ihre Vorbilder in England oder Frankreich. Während die New Towns im Großraum London oder die Villes Nouvelles bei Paris administrativ eigenständige Städte sind, gehören die Großwohnsiedlungen unserer Prägung als „Satelliten-" oder „Trabantenstädte" zu bereits vorhandenen Großstädten.

Sie waren zum einen eine Reaktion auf die starken Landfluchttendenzen der 1960er und z. T. noch 1970er Jahre sowie zum anderen auf die beginnende Suburbanisierung. Während der städtische Raum aufgrund seiner Vorzüge (Arbeitsplätze, Bildungsmöglichkeiten, Kultur- und Freizeitwert etc.) zum Zuwanderungsziel vor allem jüngerer ländlicher Bevölkerung wurde, fand gleichzeitig in den Städten selbst ein Verdrängungsprozess der Wohnbevölkerung statt (Ausdehnung der City, Boden- und Mietpreisanstieg etc.) und erwachte in Teilen der Städter der Wunsch nach dem „Wohnen im Grünen", abseits von Enge, Verkehrs- und Lärmbelastung. Einerseits brauchte also die zuziehende Bevölkerung Wohnraum, andererseits sollte der massiv einsetzenden Zersiedlung des stadtnahen Umlands durch den Suburbanisierungsvorgang – und damit einem steigenden Flächenverbrauch – entgegen gewirkt werden.

Die Großwohnsiedlungen entstanden an der Peripherie der Städte und erreichten unterschiedliche Größenordnungen, von rund 20.000 Einwohnern bis zu rund 80.000. Bekannte Beispiele sind das Märkische Viertel und die Gropiusstadt in Berlin, die in den 1960er Jahren mit jeweils ca. 16.000 Wohneinheiten und rund 60.000 Einwohnern entstanden, München-Perlach mit 80.000 Einwohnern oder die Bremer Vahr, Nürnberg-Langwasser oder auch das vorliegende Beispiel Hamburg-Steilshoop (**M 19 – M 21**).

Ein wichtiges Ziel war bei der Planung dieser Städte bzw. Stadtviertel immer der Gedanke der funktionalen Vielfalt. Es sollten möglichst keine Schlafstädte entstehen, aus denen die Menschen täglich auf überlasteten Verkehrswegen in die Kernstadt auspendeln mussten, um zu arbeiten, einzukaufen oder zur Schule zu gehen. So finden sich in aller Regel auch in der Großwohnsiedlung selbst Einkaufszentren, Schulen, Gewerbegebiete und Freizeiteinrichtungen. Der Anonymität in diesen Siedlungen sollte durch das im Grundriss erkennbare Nachbarschaftsprinzip entgegen gewirkt werden, und die Verkehrswege waren, den jeweiligen Bedürfnissen angepasst, hierarchisiert (Radburnsystem) – von Radwegen über Stich- und Erschließungsstraßen bis hin zu den Straßen- bzw. Schienenanbindungen an die Kernstadt.

Feststellen muss man allerdings, dass die Ziele, die man bei der Planung und Verwirklichung der Großwohnsiedlungen hatte, selten so erreicht wurden. Nicht umsonst sind die Satelliten- und Trabantenstädte heute oft durch eine ungünstige soziale Segregation, die sich hier vollzogen hat, soziale Brennpunkte und bedürfen rund 30 bis 40 Jahre nach ihrem Entstehen erneut der städtebaulichen Planung. Hierzu ist allerdings zuerst die Entwicklung neuer Leitbilder notwendig, um Leitlinien für eine menschlichere Gestaltung zu gewinnen.

Literatur

→ *Ennen, Edith* (1979): Die europäische Stadt des Mittelalters. Göttingen

→ *Heineberg, Heinz* (2000): Stadtgeographie. Paderborn

→ *Heineberg, Heinz* (Hrsg., 1987): Innerstädtische Differenzierung und Prozesse im 19. und 20. Jahrhundert. Geographische und historische Aspekte. Köln

→ *Hofmeister, Burkhard* (1996): Die Stadtstruktur. Darmstadt

→ *Hofmeister, Burkhard* (1999): Stadtgeographie. Braunschweig

→ *Knapp, Daniela* (2001): Urbane Räume. Berlin

→ *Knoth, Peter* und *Barbara Stricker* (1995): Lebensraum Stadt: Raum zum Leben? München

→ *Lichtenberger, Elisabeth* (2002): Die Stadt. Von der Polis zur Metropolis. Darmstadt

Fallbeispiel I: Historisch-genetische Stadttypen in Mitteleuropa Unterrichtspraktischer Teil 3

3.1.2 Möglicher Verlaufsplan

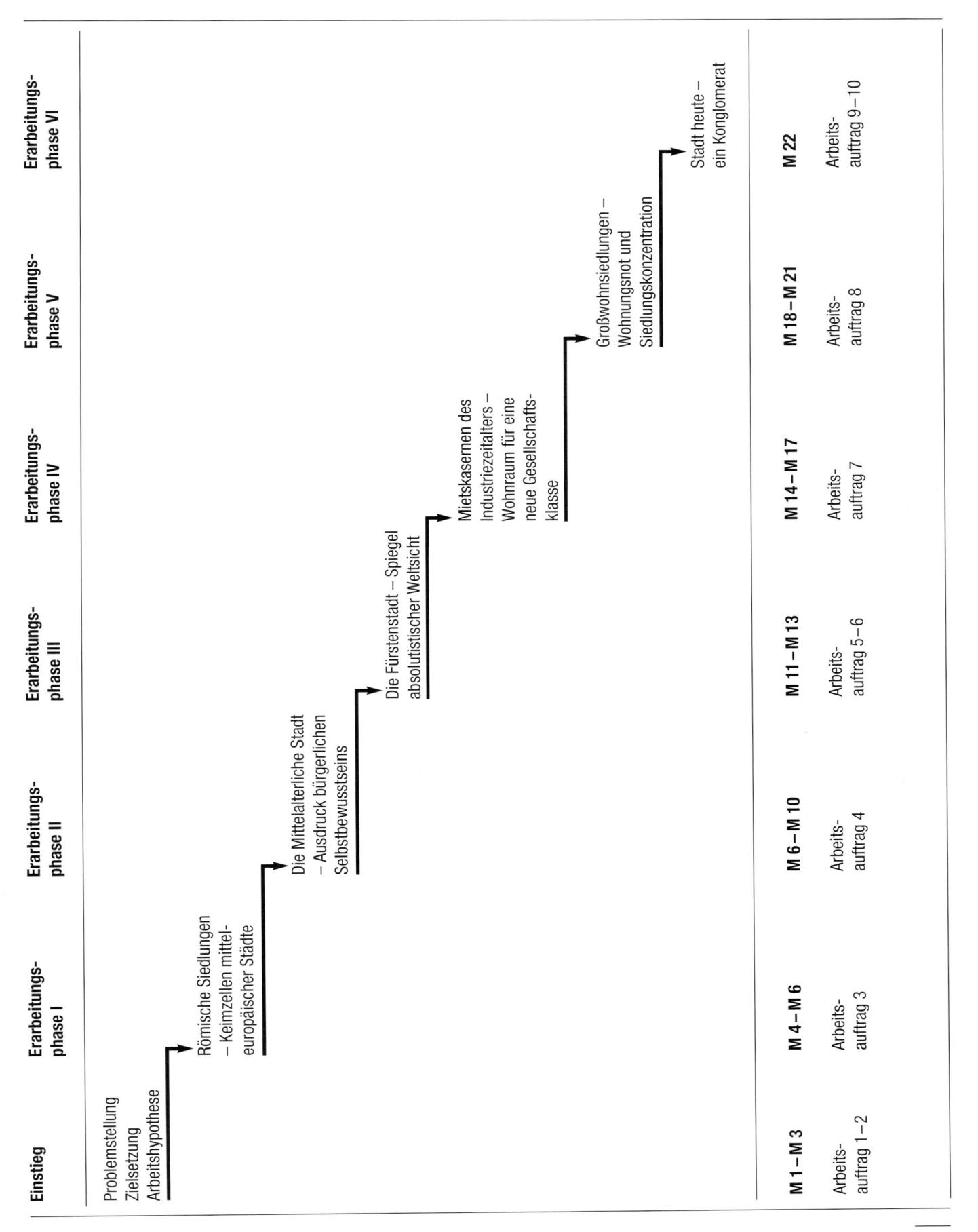

Einstieg	Erarbeitungs-phase I	Erarbeitungs-phase II	Erarbeitungs-phase III	Erarbeitungs-phase IV	Erarbeitungs-phase V	Erarbeitungs-phase VI
Problemstellung Zielsetzung Arbeitshypothese	Römische Siedlungen – Keimzellen mitteleuropäischer Städte	Die Mittelalterliche Stadt – Ausdruck bürgerlichen Selbstbewusstseins	Die Fürstenstadt – Spiegel absolutistischer Weltsicht	Mietskasernen des Industriezeitalters – Wohnraum für eine neue Gesellschaftsklasse	Großwohnsiedlungen – Wohnungsnot und Siedlungskonzentration	Stadt heute – ein Konglomerat
M 1 – M 3	M 4 – M 6	M 6 – M 10	M 11 – M 13	M 14 – M 17	M 18 – M 21	M 22
Arbeitsauftrag 1–2	Arbeitsauftrag 3	Arbeitsauftrag 4	Arbeitsauftrag 5–6	Arbeitsauftrag 7	Arbeitsauftrag 8	Arbeitsauftrag 9–10

3.1.3 Methodische und didaktische Anregungen

Die Bildreihe von Essen (**M 1**) ergibt einen sinnvollen Einstieg, da zwei wesentliche Aspekte des vorliegenden Kapitels sichtbar werden:
– dass Städte historischen Veränderungen unterliegen und sich die Physiognomie der Stadt analog zu den Grundbedingungen der jeweiligen Epoche entwickelt und
– dass die Analyse stadtgenetischer Vorgänge kein Selbstzweck im Sinne einer historisierenden Betrachtung ist, sondern dass sie unmittelbar etwas mit der Funktionalität der Städte zu tun hat, also auch mit den gegenwärtigen und zukünftigen Lebensbedingungen ihrer Bewohner.

So spannt sich bei der Betrachtung Essens der Bogen von der mittelalterlichen Stadt über die des Industriezeitalters bis hin zum tertiären Zentrum des Ruhrgebiets.

Abgerundet wird der Einstieg durch die Materialien **M 2** und **M 3**, die eine sachorientierte Einführung in das Folgende geben, indem sie zum einen die wichtigsten Stadtgründungsphasen verdeutlichen und zum anderen etwas über die jeweilige Intensität dieses Vorgangs aussagen.

Die Ziele, die durch die folgenden Materialien erreicht werden sollen, lassen sich nach dem Einstieg formulieren:
1. Es sollen die Grundmuster erkannt werden, die die jeweilige Stadtgründungsphase kennzeichnen.
2. Es soll deutlich werden, welche Intentionen und städtebaulichen Leitbilder den einzelnen genetischen Phasen zugrunde liegen.
3. Es soll bewusst werden, dass sich das Erbe der verschiedenen Epochen mehr oder weniger stark im heutigen Stadtbild wiederfindet und der Erhaltung bedarf, dadurch aber oft auch besondere Anforderungen an die Stadtplanung stellt, indem sie Historisches mit zeitgemäßen Ansprüchen und Notwendigkeiten verknüpfen muss.

Wie der „Mögliche Verlaufsplan" (3.1.2) ausweist, sind die Materialien **M 4** bis **M 21** in der Chronologie der Stadtgründungs- und -entwicklungsphasen geordnet – eine Chronologie, die, nach dem historisch übergreifenden Einstieg, auch die unterrichtliche Vorgehensweise bestimmen wird. Der Thematik entsprechend dominieren Grund- und Aufrisse von typischen Stadtbeispielen; sie werden aber immer wieder durch Texte und Tabellen ergänzt. Sinn der Materialien und auch der Aufgabenstellungen ist es die Schülerinnen und Schüler durch Beschreibungen und Erläuterungen dazu zu bringen Grundprinzipien zu erkennen und Leitideen zu formulieren, die dem Dargestellten zugrunde liegen. Dabei sehen sie auch, dass in den jeweiligen Städtebildern bestimmte, in die jeweilige historische Situation eingebettete Vorstellungen erkennbar sind, die Aussagen darüber zulassen, was die Stadt als stärkster Ausdruck einer Kulturlandschaft ihren Gründern und Bewohnern bedeutete.

Dies führt zwangsläufig auch zu einer Reflexion unserer eigenen, heutigen Vorstellungen: Was erwarten wir von der Stadt? Welchen Ansprüchen soll sie genügen? Inwiefern spiegelt sich unsere Kultur im Bild heutiger Städte wider? Welche Leitideen formulieren wir, wenn wir von einer modernen, zukunftsfähig gestalteten Stadt sprechen?

Diese Reflexion basiert allerdings weniger auf dem Schlussbeispiel der dargestellten Stadtentwicklungsphasen, also den Großwohnsiedlungen, die ja selbst schon wieder städtebauliche Historie sind – wenn auch eine bis heute nachwirkende.

Stärker kann man die aufgeworfenen Fragen anhand von **M 22**, der Topographischen Karte von Koblenz, thematisieren, indem man hier die Schüler nicht nur die erkennbaren Phasen der Stadtgenese herausgliedern lässt, sondern auch die Frage anschließt, vor welche stadtplanerischen Aufgaben man durch das jeweilige bauliche und funktionale Erbe gestellt wird. Die Betrachtung dieser Karte ist also als Schlusspunkt möglich; sie kann allerdings auch in die Klausur eingebettet werden (siehe den Klausurvorschlag unter Punkt 4).

Fallbeispiel I: Historisch-genetische Stadttypen in Mitteleuropa **Unterrichtspraktischer Teil** 3

3.1.4 Materialien

Essen um 1570 – Stich von Braun-Hogenberg

Essen um 1870 – Stich von Joh. Poppel

Essen um 1993 – KVR-Bildflug, 16.5.1992

M 1: Essen im Wandel. *Nur am Kirchturm (Pfeil) kann man erkennen, dass es sich um dieselbe Stadt handelt.*

3 Unterrichtspraktischer Teil

Fallbeispiel I: Historisch-genetische Stadttypen in Mitteleuropa

3.1.4 Materialien

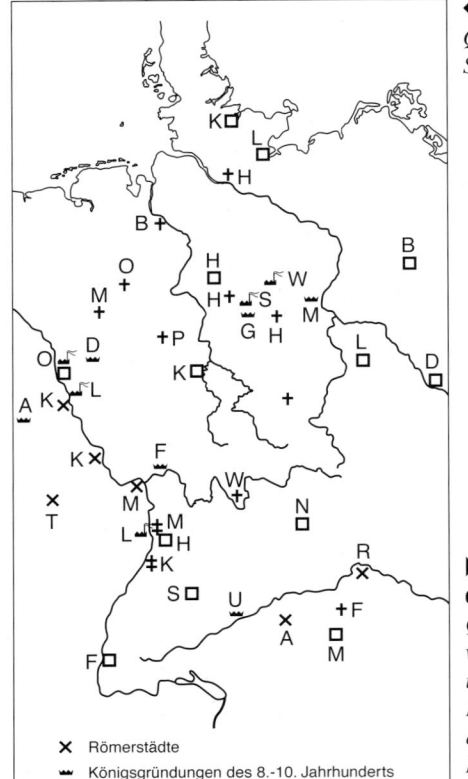

◀ **M 2: Städtegründungen in Deutschland**
Quelle: Perthes Transparent Atlas (o. J.): Stadtgeographie. Stuttgart, S. 9

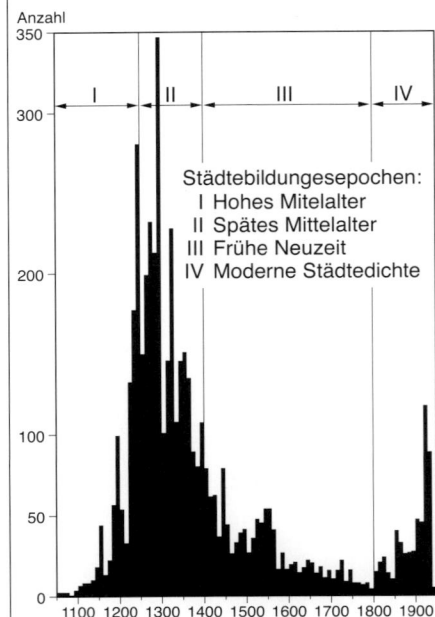

× Römerstädte
⚓ Königsgründungen des 8.-10. Jahrhunderts
✝ Bischofsgründungen des 8.-10. Jahrhunderts
☐ Adelsgründungen des 12.-13. Jahrhunderts
‡ Planstädte des Absolutismus (17. Jahrhundert)
⚒ Industriestädte des 19. u. 20. Jahrhunderts

▶ **M 3: Stadtentwicklung und Städtebildungsepochen in Mitteleuropa**
Quelle: Stoob, Heinz (1990): Leistungsverwaltung und Städtebildung zwischen 1840 und 1940. In: H. H. Blotevogel (Hrsg., 1990): Kommunale Leistungsverwaltung und Stadtentwicklung vom Vormärz bis zur Weimarer Republik. = Städtef. A/30. Köln: Böhlau. Grafik als Faltkarte im Buch

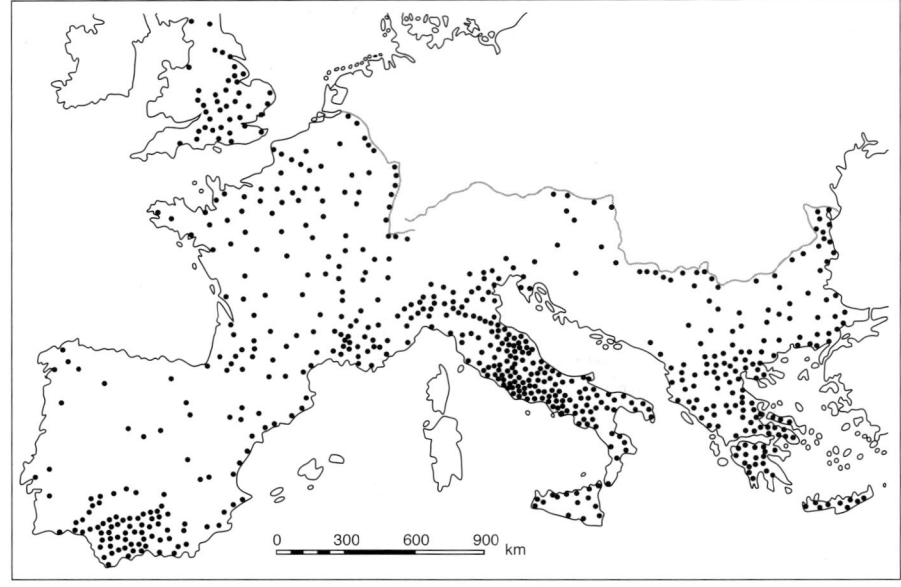

Städtebildungsepochen:
I Hohes Mitelalter
II Spätes Mittelalter
III Frühe Neuzeit
IV Moderne Städtedichte

Rd. 5 300 Städte, einschließlich städt. Minderformen, erfasst;
nicht erfasst: Neustädte, Fehlplanungen und Verlegungen
Quelle: H.Stoob 1990

M 4: Städteverteilung im Römischen Reich

14

Unterrichtspraxis S II
Geographie

Band 15
Gesellschaftliche Strukturen

Leitbilder der Stadtentwicklung

Sonderdruck

Der Sonderdruck enthält Vorlagen mit besser zu unterscheidenden Signaturen, so dass eine verbesserte Kopienqualität erreicht wird.

Best.-Nr. 3-02496

Aulis Verlag Deubner

3 Unterrichtspraktischer Teil

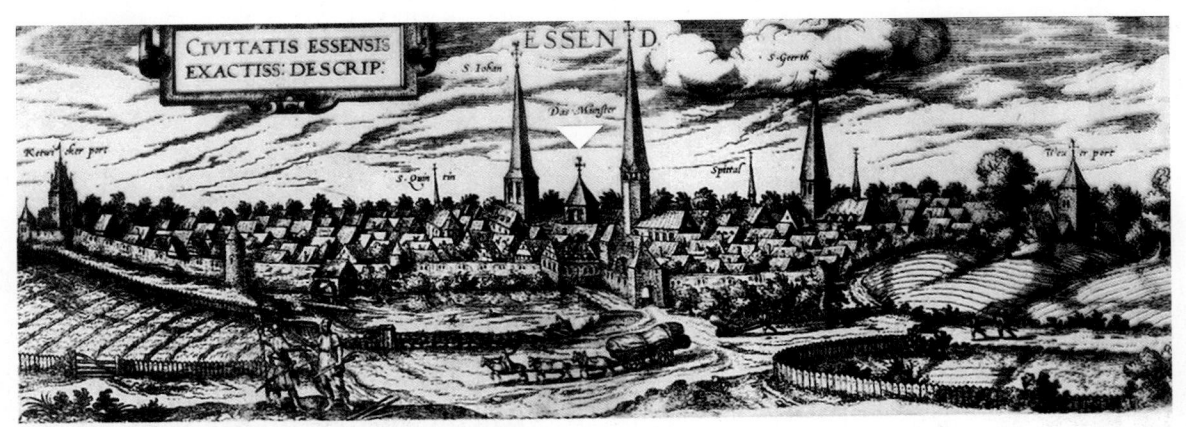

Fallbeispiel I: Historisch-genetische Stadttypen in Mitteleuropa

3.1.4 Materialien

Essen um 1570 – Stich von Braun-Hogenberg

Essen um 1870 – Stich von Joh. Poppel

Essen um 1993 – KVR-Bildflug, 16.5.1992

M 1: Essen im Wandel. *Nur am Kirchturm (Pfeil) kann man erkennen, dass es sich um dieselbe Stadt handelt.*

Fallbeispiel I: Historisch-genetische Stadttypen in Mitteleuropa

Unterrichtspraktischer Teil 3

3.1.4 Materialien

M 6: Römische und mittelalterliche Gestaltelemente Triers
Quelle: Schroeder-Lanz, Hellmut (1984): 2000 Jahre Stadtgestalt Triers – eine städtische Baubilanz. In: Geographische Rundschau, Heft 6/1984, S. 280

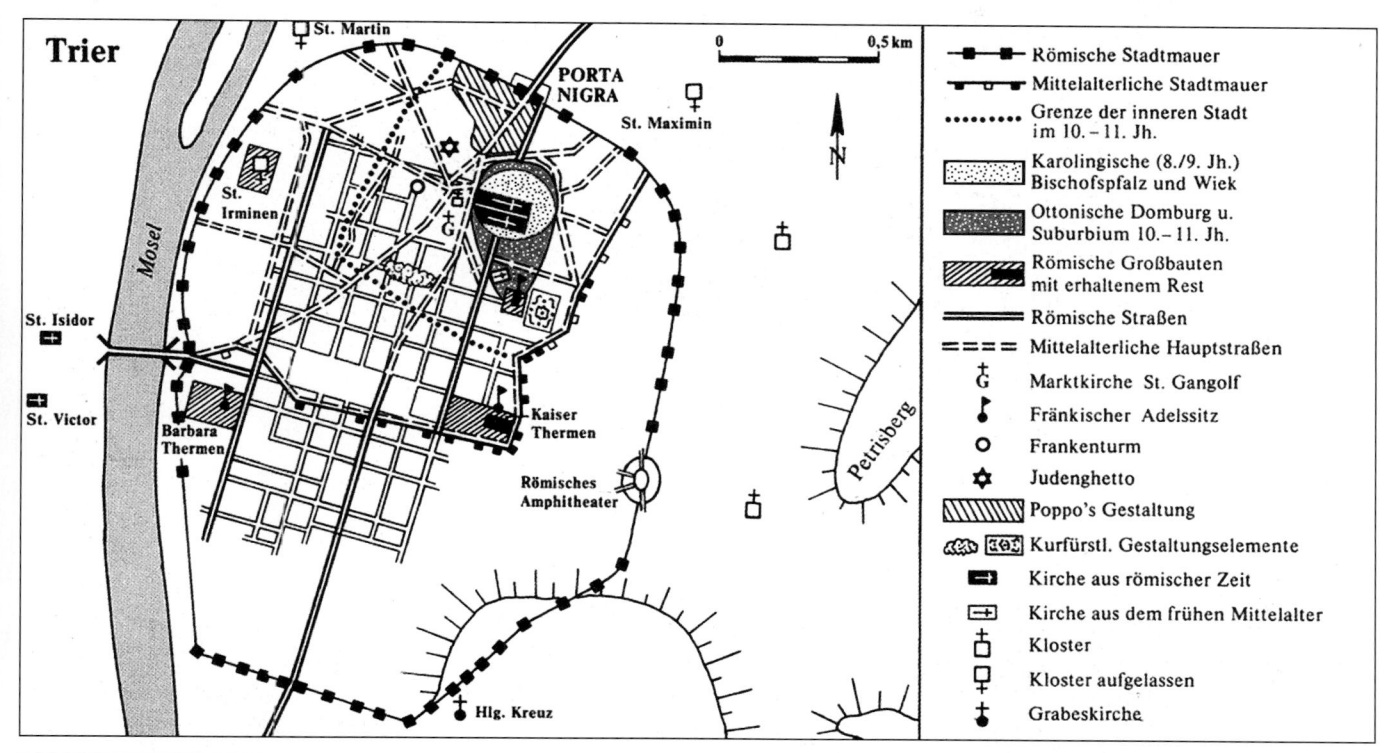

Legende:
- Römische Stadtmauer
- Mittelalterliche Stadtmauer
- Grenze der inneren Stadt im 10.–11. Jh.
- Karolingische (8./9. Jh.) Bischofspfalz und Wiek
- Ottonische Domburg u. Suburbium 10.–11. Jh.
- Römische Großbauten mit erhaltenem Rest
- Römische Straßen
- Mittelalterliche Hauptstraßen
- G Marktkirche St. Gangolf
- Fränkischer Adelssitz
- O Frankenturm
- Judenghetto
- Poppo's Gestaltung
- Kurfürstl. Gestaltungselemente
- Kirche aus römischer Zeit
- Kirche aus dem frühen Mittelalter
- Kloster
- Kloster aufgelassen
- Grabeskirche

M 8: Münster – mittelalterliche Stadtentwicklung
Quelle: Heineberg, Heinz (2001): Grundriss Allgemeine Geographie: Stadtgeographie. Pderborn: Schöningh. S. 196

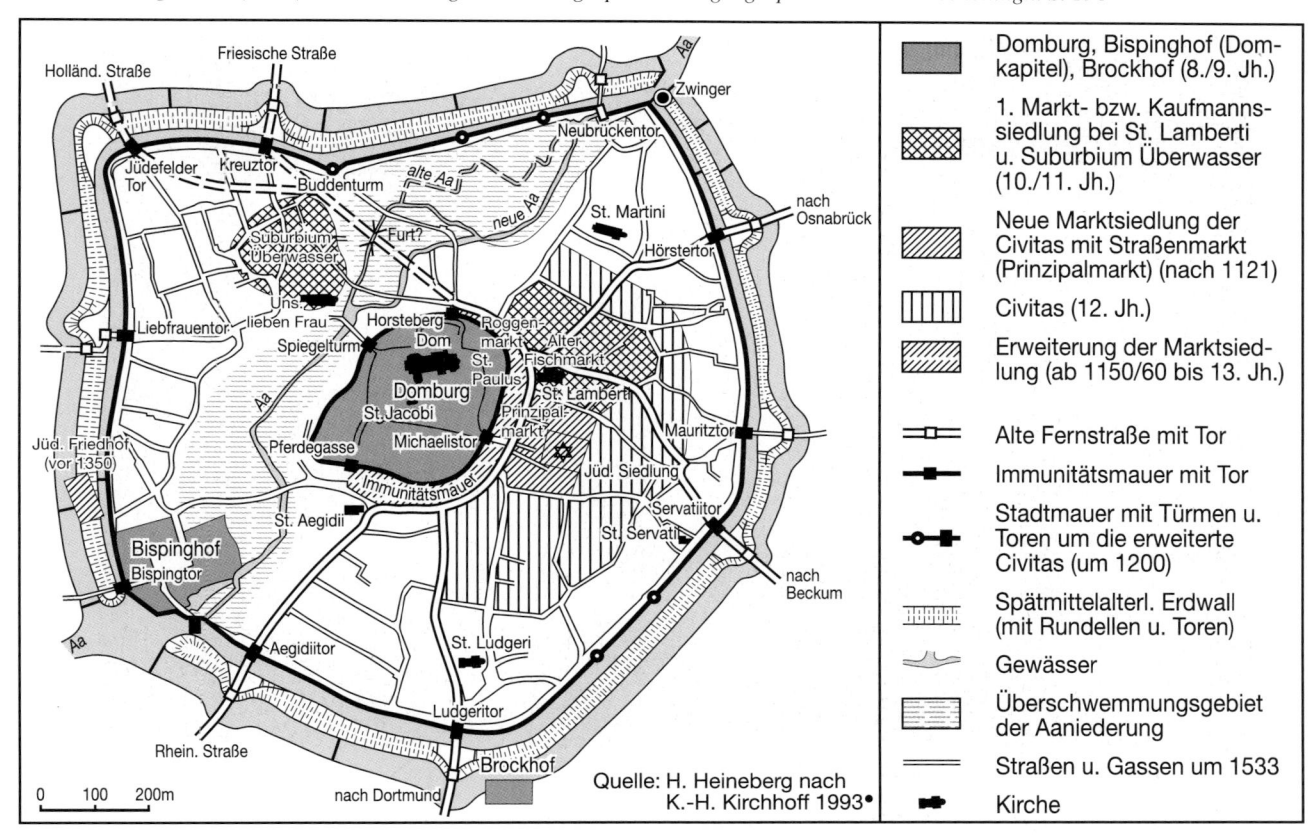

Legende:
- Domburg, Bispinghof (Domkapitel), Brockhof (8./9. Jh.)
- 1. Markt- bzw. Kaufmannssiedlung bei St. Lamberti u. Suburbium Überwasser (10./11. Jh.)
- Neue Marktsiedlung der Civitas mit Straßenmarkt (Prinzipalmarkt) (nach 1121)
- Civitas (12. Jh.)
- Erweiterung der Marktsiedlung (ab 1150/60 bis 13. Jh.)
- Alte Fernstraße mit Tor
- Immunitätsmauer mit Tor
- Stadtmauer mit Türmen u. Toren um die erweiterte Civitas (um 1200)
- Spätmittelalterl. Erdwall (mit Rundellen u. Toren)
- Gewässer
- Überschwemmungsgebiet der Aaniederung
- Straßen u. Gassen um 1533
- Kirche

Quelle: H. Heineberg nach K.-H. Kirchhoff 1993

3 Unterrichtspraktischer Teil — Fallbeispiel I: Historisch-genetische Stadttypen in Mitteleuropa

3.1.4 Materialien

M 11a: Karlsruhe – Entwicklung einer absolutistischen Residenzstadt (1739)
Quelle: Spörhase (1970), Karlsruhe. Kohlhammer, Stuttgart

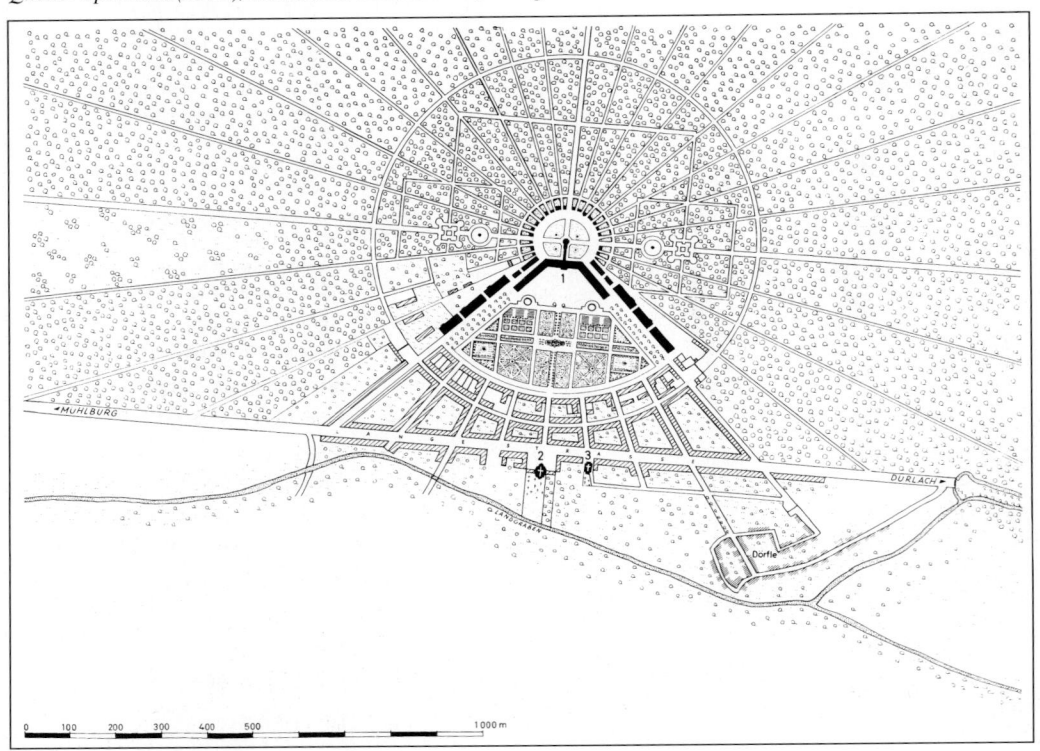

1 Schloss
2 Konkordienkirche (1719–1807)
3 Kleine reformierte Kirche

M 11b: Karlsruhe – Entwicklung einer absolutistischen Residenzstadt (1834)
Quelle: Spörhase (1970), Karlsruhe. Kohlhammer, Stuttgart.

Zahlen und Legende siehe M 11 c

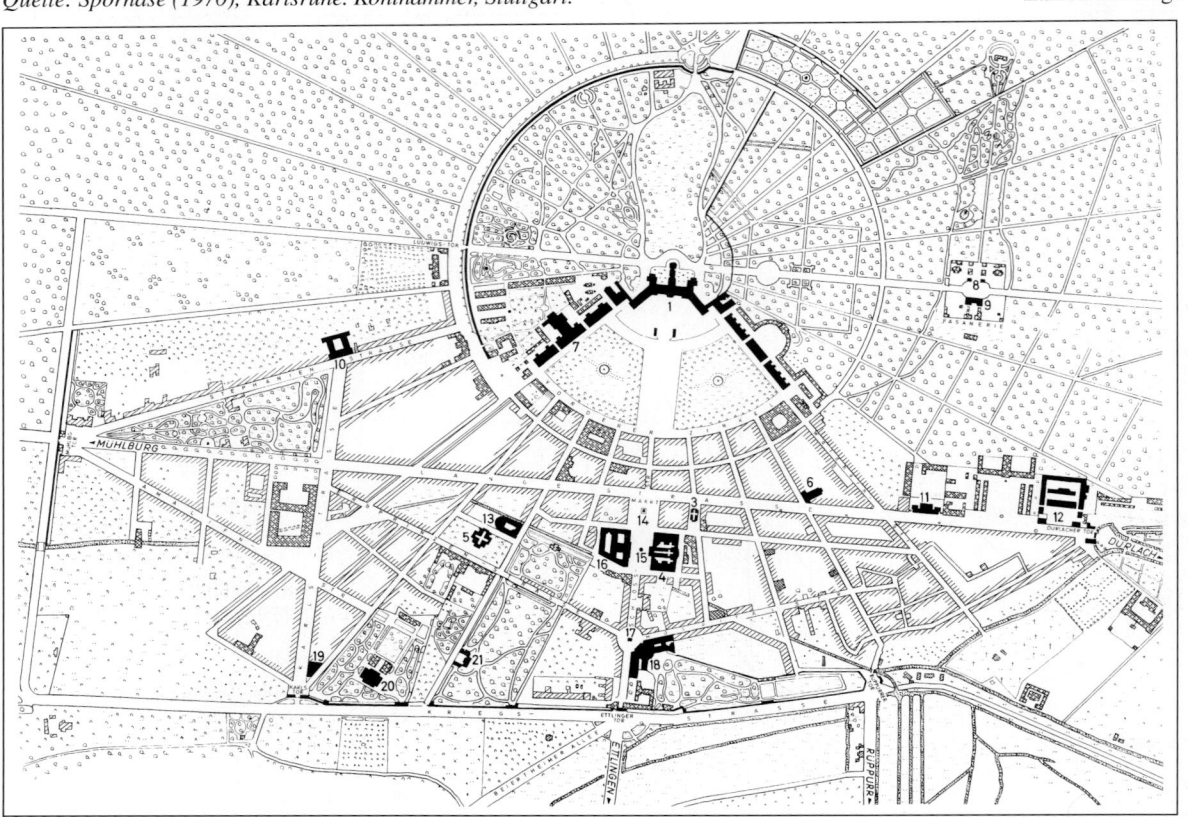

Fallbeispiel I: Historisch-genetische Stadttypen in Mitteleuropa Unterrichtspraktischer Teil 3

3.1.4 Materialien

M 11c: Karlsruhe – Entwicklung einer absolutistischen Residenzstadt (1873)
Quelle: Spörhase (1970), Karlsruhe. Kohlhammer, Stuttgart

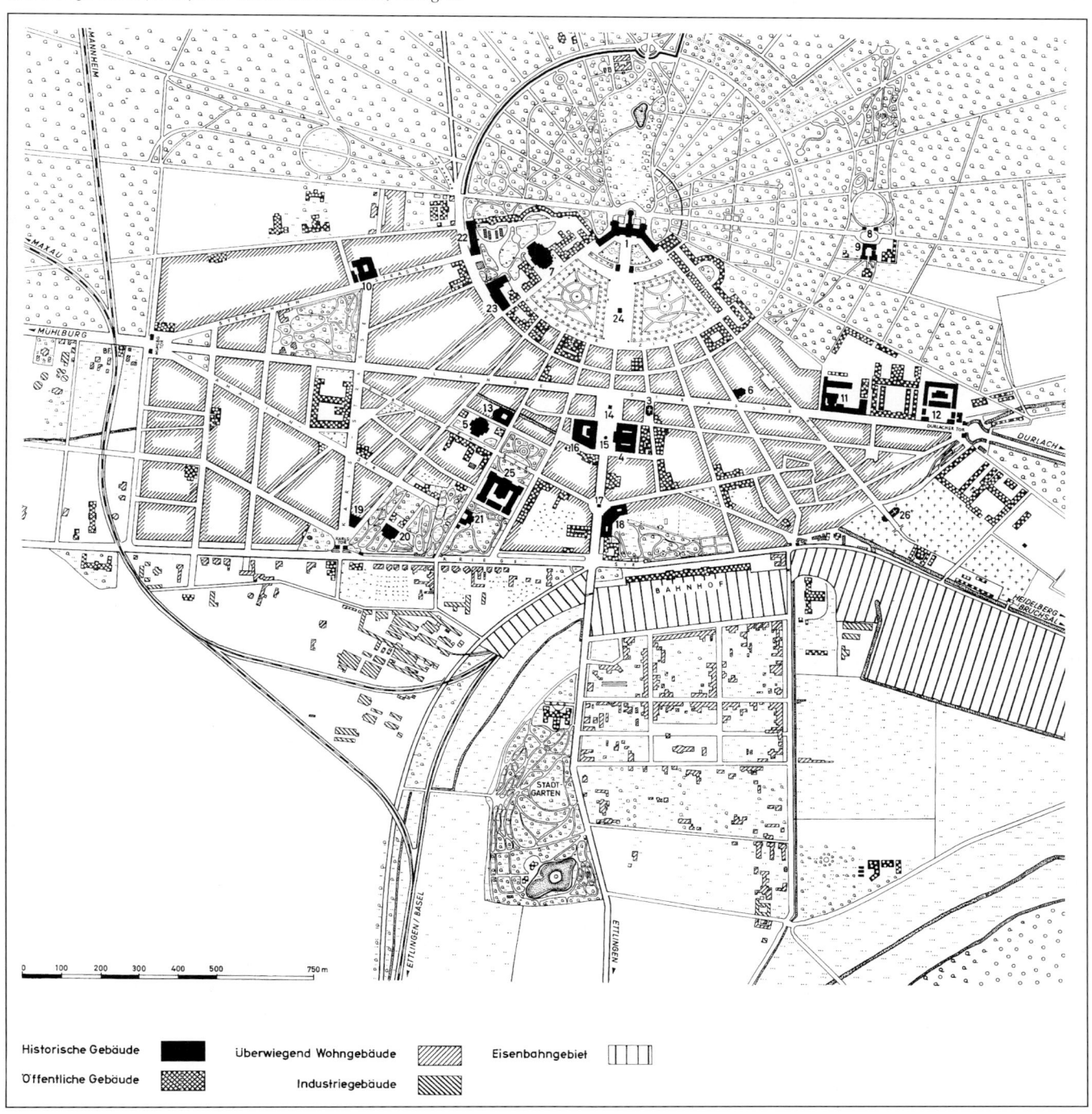

Historische Gebäude
Öffentliche Gebäude
Überwiegend Wohngebäude
Industriegebäude
Eisenbahngebiet

1 Schloss	11 Technische Hochschule	20 Palais der Markgräfin Friedrich
3 Kleine reformierte Kirche	12 Zeughaus	21 Erbprinzenschlösschen
4 Evangelische Stadtkirche	13 Ständehaus	22 Orangerie
5 Stephanskirche	14 Pyramide	23 Kunsthalle
6 Synagoge	15 Ludwigsbrunnen	24 Karl-Friedrich-Denkmal
7 Hoftheater	16 Rathaus	25 Sammlungsgebäude
8 Chinesenhäuschen	17 Verfassungssäule	26 Kapelle am alten Friedhof
9 Fasanengartenschlösschen	18 Markgräfliches Palais	
10 Münze	19 Weltzienhaus	

3.1.4 Materialien

M 14: Ludwigshafen/BASF – Stadtgründung des Industriezeitalters
Quellen: Ausschnitt aus der Topographischen Karte 1:25.000, Blatt 6516 Mannheim-Südwest, vervielfältigt mit Erlaubnis des Landesamtes für Vermessung und Geobasisinformation Rheinland-Pfalz vom 08.05.2002, AZ.: 26722-1.401

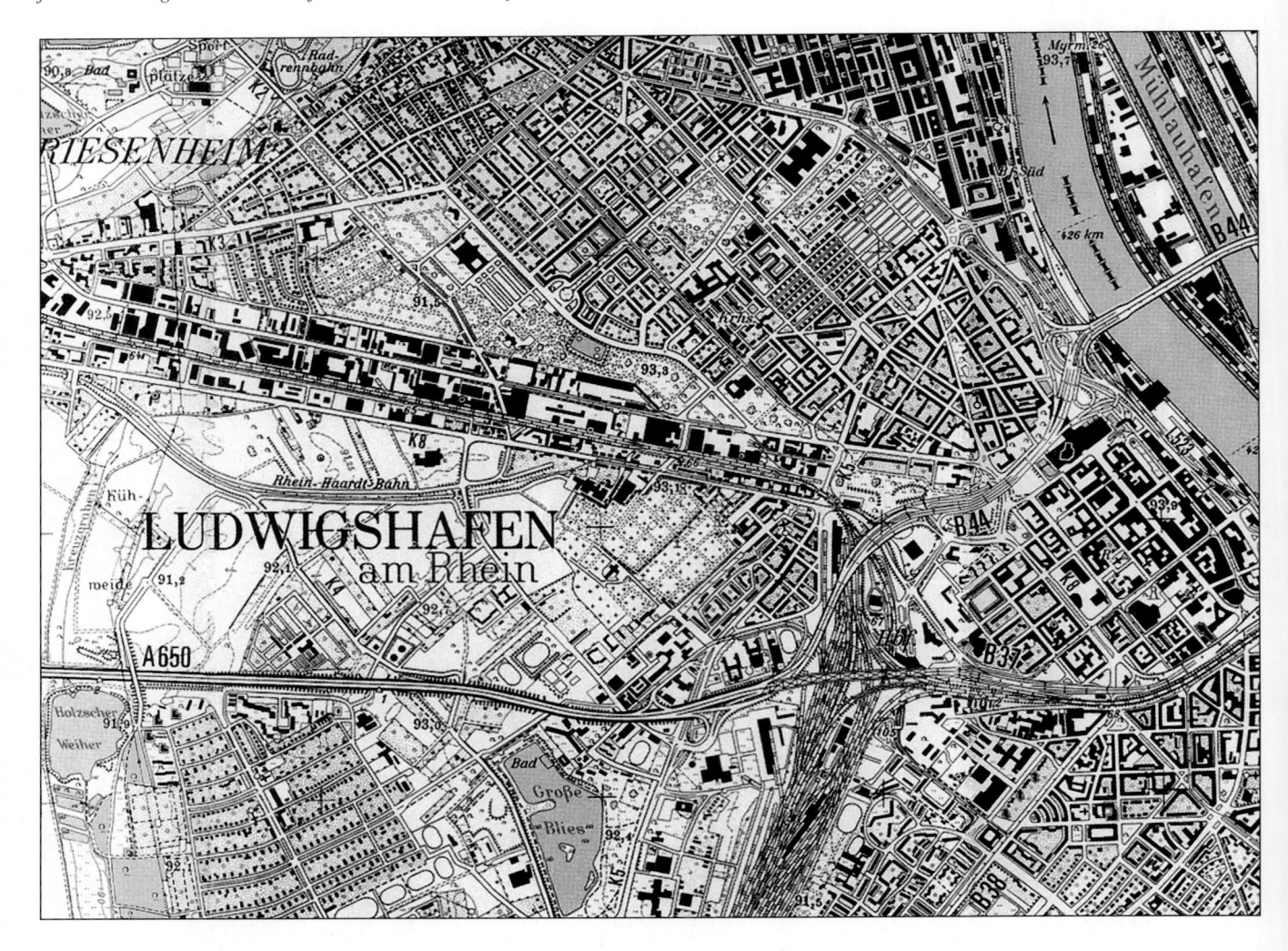

Fallbeispiel I: Historisch-genetische Stadttypen in Mitteleuropa

Unterrichtspraktischer Teil

3.1.4 Materialien

M 22: Ausschnitt aus der Topographischen Karte 1 : 25.000 Koblenz
Quelle: Topographische Karte 1 : 25.000, Blatt 6511 Koblenz, vervielfältigt mit Erlaubnis des Landesamtes für Vermessung und Geobasisinformationen Rheinland-Pfalz vom 08.05.2001, AZ.: 26 722-1, 401

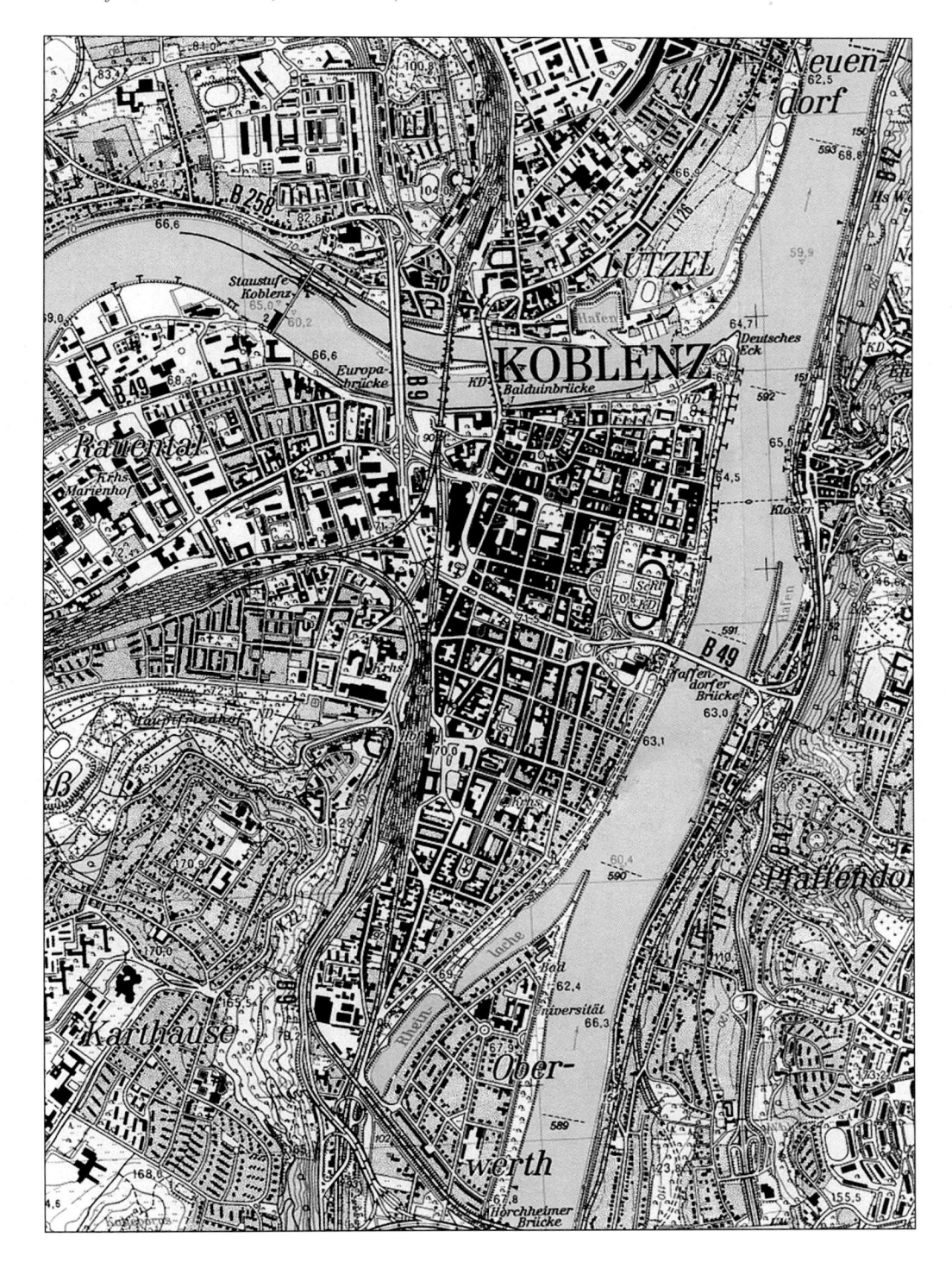

3.2.4 Materialien: Die lateinamerikanische Stadt

M 23: Sozial bestimmte Stadtviertel in Popayan/Kolumbien
Quelle: Bähr, Jürgen (1976): Neuere Entwicklungstendenzen lateinamerikanischer Großstädte. In: Geographische Rundschau, Heft 4/1976, S. 127

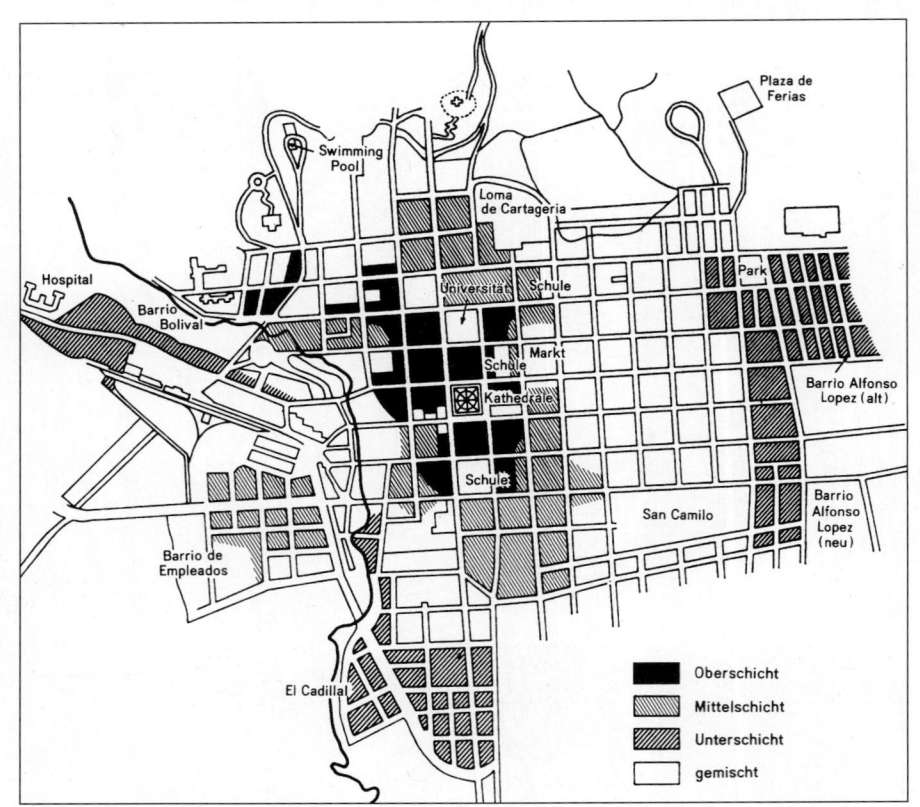

Fallbeispiel II: Leitbilder der Stadtentwicklung in außereuropäischen Kulturkreisen — Unterrichtspraktischer Teil 3

3.2.4 Materialien: Die lateinamerikanische Stadt

M 24: Modell der zeit-räumlichen Entwicklung lateinamerikanischer Städte seit der Kolonialzeit
Quelle: Gormsen, Erdmann (1995): Mexiko. Land der Gegensätze und Hoffnungen. Perthes Länderprofile. Gotha, S. 77

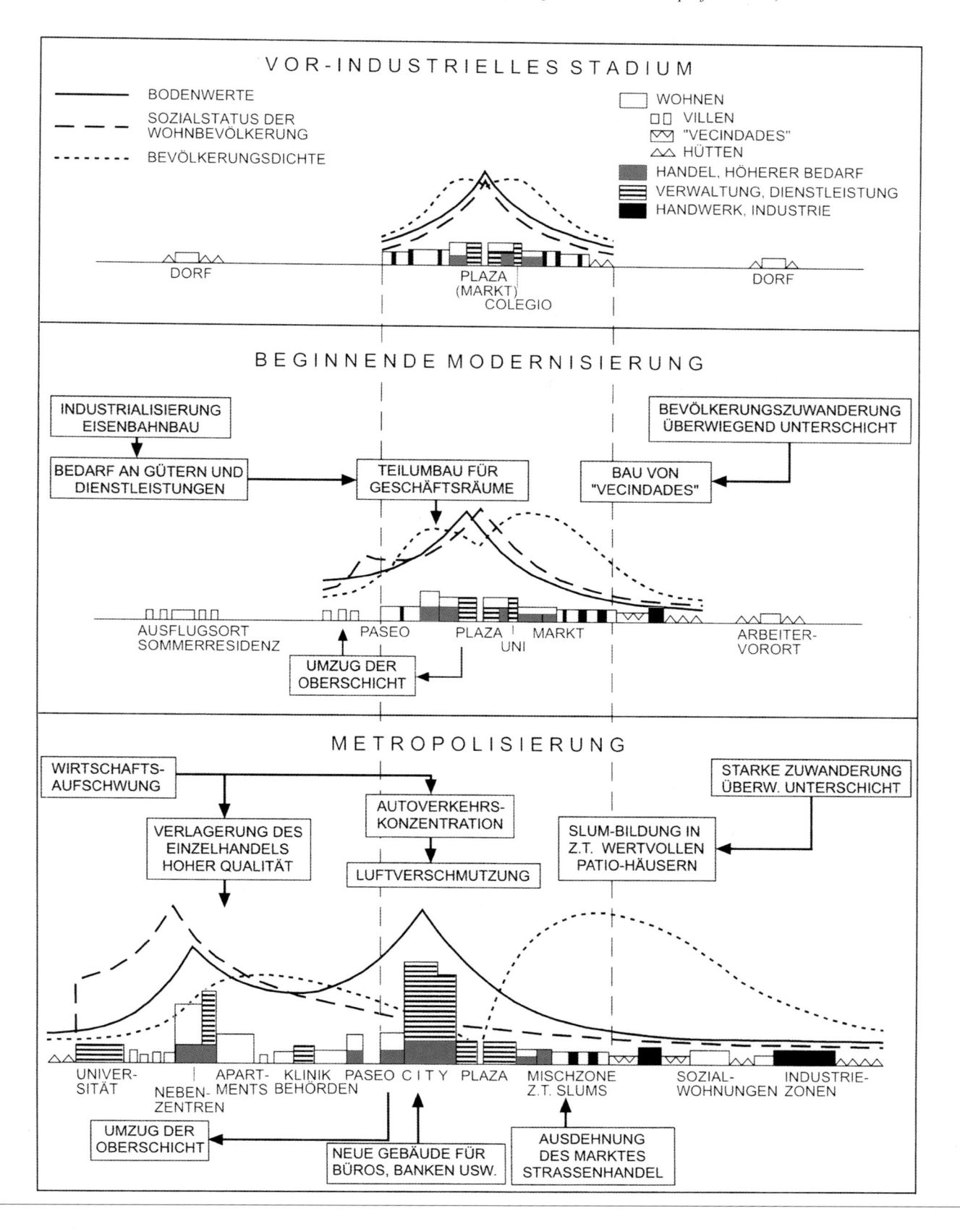

VOR-INDUSTRIELLES STADIUM

Legende:
- ——— BODENWERTE
- – – – SOZIALSTATUS DER WOHNBEVÖLKERUNG
- ······ BEVÖLKERUNGSDICHTE
- □ WOHNEN
- ⊡⊡ VILLEN
- ⋈ "VECINDADES"
- △△ HÜTTEN
- ▓ HANDEL, HÖHERER BEDARF
- ▤ VERWALTUNG, DIENSTLEISTUNG
- ■ HANDWERK, INDUSTRIE

DORF — PLAZA (MARKT) COLEGIO — DORF

BEGINNENDE MODERNISIERUNG

- INDUSTRIALISIERUNG EISENBAHNBAU
- BEDARF AN GÜTERN UND DIENSTLEISTUNGEN → TEILUMBAU FÜR GESCHÄFTSRÄUME
- BEVÖLKERUNGSZUWANDERUNG ÜBERWIEGEND UNTERSCHICHT → BAU VON "VECINDADES"
- UMZUG DER OBERSCHICHT

AUSFLUGSORT SOMMERRESIDENZ — PASEO — PLAZA UNI — MARKT — ARBEITERVORORT

METROPOLISIERUNG

- WIRTSCHAFTSAUFSCHWUNG
- VERLAGERUNG DES EINZELHANDELS HOHER QUALITÄT
- AUTOVERKEHRSKONZENTRATION
- LUFTVERSCHMUTZUNG
- STARKE ZUWANDERUNG ÜBERW. UNTERSCHICHT → SLUM-BILDUNG IN Z.T. WERTVOLLEN PATIO-HÄUSERN
- UMZUG DER OBERSCHICHT
- NEUE GEBÄUDE FÜR BÜROS, BANKEN USW.
- AUSDEHNUNG DES MARKTES STRASSENHANDEL

UNIVERSITÄT — NEBENZENTREN — APARTMENTS — KLINIK BEHÖRDEN — PASEO — CITY — PLAZA — MISCHZONE Z.T. SLUMS — SOZIALWOHNUNGEN — INDUSTRIEZONEN

3 Unterrichtspraktischer Teil Fallbeispiel II: Leitbilder der Stadtentwicklung in außereuropäischen Kulturkreisen

3.2.4 Materialien: Die islamisch-orientalische Stadt

M 26: Modell der lateinamerikanischen Großstadt
Quelle: Bähr, Jürgen und Günter Mertins (1995): Die lateinamerikanische Groß-Stadt. Darmstadt, S. 84

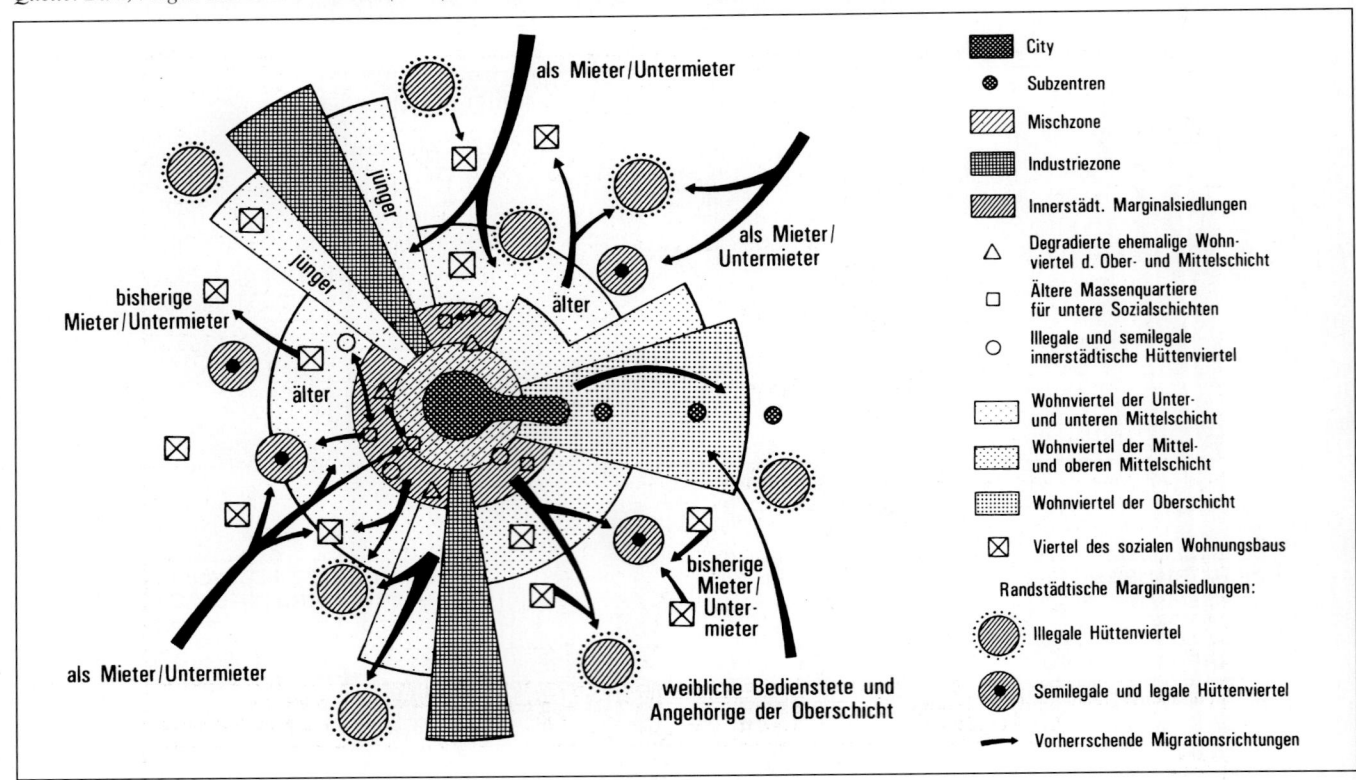

M 29: Die Medina von Tunis
Quelle: Troin, Jean-Francois (1985): Le Maghreb – hommes et espaces. Paris, S. 262

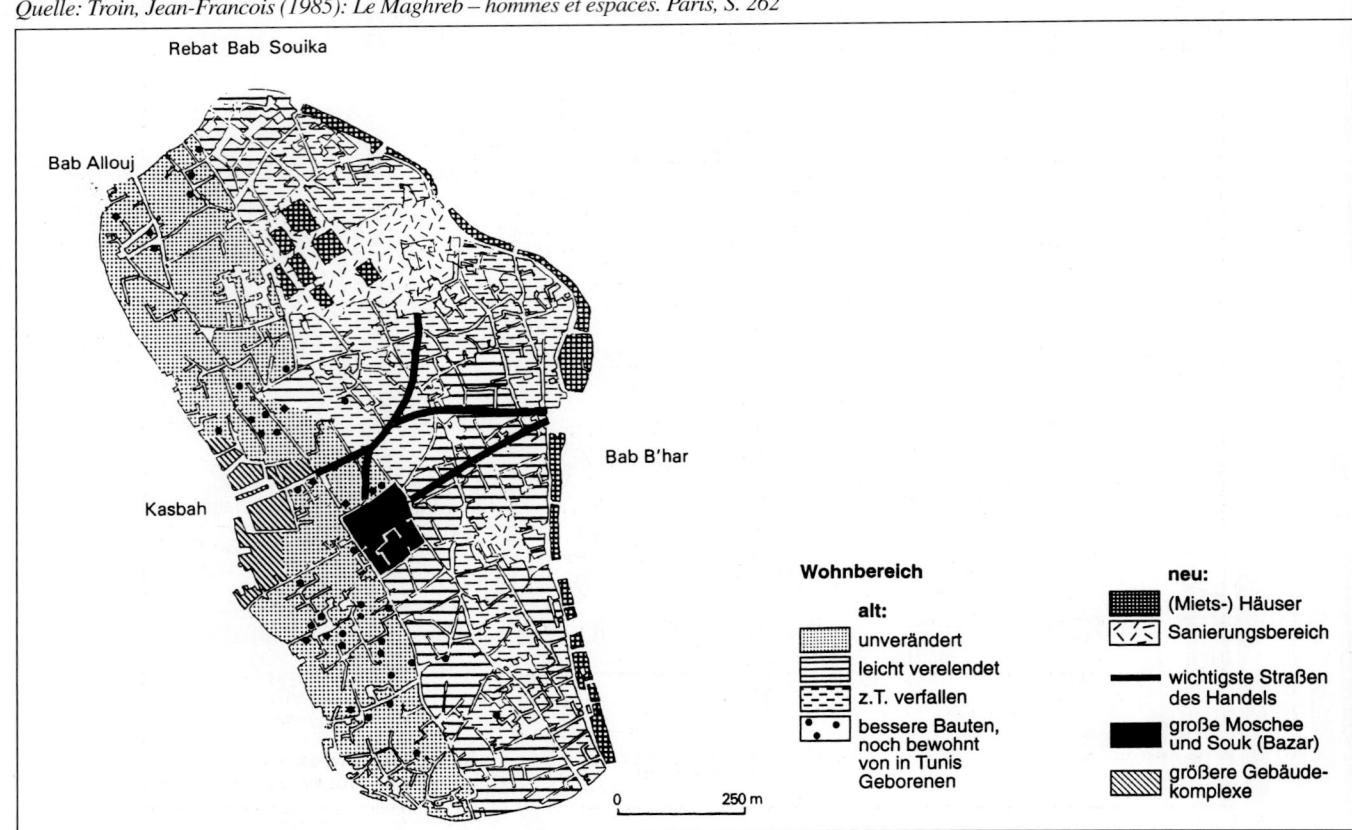

Fallbeispiel II: Leitbilder der Stadtentwicklung in außereuropäischen Kulturkreisen Unterrichtspraktischer Teil 3

3.2.4 Materialien: Die islamisch-orientalische Stadt

M 33: Modell der Stadt des islamischen Orients nach Form, Funktion, Wachstumstendenzen und Verflechtungsbereichen
Quelle: Ehlers, Eckart (1984): Die Stadt des islamischen Orients. In: Geographische Rundschau, Heft 1/1993, S. 36

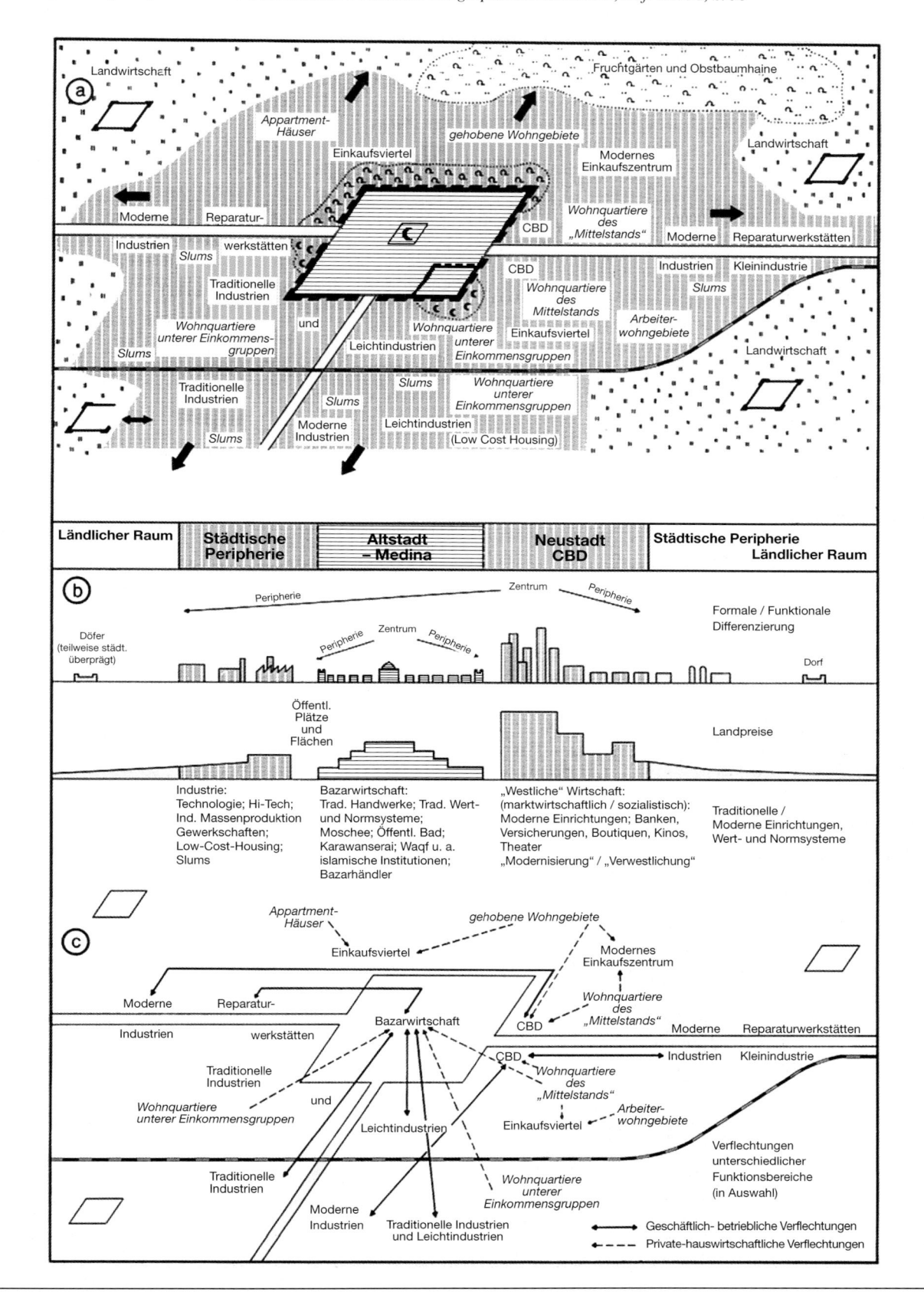

3 Unterrichtspraktischer Teil   **Fallbeispiel III: Leitbilder des Städtebaus und der Stadtplanung in Deutschland im 20. und 21. Jahrhundert**

3.3.4 Materialien

M 4: Die Gartenstadt nach Ebenezer Howard: Diagramm Nr. 2

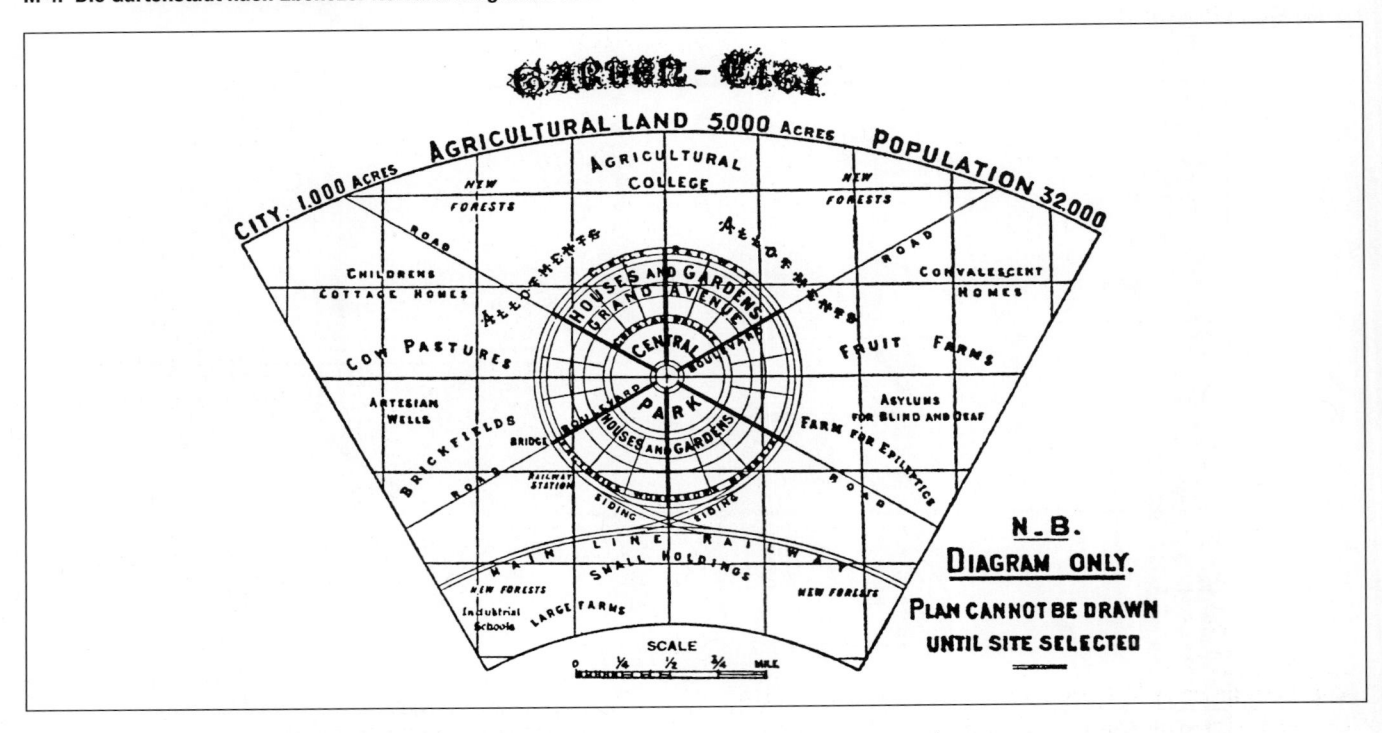

M 6: Die Gartenstadt nach Ebenezer Howard: Diagramm Nr. 7

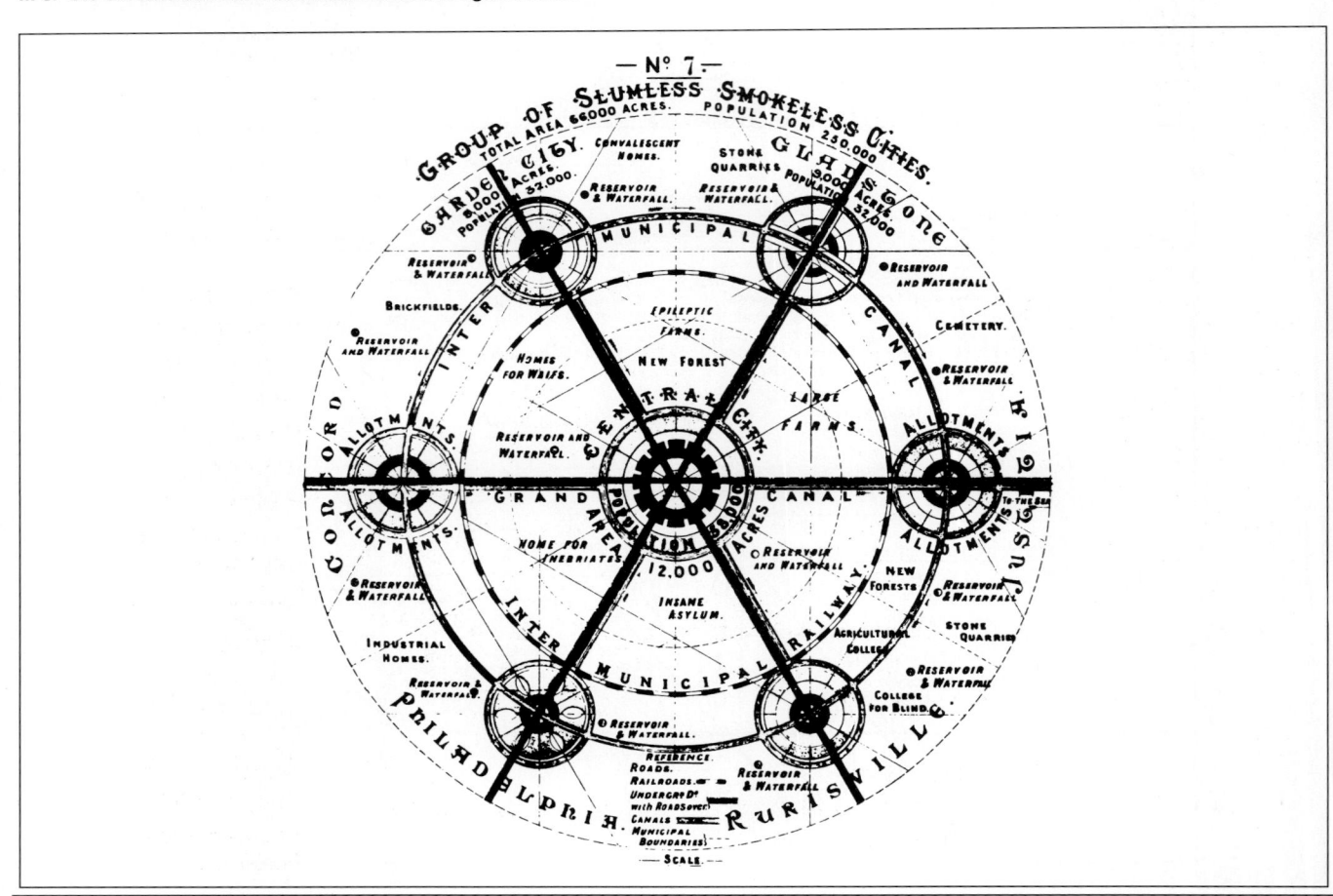

Fallbeispiel III: Leitbilder des Städtebaus und der Stadtplanung in Deutschland im 20. und 21. Jahrhundert

Unterrichtspraktischer Teil 3

3.3.4 Materialien

M 7: Das Modell der Gartenstadt nach Ebenezer Howard

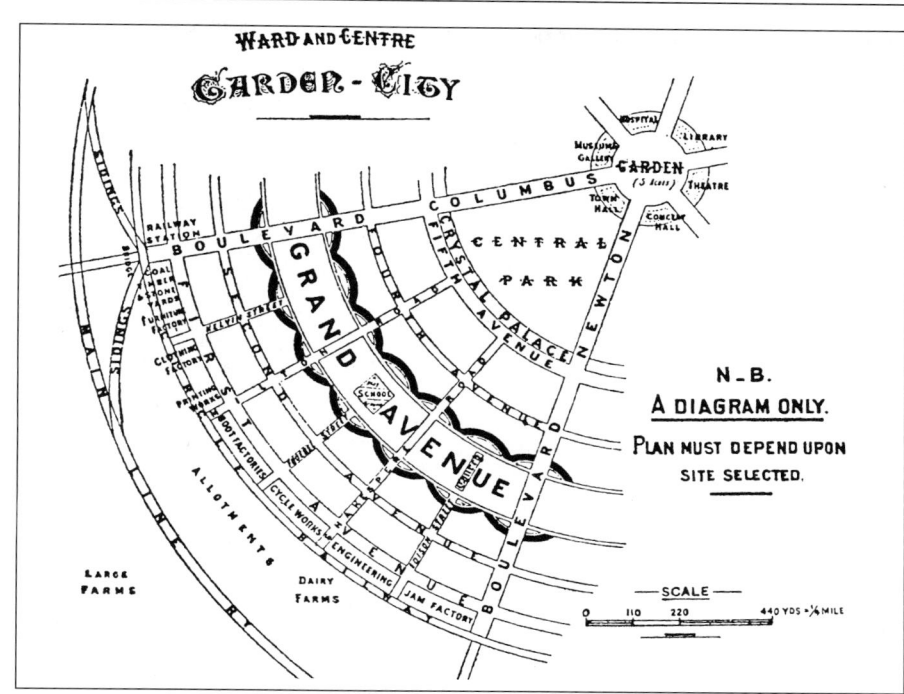

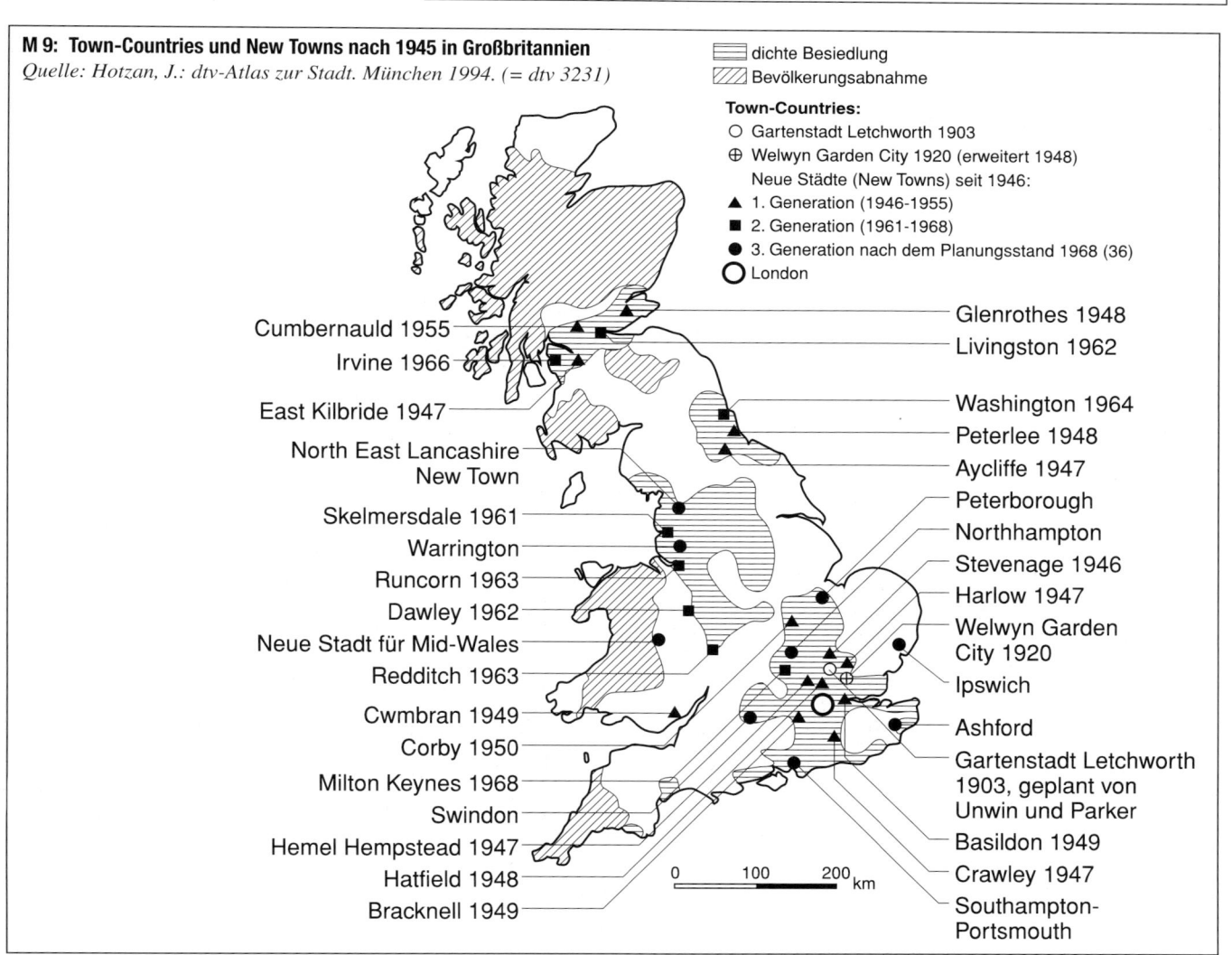

M 9: Town-Countries und New Towns nach 1945 in Großbritannien
Quelle: Hotzan, J.: dtv-Atlas zur Stadt. München 1994. (= dtv 3231)

Legende:
- dichte Besiedlung
- Bevölkerungsabnahme

Town-Countries:
- ○ Gartenstadt Letchworth 1903
- ⊕ Welwyn Garden City 1920 (erweitert 1948)

Neue Städte (New Towns) seit 1946:
- ▲ 1. Generation (1946–1955)
- ■ 2. Generation (1961–1968)
- ● 3. Generation nach dem Planungsstand 1968 (36)
- ◯ London

Beschriftungen:
- Cumbernauld 1955
- Irvine 1966
- East Kilbride 1947
- North East Lancashire New Town
- Skelmersdale 1961
- Warrington
- Runcorn 1963
- Dawley 1962
- Neue Stadt für Mid-Wales
- Redditch 1963
- Cwmbran 1949
- Corby 1950
- Milton Keynes 1968
- Swindon
- Hemel Hempstead 1947
- Hatfield 1948
- Bracknell 1949
- Glenrothes 1948
- Livingston 1962
- Washington 1964
- Peterlee 1948
- Aycliffe 1947
- Peterborough
- Northhampton
- Stevenage 1946
- Harlow 1947
- Welwyn Garden City 1920
- Ipswich
- Ashford
- Gartenstadt Letchworth 1903, geplant von Unwin und Parker
- Basildon 1949
- Crawley 1947
- Southampton-Portsmouth

3 Unterrichtspraktischer Teil

Fallbeispiel III: Leitbilder des Städtebaus und der Stadtplanung in Deutschland im 20. und 21. Jahrhundert

3.3.4 Materialien

M 11: New Town Harlow: Flächennutzungskonzept
Nach: Osborn, Frederik und Arnold Whittik: New Towns

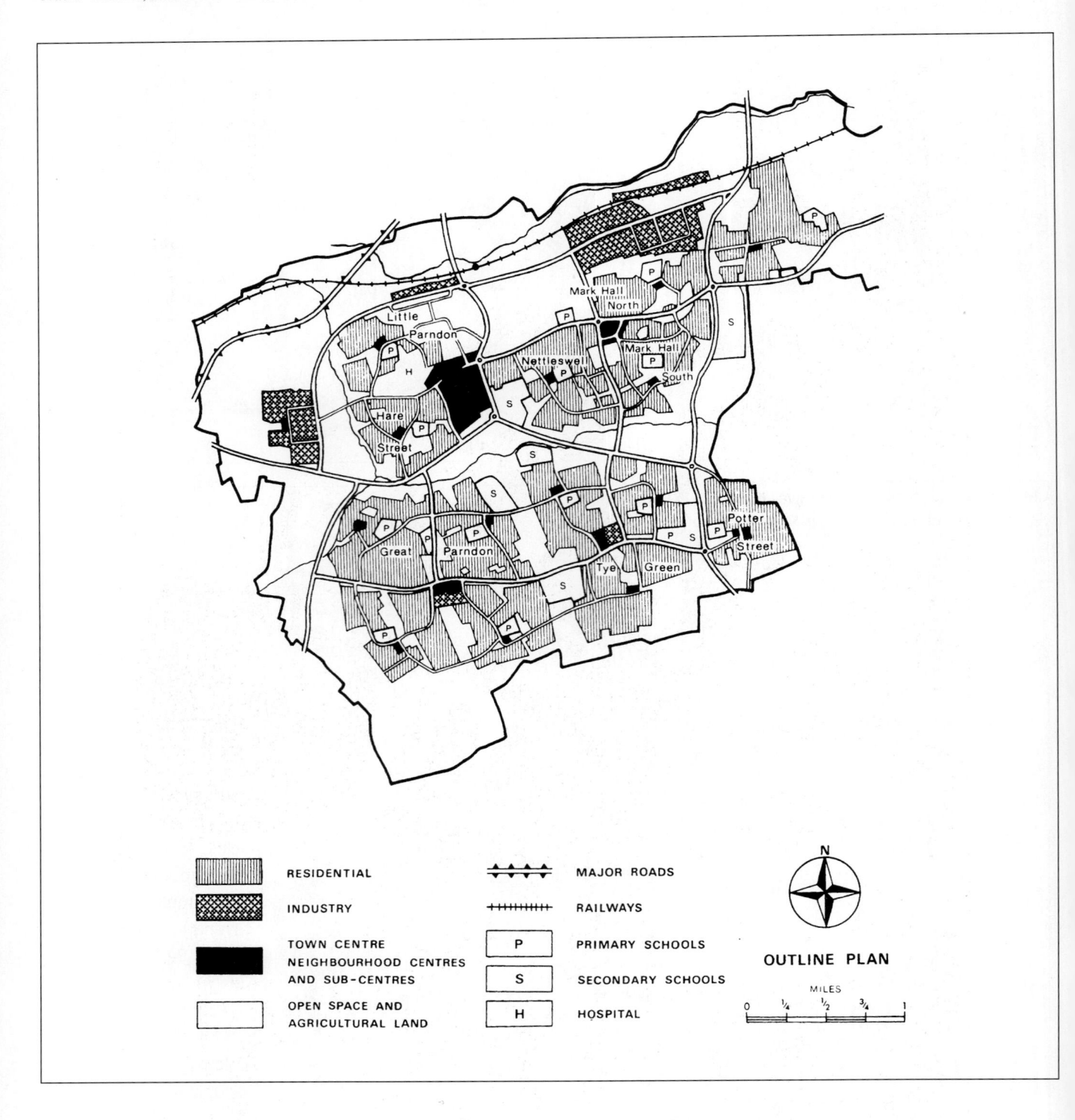

Fallbeispiel III: Leitbilder des Städtebaus und der Stadtplanung in Deutschland im 20. und 21. Jahrhundert

Unterrichtspraktischer Teil 3

3.3.4 Materialien

M 18: Stadtsanierung Weiden I: Denkmalschutz
Quelle: Breitling, Peter: Sanierung und städtebauliche Denkmalpflege. In: Akademie für Raumforschung und Landesplanung (Hrsg.): Grundriss der Stadtplanung. Hannover 1993, S. 515

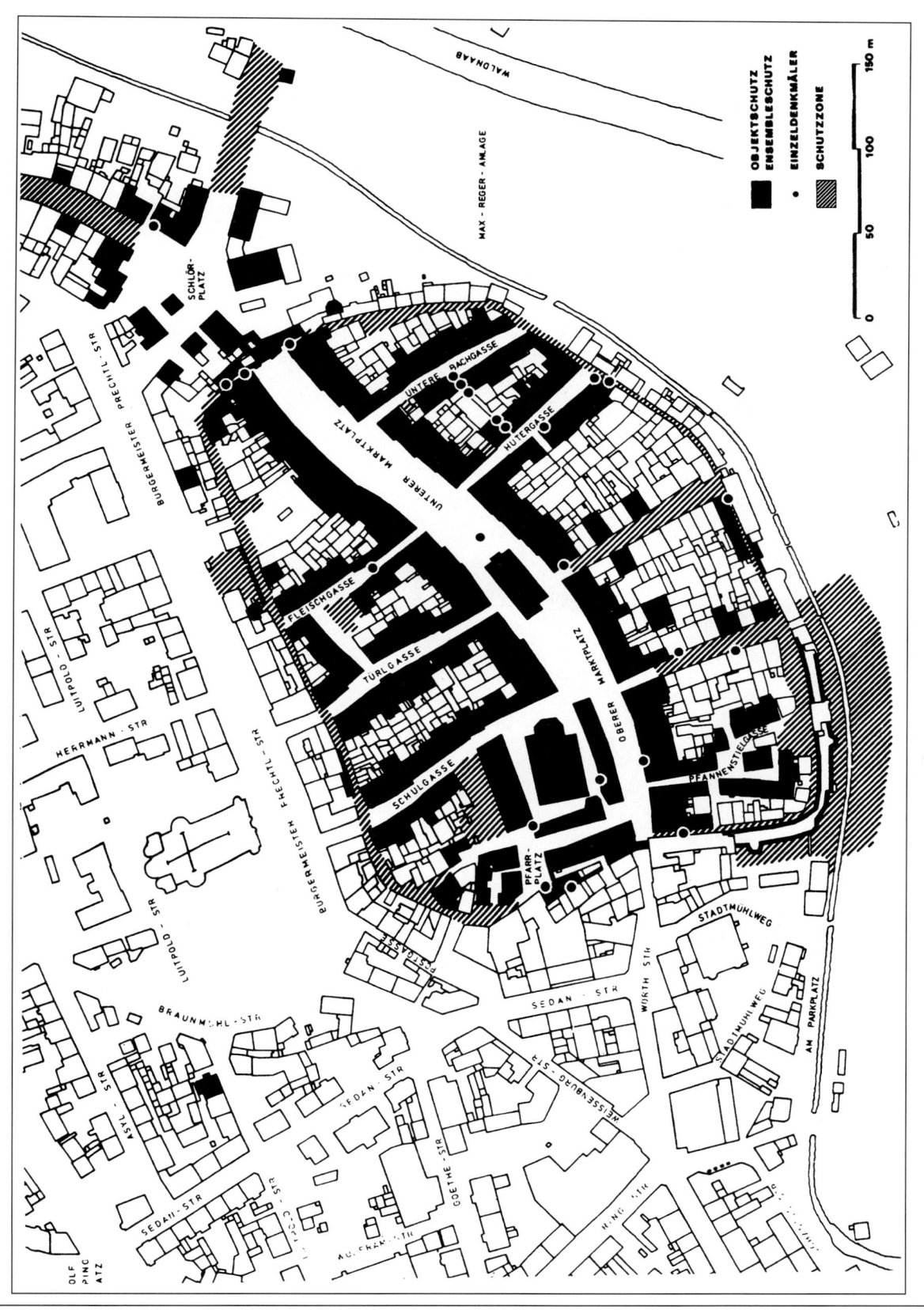

3 Unterrichtspraktischer Teil

Fallbeispiel III: Leitbilder des Städtebaus und der Stadtplanung in Deutschland im 20. und 21. Jahrhundert

3.3.4 Materialien

M 19: Stadtsanierung Weiden II: Entwicklungskonzept

Quelle: Breitling, Peter: Sanierung und städtebauliche Denkmalpflege. In: Akademie für Raumforschung und Landesplanung (Hrsg.): Grundriss der Stadtplanung. Hannover 1993, S. 517

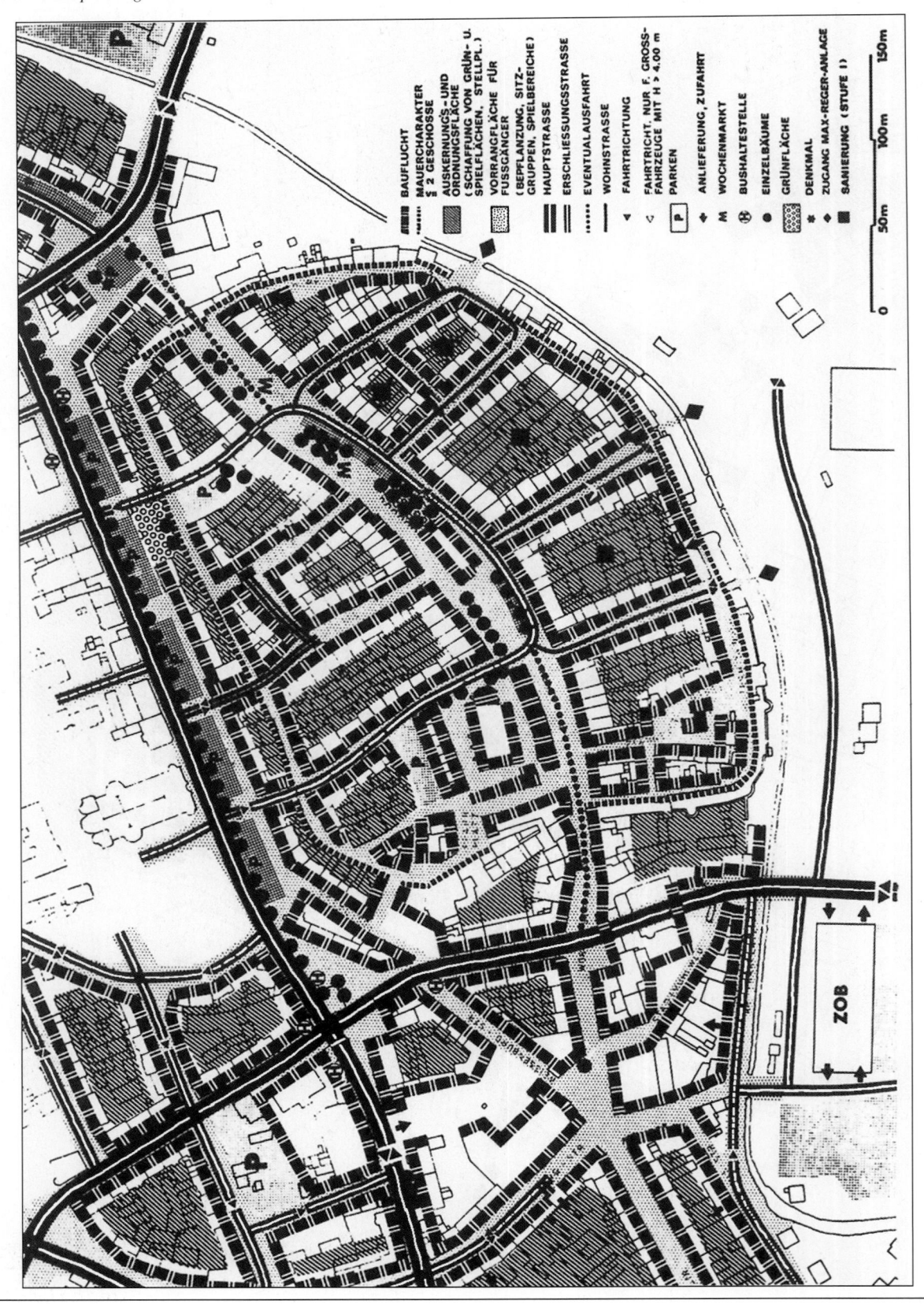

Fallbeispiel I: Historisch-genetische Stadttypen in Mitteleuropa Unterrichtspraktischer Teil 3

3.1.4 Materialien

M 5: Trier in römischer Zeit

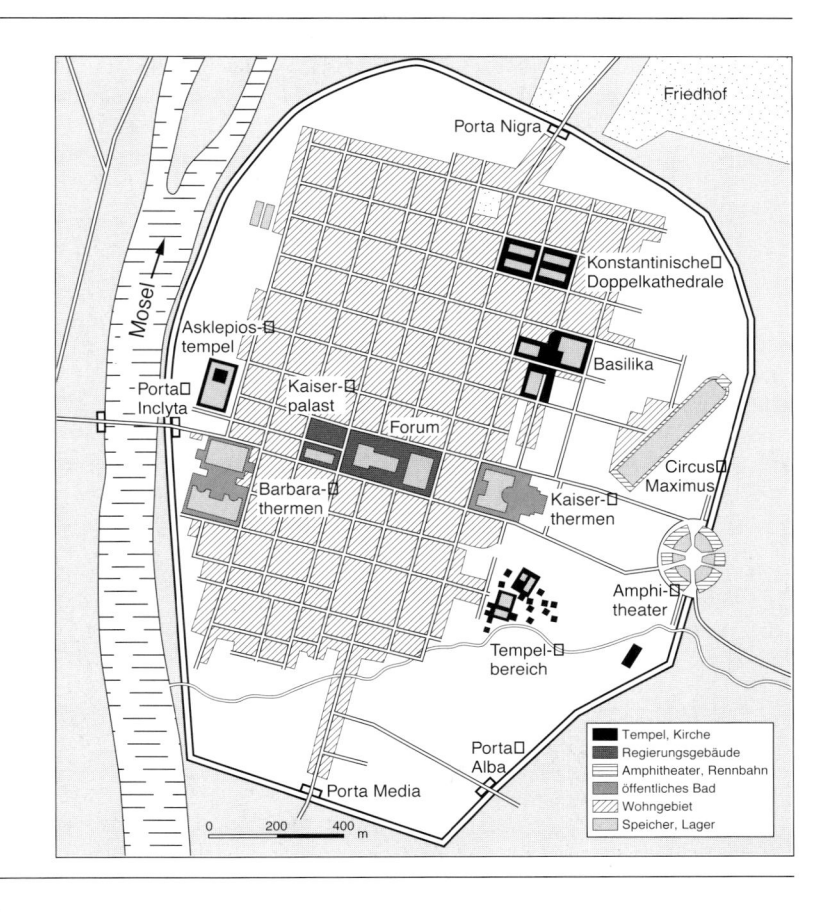

M 6: Römische und mittelalterliche Gestaltelemente Triers
Quelle: Schroeder-Lanz, Hellmut (1984): 2000 Jahre Stadtgestalt Triers – eine städtische Baubilanz. In: Geographische Rundschau, Heft 6/1984, S. 280

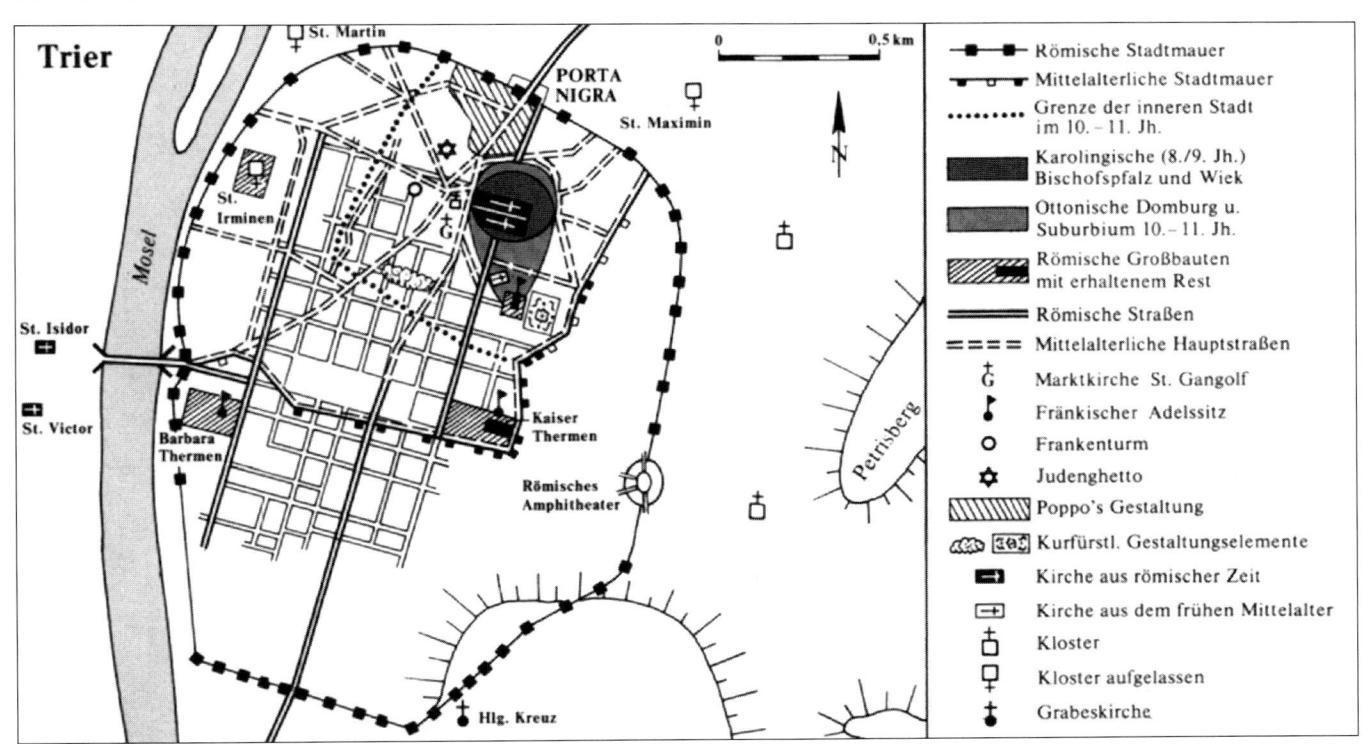

3.1.4 Materialien

M 7: Die Stadt des Mittelalters
Quelle: Ennen, Edith (1979): Die europäische Stadt des Mittelalters. Göttingen, S. 13 (gekürzt)

Die Frage: „Was ist eine Stadt?" lässt sich für das Mittelalter scheinbar sehr leicht beantworten. Als kompakte Silhouette heben sich die maerumgürteten, dicht bebauten, von Türmen der Kirchen und Burgen überragten Städte aus dem sie umgebenden Land heraus – ganz im Gegensatz zu den ausufernden Stadtsiedlungen unserer Zeit. Die Mauer macht die Stadt nicht nur zur Festung, sie markiert auch den Bereich eines besonderen Stadtrechts – nämlich einer weitgehenden bürgerlichen Rechtsgleichheit im Gegensatz zur herrenständigen Ordnung, die außerhalb der Stadtmauer gilt –, einer Verfassung, in der freie Bürgerschaften ihren Stadtherren gegenüber Mitbestimmung oder sogar Autonomie behaupten – einer Ordnung also, die keimhaft die staatsbürgerliche Gleichheit unserer Zeit vorwegnimmt, sodass wir dieser Städtefreiheit allerdings nicht mehr bedürfen. Die mittelalterliche Stadtmauer umschließt eine Bewohnerschaft, deren besondere soziale Stellung nicht nur durch Freiheit, sondern auch durch Freizügigkeit und Mobilität, durch berufliche Spezialisierung und eine vielstufige Differenziertheit ausgezeichnet ist. In den Stadtmauern konzentriert sich die gewerbliche Wirtschaft der Zeit, die städtischen Behörden kontrollieren und dirigieren; in den Städten sind die Kaufleute ansässig geworden, die ein Netz von Handelsbeziehungen über Europa geworfen und auch Vorderasien und Nordafrika damit verknüpft haben; sie bestimmen die Geschicke im Rat und treiben Wirtschaftspolitik in einer Zeit, in der die Könige und Fürsten, vollbeschäftigt, sich gegenüber ihren Vasallen durchzusetzen und einen modernen institutionellen Staat aufzubauen, kaum eine bewusste und konsequente, ihren Herrschaftsbereich als Einheit erfassende Wirtschaftspolitik treiben können.

Mittelpunkt des gewerblichen Lebens der Städte ist der Markt, hier vollzieht sich der Austausch verschiedenartiger Produktionsgebiete; durch den Markt beherrscht die Stadt ein abgrenzbares Umland, wird sie „zentraler Ort" des Wirtschaftslebens. Kultisch-kulturelle und politisch-administrative Raumfunktionen verdichten diese Zentralität, sodass alle übrigen zentralen Orte hinter den Städten mit einer Vielzahl ihrer auch schon hierarchisch gegliederten zentralen Funktionen zurückbleiben. In der Raumfunktion greifen wir eines der konstantesten Wesensmerkmale der Stadt. [...]

M 8: Münster – mittelalterliche Stadtentwicklung
Quelle: Heineberg, Heinz (2001): Grundriss Allgemeine Geographie: Stadtgeographie. Paderborn: Schöningh. S. 196

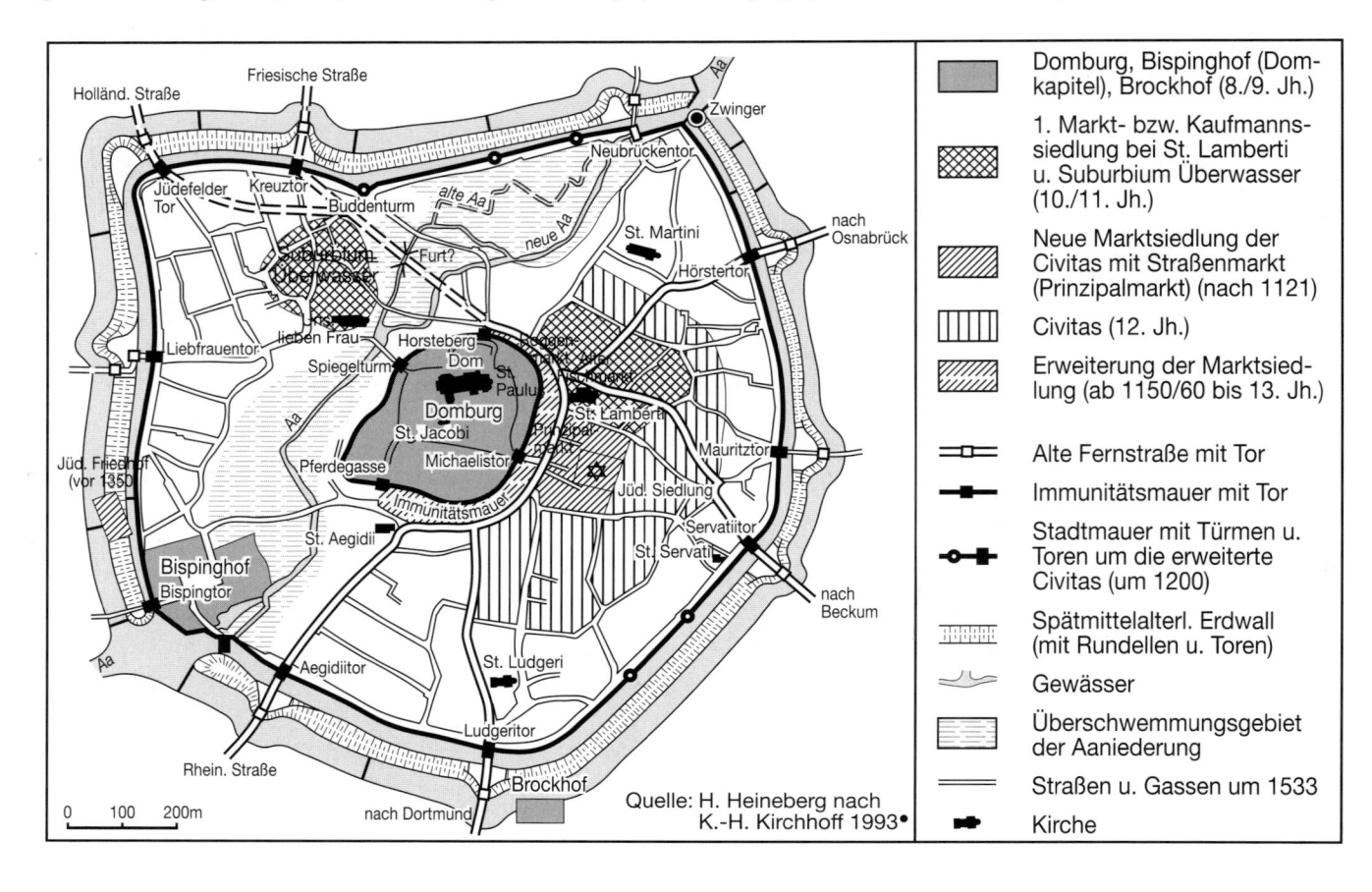

Fallbeispiel I: Historisch-genetische Stadttypen in Mitteleuropa   **Unterrichtspraktischer Teil 3**

3.1.4 Materialien

M 5: Trier in römischer Zeit

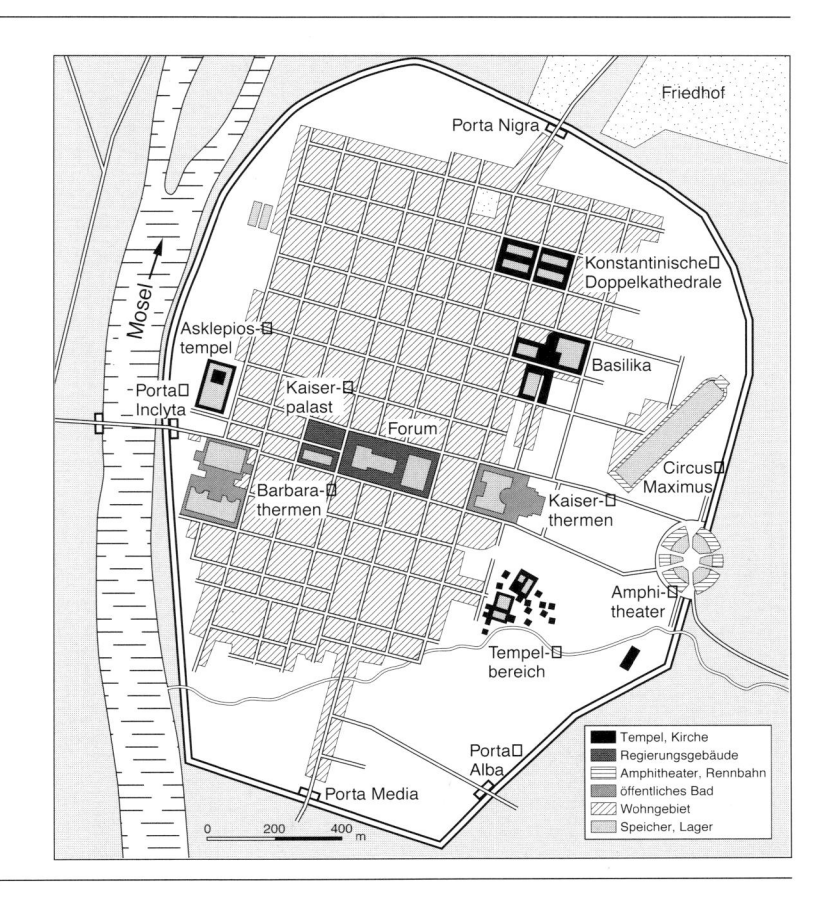

M 6: Römische und mittelalterliche Gestaltelemente Triers
Quelle: Schroeder-Lanz, Hellmut (1984): 2000 Jahre Stadtgestalt Triers – eine städtische Baubilanz. In: Geographische Rundschau, Heft 6/1984, S. 280

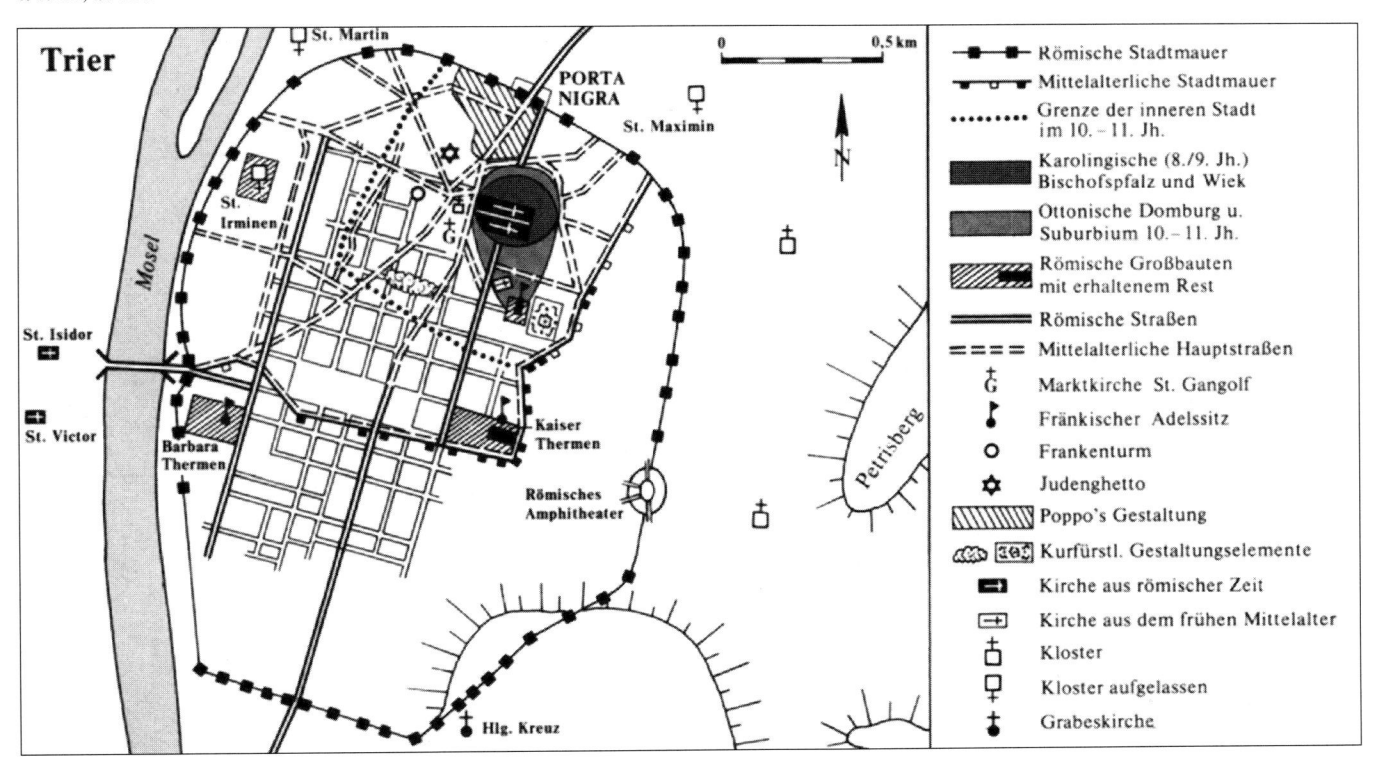

3.1.4 Materialien

M 7: Die Stadt des Mittelalters
Quelle: Ennen, Edith (1979): Die europäische Stadt des Mittelalters. Göttingen, S. 13 (gekürzt)

Die Frage: „Was ist eine Stadt?" lässt sich für das Mittelalter scheinbar sehr leicht beantworten. Als kompakte Silhouette heben sich die mauerumgürteten, dicht bebauten, von Türmen der Kirchen und Burgen überragten Städte aus dem sie umgebenden Land heraus – ganz im Gegensatz zu den ausufernden Stadtsiedlungen unserer Zeit. Die Mauer macht die Stadt nicht nur zur Festung, sie markiert auch den Bereich eines besonderen Stadtrechts – nämlich einer weitgehenden bürgerlichen Rechtsgleichheit im Gegensatz zur herrenständigen Ordnung, die außerhalb der Stadtmauer gilt –, einer Verfassung, in der freie Bürgerschaften ihren Stadtherren gegenüber Mitbestimmung oder sogar Autonomie behaupten – einer Ordnung also, die keimhaft die staatsbürgerliche Gleichheit unserer Zeit vorwegnimmt, sodass wir dieser Städtefreiheit allerdings nicht mehr bedürfen. Die mittelalterliche Stadtmauer umschließt eine Bewohnerschaft, deren besondere soziale Stellung nicht nur durch Freiheit, sondern auch durch Freizügigkeit und Mobilität, durch berufliche Spezialisierung und eine vielstufige Differenziertheit ausgezeichnet ist. In den Stadtmauern konzentriert sich die gewerbliche Wirtschaft der Zeit, die städtischen Behörden kontrollieren und dirigieren; in den Städten sind die Kaufleute ansässig geworden, die ein Netz von Handelsbeziehungen über Europa geworfen und auch Vorderasien und Nordafrika damit verknüpft haben; sie bestimmen die Geschicke im Rat und treiben Wirtschaftspolitik in einer Zeit, in der die Könige und Fürsten, vollbeschäftigt, sich gegenüber ihren Vasallen durchzusetzen und einen modernen institutionellen Staat aufzubauen, kaum eine bewusste und konsequente, ihren Herrschaftsbereich als Einheit erfassende Wirtschaftspolitik treiben können.

Mittelpunkt des gewerblichen Lebens der Städte ist der Markt, hier vollzieht sich der Austausch verschiedenartiger Produktionsgebiete; durch den Markt beherrscht die Stadt ein abgrenzbares Umland, wird sie „zentraler Ort" des Wirtschaftslebens. Kultisch-kulturelle und politisch-administrative Raumfunktionen verdichten diese Zentralität, sodass alle übrigen zentralen Orte hinter den Städten mit einer Vielzahl ihrer auch schon hierarchisch gegliederten zentralen Funktionen zurückbleiben. In der Raumfunktion greifen wir eines der konstantesten Wesensmerkmale der Stadt. [...]

M 8: Münster – mittelalterliche Stadtentwicklung
Quelle: Heineberg, Heinz (2001): Grundriss Allgemeine Geographie: Stadtgeographie. Paderborn: Schöningh. S. 196

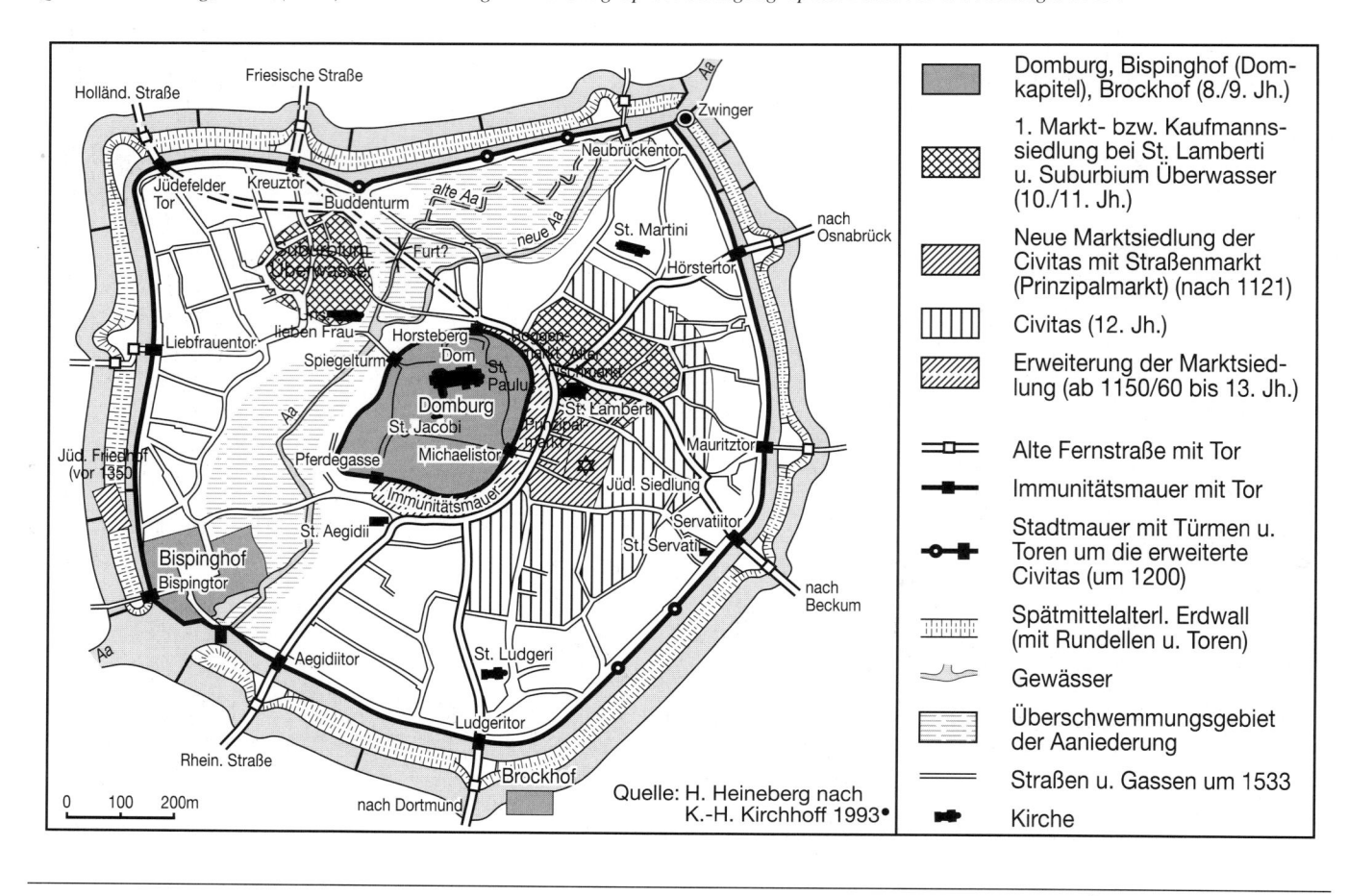

3.1.4 Materialien

M 9: Bevölkerungsgrößen mittelalterlicher Städte im 14./15. Jahrhundert
Quelle: nach Röhrig, Fritz (1975): Die europäische Stadt im Mittelalter. Göttingen, S. 75 – 77

Zahl der Städte insgesamt ca. 3.000
davon:

	bis	1.000	Einwohner	ca.	2.800
1.000	bis	2.000	Einwohner	ca.	150
2.000	bis	10.000	Einwohner	ca.	35
	über	10.000	Einwohner	ca.	15

Die größten Städte im deutschen Sprachraum:
Köln > 30.000 Einwohner
Lübeck ca. 25.000 Einwohner
Straßburg, Nürnberg, Danzig, Ulm ca. 20.000 Einwohner
Frankfurt/M., Breslau, Zürich, Erfurt ca. 10.000 bis 18.500 Einwohner

Zum Vergleich: **Die größten Städte in Europa**
Paris > 100.000 Einwohner
Florenz, (im 16. Jh. auch Venedig, Neapel, Palermo) ca. 100.000 Einwohner
Mailand ca. 85.000 Einwohner
London ca. 30.000 bis 40.000 Einwohner

M 10: Braunschweig um 1710
Kupferstich von F. B. Werner

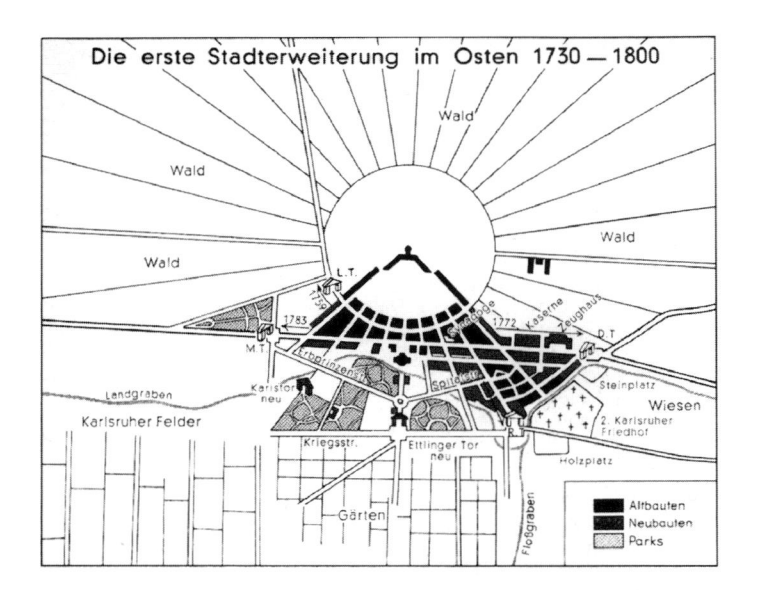

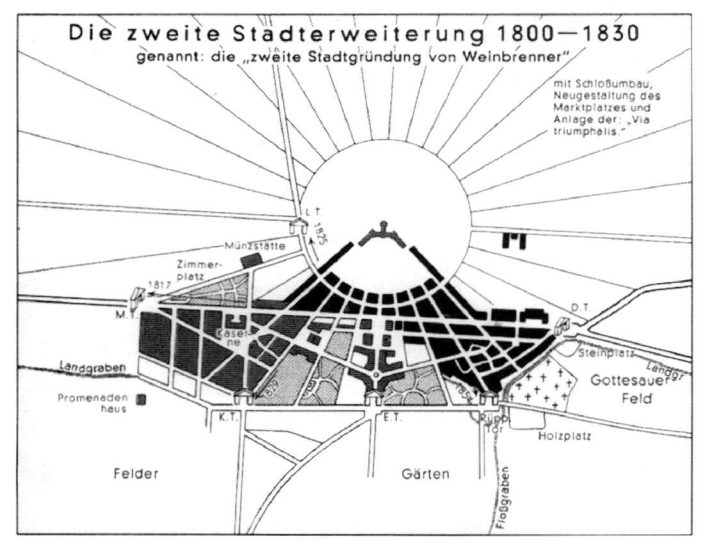

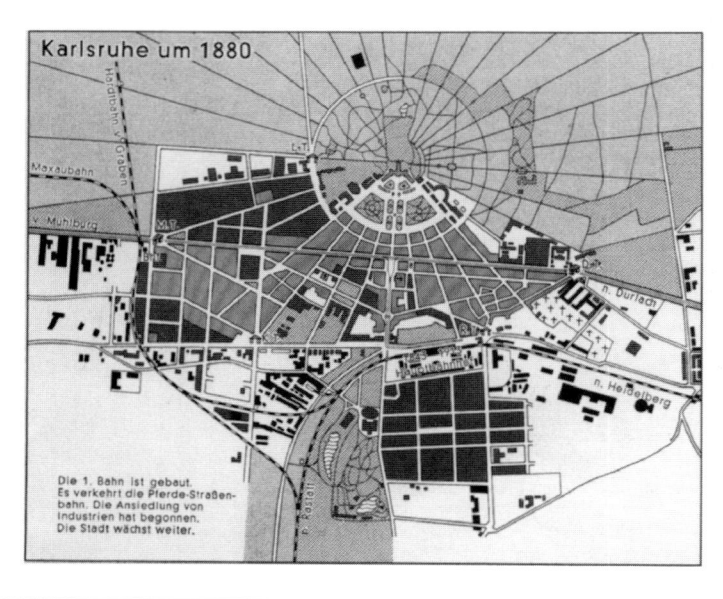

3 Unterrichtspraktischer Teil — Fallbeispiel I: Historisch-genetische Stadttypen in Mitteleuropa

3.1.4 Materialien

M 11: Karlsruhe – Entwicklung einer absolutistischen Residenzstadt
Mit freundlicher Genehmigung der Stadt Karlsruhe, VLW Kartographie

M 12: Entwicklung Karlsruhes zwischen 1715 und 1890
Quelle: Statistisches Jahrbuch der Stadt Karlsruhe, 1997

Jahr	Stadtgebiet in ha	Einwohner	Einwohner-dichte je km²
	am Jahresende		
0	1	2	3
1715	158,00	–	–
1719	158,00	1.994	1.262
1780	159,84	3.858	2.413
1800	204,45	7.275	3.566
1809	256,47	9.048	3.527
1812	264,81	13.726	5.190
1837	270,37	22.545	8.338
1867	283,00	32.004	11.308
1873	536,80	39.759	7.418
1876	549,01	44.202	8.051
1881	624,58	50.941	8.164
1884	790,39	55.464	7.021
1886	1.088,63	60.314	5.544
1890	1.144,28	73.684	6.439

Fallbeispiel I: Historisch-genetische Stadttypen in Mitteleuropa — Unterrichtspraktischer Teil 3

3.1.4 Materialien

M 13: Mannheim – von der Festungsstadt zur Fürstenresidenz

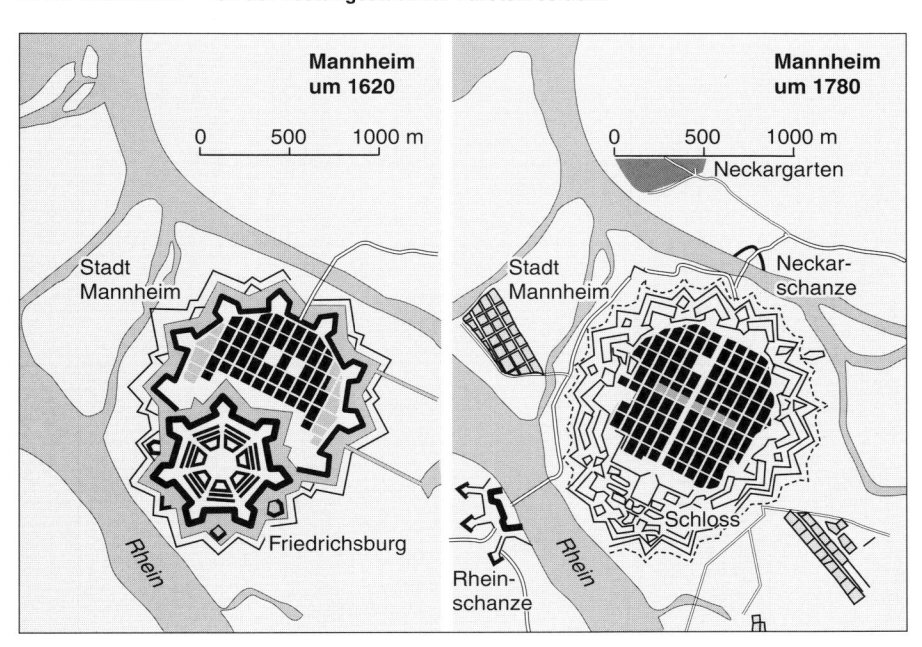

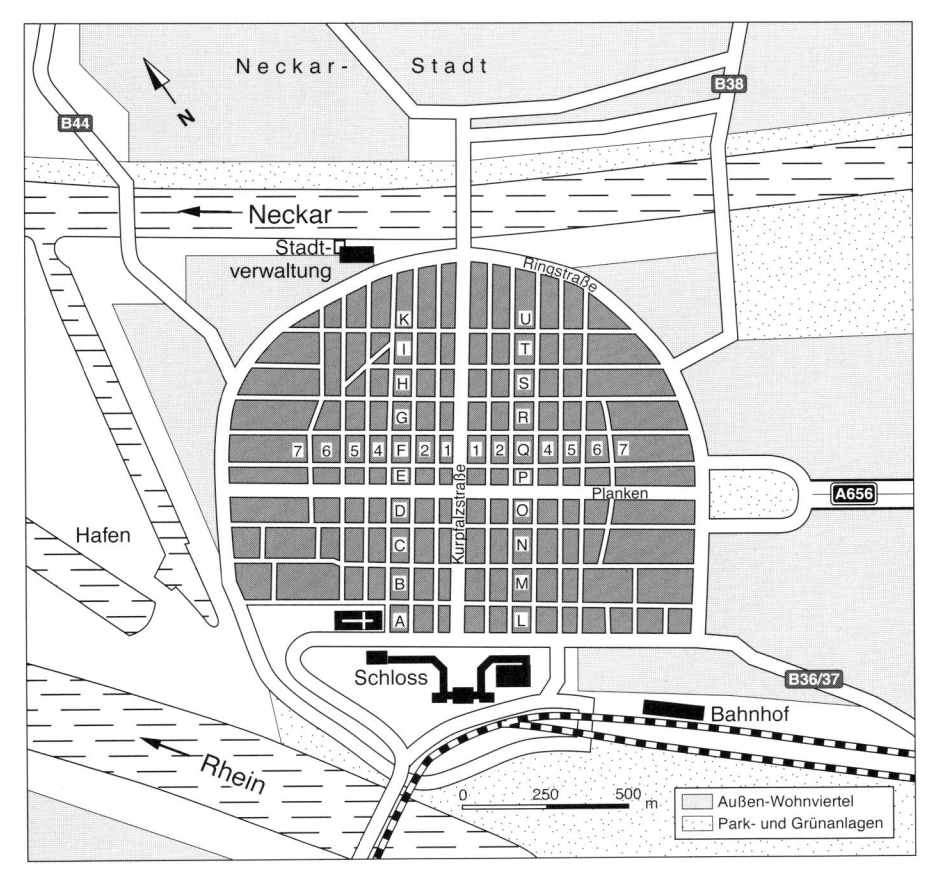

3 Unterrichtspraktischer Teil
Fallbeispiel I: Historisch-genetische Stadttypen in Mitteleuropa

3.1.4 Materialien

M 14: Ludwigshafen/BASF – Stadtgründung des Industriezeitalters
Quellen: Ausschnitt aus der Topographischen Karte 1:25.000, Blatt 6516 Mannheim-Südwest, vervielfältigt mit Erlaubnis des Landesamtes für Vermessung und Geobasisinformation Rheinland-Pfalz vom 08.05.2002, AZ.: 26722-1.401

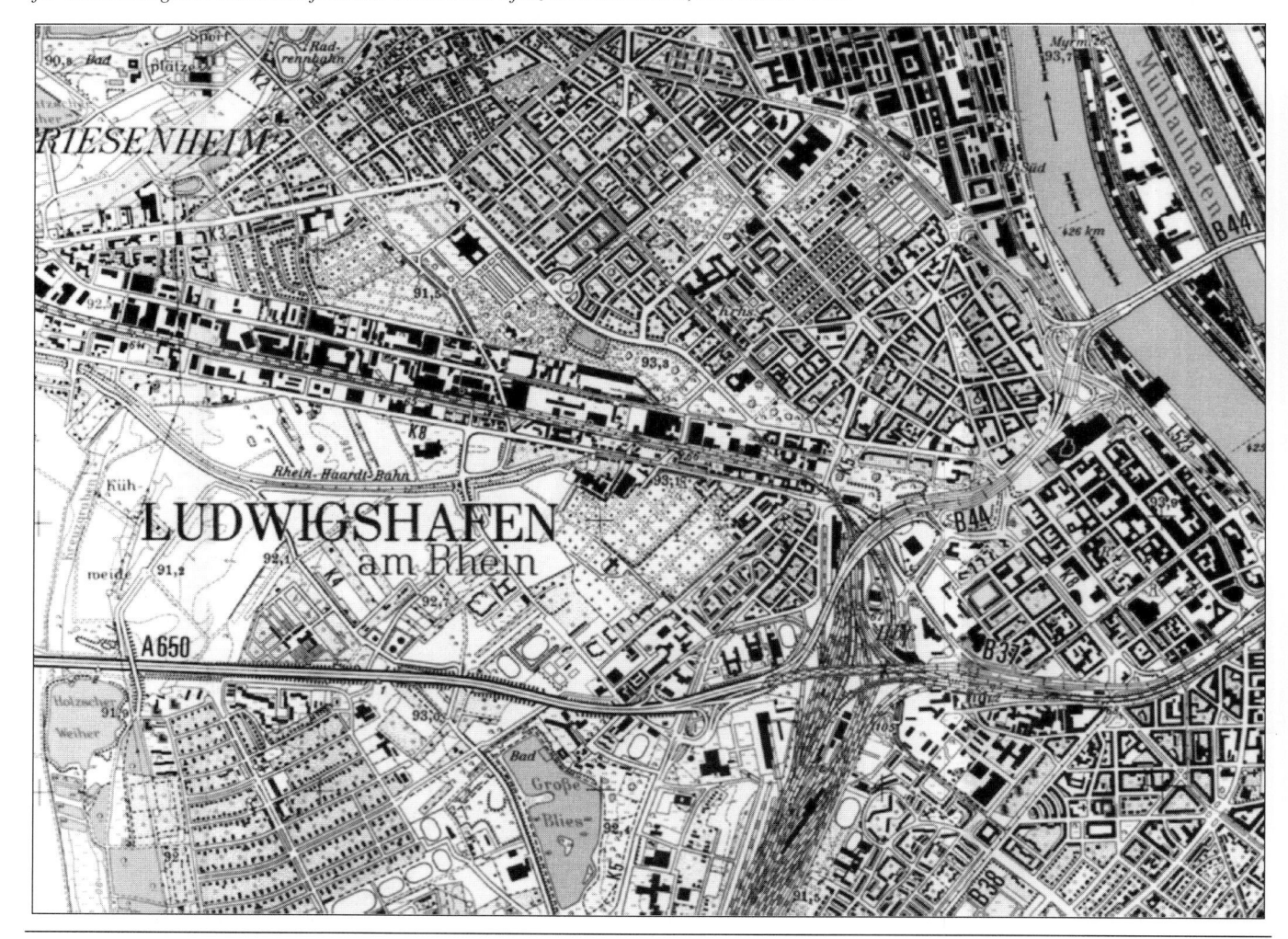

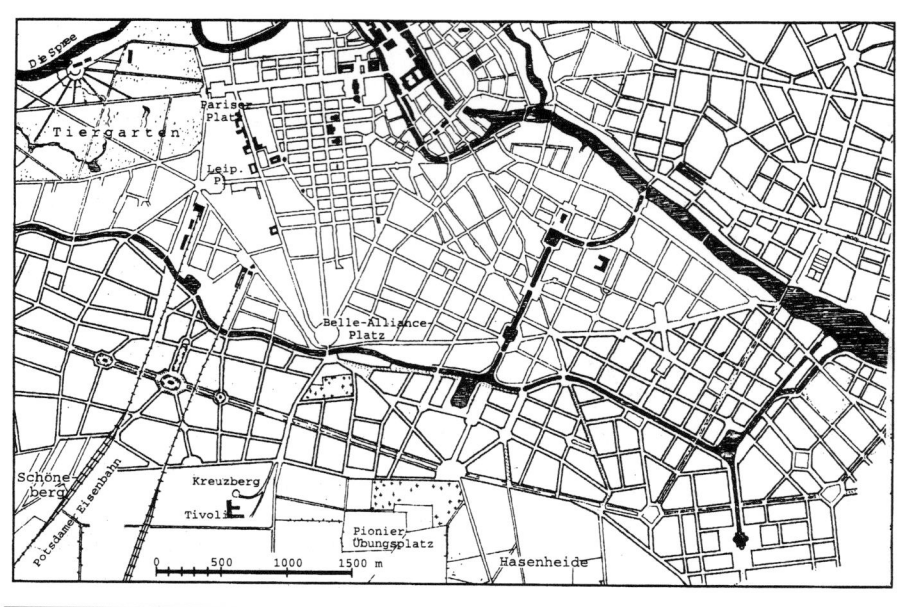

M 15: Ausschnitt aus dem Berliner Bebauungsplan von 1862 (Hobrecht-Plan)
Quelle: Hartog, R. (1962): Stadterweiterungen im 19. Jahrhundert. Stuttgart: Kohlhammer. Schriftenreihe des Vereins zur Pflege kommunalwissenschaftlicher Aufgaben. Berlin, S. 44

Fallbeispiel I: Historisch-genetische Stadttypen in Mitteleuropa Unterrichtspraktischer Teil 3

3.1.4 Materialien

M 16: Ausschnitt aus dem Wilhelminischen Wohn- und Gewerbering (Berlin)
Quelle: Amtliche Karte von Berlin 1:4.000, mit freundlicher Genehmigung der Senatsverwaltung Berlin

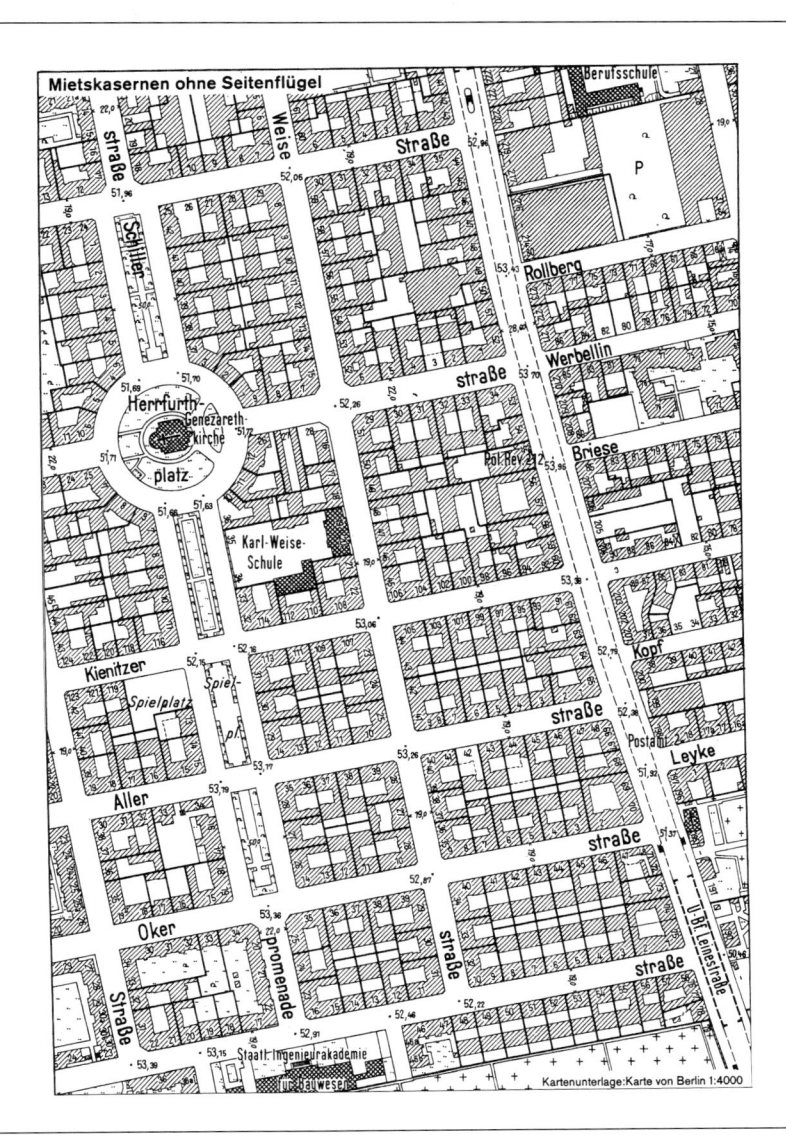

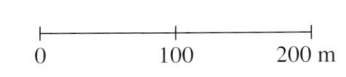

M 17: Gründe für den Mietskasernenbau in der Gründerzeit
Quelle: Heineberg, Heinz (2001): Grundriss Allgemeine Geographie: Stadtgeographie. Paderborn: Schöningh, S. 213

(1) Das umfangreiche **Privateigentum am Boden** (z. B. besaß die Stadt Berlin kaum eigenes Bauland),
(2) die **Bau- und Bodenspekulation**; durch die hohe bauliche Ausnutzung der Grundstücke ergaben sich hohe Renditen (Lagerenten). Die Bodenspekulation wurde begünstigt durch
(3) die völlig unzureichenden Bauordnungen (**Baupolizeiordnungen**), aber auch durch
(4) das Aufkommen einer Vielzahl von sog. **Terraingesellschaften**, die nach 1870 vornehmlich im östl. Deutschland, v. a. in Berlin, entstanden und als selbstständiges Gewerbe neben die Bauunternehmen traten (u. a. Verteuerung des Geländes durch Zwischenhandel mit Baugrundstücken). Die Bodenspekulation wurde überdies erleichtert durch
(5) die Entwicklung des **Bankwesens** nach 1870 (neue Möglichkeiten der Hypotheken- und Kreditaufnahme). Das große Ausmaß der Bau- und Bodenspekulation wäre weiterhin nicht ohne
(6) eine starke Nachfrage möglich gewesen, die nicht nur aus dem großen Bevölkerungszustrom (v. a. von Bevölkerungsgruppen der Unterschicht) in die aufstrebenden Industriestädte resultierte, sondern sich auch aus der **Wohnsitte und -tradition** ergab, für die die oberen Schichten im 19. Jh. ein Vorbild gaben: Nach *R. Hartoog* (1962) erfolgte der Zuzug in die Mietskasernen verhältnismäßig freiwillig, da man das Vorbild der großbürgerlichen oder herrschaftlichen Wohnung – die i. allg. auch eine Mietwohnung war – vor Augen hatte.
(7) Aufgrund des gering entwickelten öffentl. Nahverkehrs waren eine dichte Wohnbebauung und eine möglichst geringe Distanz zwischen den Wohnstandorten und den Arbeitsstätten erforderlich, woraus sich die starke **Durchmischung der Wohn- und Gewerbefunktionen** in den Mietshausvierteln ergab (Beispiel: Wilhelminischer Wohn- und Gewerbegürtel in Berlin).
Die dichte Bebauung wurde durch
(8) die revolutionäre Entwicklung der Stadthygiene bzw. des **technischen Städtebaus** ermöglicht (städt. Tiefbau für Druckwasser- und Gasversorgung, Abwasserbeseitigung; Straßenplanung etc.; daraus resultierte auch die Dominanz einseitig technisch ausgebildeter Ingenieure in der Stadtplanung).

3 Unterrichtspraktischer Teil — Fallbeispiel I: Historisch-genetische Stadttypen in Mitteleuropa

3.1.4 Materialien

M 18: Die Großwohnsiedlung, das unbekannte Wesen
Quelle: Fuhrich, M. und H. Mannert (1994): Großwohnsiedlungen – Heute, Gestern, Morgen. In: Informationen zur Raumentwicklung, Heft 9, S. 567. Bonn: Bundesamt für Bauwesen und Raumordnung

„'Großwohnsiedlung', 'Großwohnanlage', 'Trabantenstadt', 'Satellitenstadt', 'Entlastungsstadt', 'großes Wohngebiet', 'Neubaugebiet', 'neuer Stadtteil' sind Begriffe, die häufig synonym für ein und dasselbe städtebauliche 'Phänomen' verwendet werden und die doch stets etwas Unterschiedliches bedeuten. Seit 1990 wird die Begriffsverwirrung noch ergänzt durch die in der ehemaligen DDR üblichen Bezeichnungen 'Wohnkomplex', 'Plattensiedlung' und 'randstädtische Wohnsiedlung'.

Dementsprechend pauschal geht die öffentliche Kritik mit verallgemeinernden Bezeichnungen wie 'menschenverachtende Hochhausarchitektur', 'Sozialghettos', 'Wohnmaschinen', 'Betonburgen' um. Leider hat auch die im Westen umfassende Diskussion im Lauf der 80er Jahre wenig zur Klärung und zur Versachlichung der Erörterung dieser Wohnform beigetragen.

Der erste Städtebauliche Bericht der Bundesregierung 'Neubausiedlungen der 60er und 70er Jahre – Probleme und Lösungswege' verwendet überwiegend den Begriff 'Großsiedlung'. Tatsächlich lautet der konkrete Berichtsauftrag, 'dem Bundestag einen Städtebaulichen Bericht über Trabantenstädte und Großwohnsiedlungen zur Beratung vorzulegen'. Unter dem **städtebaulichen Typ 'Großwohnsiedlung'** wird hier verstanden: nach dem Zweiten Weltkrieg, vorwiegend in der zweiten Hälfte der 60er und in den 70er Jahren erbaut, überwiegend aus Mietwohnungen des sozialen Wohnungsbaus bestehend, in der Regel einheitlich nach einem Bebauungsplan mit Infrastruktur, Grün- und Verkehrsflächen gebaut, relativ homogen im Charakter der Bebauung und damit eindeutig abgrenzbar gegenüber der Umgebung".

M 19: Grundriss der Großwohnsiedlung Hamburg-Steilshoop
Quelle: Behörde für Bau und Verkehr der Stadt Hamburg

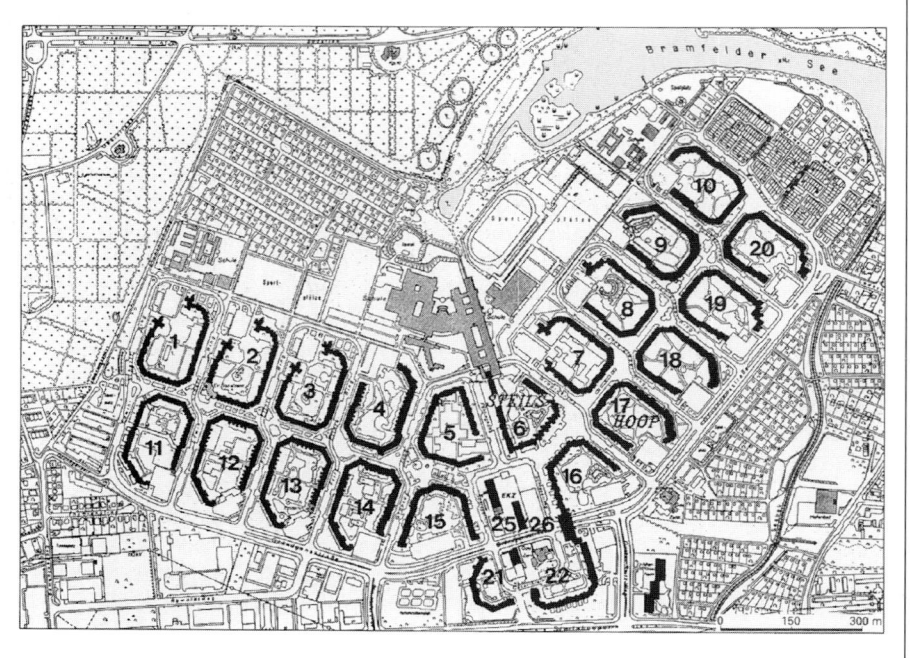

M 20: Hamburg-Steilshoop: Zahlen und Fakten
Quelle: Behörde für Bau und Verkehr der Stadt Hamburg; Bundesminister für Raumordnung, Bauwesen und Städtebau 1979

Wohn- und Eigentumsverhältnisse

Wohnverhältnisse
rd. 6380 Mietwohnungen (1988)
davon: 75 % Sozialwohnungen
15 % öffentl. geförderte Bedienstetenwohnungen
7 % im Regionalprogramm geförderte Wohnungen
3 % frei finanzierte Wohnungen

Eigentumsverhältnisse
28 % GAGFAH[1]
13 % SAGA[2]
8 % GWG[3] und 52 weitere gemeinnützige und freie Wohnungsunternehmer
51 % private Gesellschaften und Personen

[1] Gemeinnützige Aktiengesellschaft für Angestellten Heimstätten
[2] Gemeinnützige Siedlungsaktiengesellschaft Hamburg
[3] Gemeinnützige Wohnungsbaugesellschaft

Größe und Zahl der Wohnungen

mittlere Wohnungsgröße (in m²)	Zahl der Wohnungen	Anteil (in %)	Zahl der Zimmer
37,6	409	6,2	1
46,4	486	7,4	1 1/2
61,3	1005	15,3	2
72,1	739	11,2	2 1/2
85,0	482	7,4	2 1/2 + 1/2
79,6	2095	31,9	3
93,6	395	6,0	3 1/2
102,4	8	0,1	3 1/2 + 1/2
95,1	781	11,8	4
121,3	25	0,4	4 1/2
110,0	51	0,8	4 1/2 + 1/2
73,7	98	1,4	Sonderwohnungen
126,3	9	0,1	5 1/2
74,4	6583	100,0	

Soziale und demographische Daten

Einwohner (1991: 21.450)		im Vergleich Hamburg
Kinder/Jugendliche bis 18 (1988)	25,7 %	14,7 %
Sozialhilfeempfänger	16,4 %	9,2 %
Ausländische Mitbürger	18,9 %	12,0 %

Fallbeispiel I: Historisch-genetische Stadttypen in Mitteleuropa **Unterrichtspraktischer Teil 3**

3.1.4 Materialien

M 21: Wohnen in Steilshoop
Quelle: GAGFAH (Hrsg., o. J.): Steilshoop. Möglichkeiten sozialen Wohnungsbaus für die Bedürfnisse von Morgen – dargestellt am Beispiel der neuen Hamburger Wohnstadt

Stadtplaner, Architekten und Wissenschaftler haben die verschiedensten Wohnformen in Steilshoop zu einem bunten Nebeneinander vermischt. Von der 1 1/2-Zimmer-Wohnung bis zur 4 1/2-Zimmer-Wohnung reicht das Angebot für Jungverheiratete, Familien, bis hin zum behindertengerechten Wohnen und zur Alten-Wohnanlage. Dies alles überwiegend öffentlich-rechtlich gefördert. Auch Eigentumswohnungen fehlen nicht.
Beachtlich ist die Vielfalt der Wohnformen in der Tat:
Die meisten Wohnungen wurden nach dem Prinzip des „Durchwohnens" gebaut, d. h., zwischen Straßen- und Hofseite gibt es eine durchgehende Wohnzone.
Zahlreiche Erdgeschosswohnungen haben einen kleinen Garten vor dem Fenster, andere Wohnungen ziehen sich über zwei Ebenen.
Schließlich gehören auch Wohnungen mit Dachterrassen und an Laubengängen zum Angebot.
In etlichen Wohnringen gibt es Trimm-dich-Räume, Spielwohnungen für die Kleinen oder ganze Gemeinschaftshäuser und Sondergeschosse. Sie enthalten je nach Lage Saunen mit Sonnenterrassen, Hobby-, Bastel- und Feierräume.
Die Freizeit in Steilshoop findet aber auch im Freien statt. Umfangreiche Grünflächen und Sportanlagen bestimmen das Bild der Siedlung. Im Norden liegt der Bramfelder See mit seinen 17,5 ha Grün- und Freizeitflächen. Rund 500 Kleingärten bilden einen zusätzlichen Grünzug. Das Gelände des Ohlsdorfer Friedhofes und der Stadtpark schließen Steilshoop zwischen sich ein und bilden eine „grüne Lunge". Insgesamt stehen von 175 ha Gesamtfläche in Steilshoop 57 ha, also rund ein Drittel, als Grünflächen für Freizeit, Entspannung und Ruhe zur Verfügung.
Vielfältige Möglichkeiten zur Kommunikation bieten die unterschiedlich gestalteten Wohnhöfe, die durch ein öffentliches Wegenetz untereinander verbunden und vom Verkehrslärm gut abgeschirmt sind. Hier ist die Gelegenheit, sich zum Spaziergang oder zum Klönschnack zu treffen.

M 22: Ausschnitt aus der Topographischen Karte 1 : 25.000 Koblenz
Quelle: Topographische Karte 1 : 25.000, Blatt 6511 Koblenz, vervielfältigt mit Erlaubnis des Landesamtes für Vermessung und Geobasisinformationen Rheinland-Pfalz vom 08.05.2001, AZ.: 26 722-1, 401

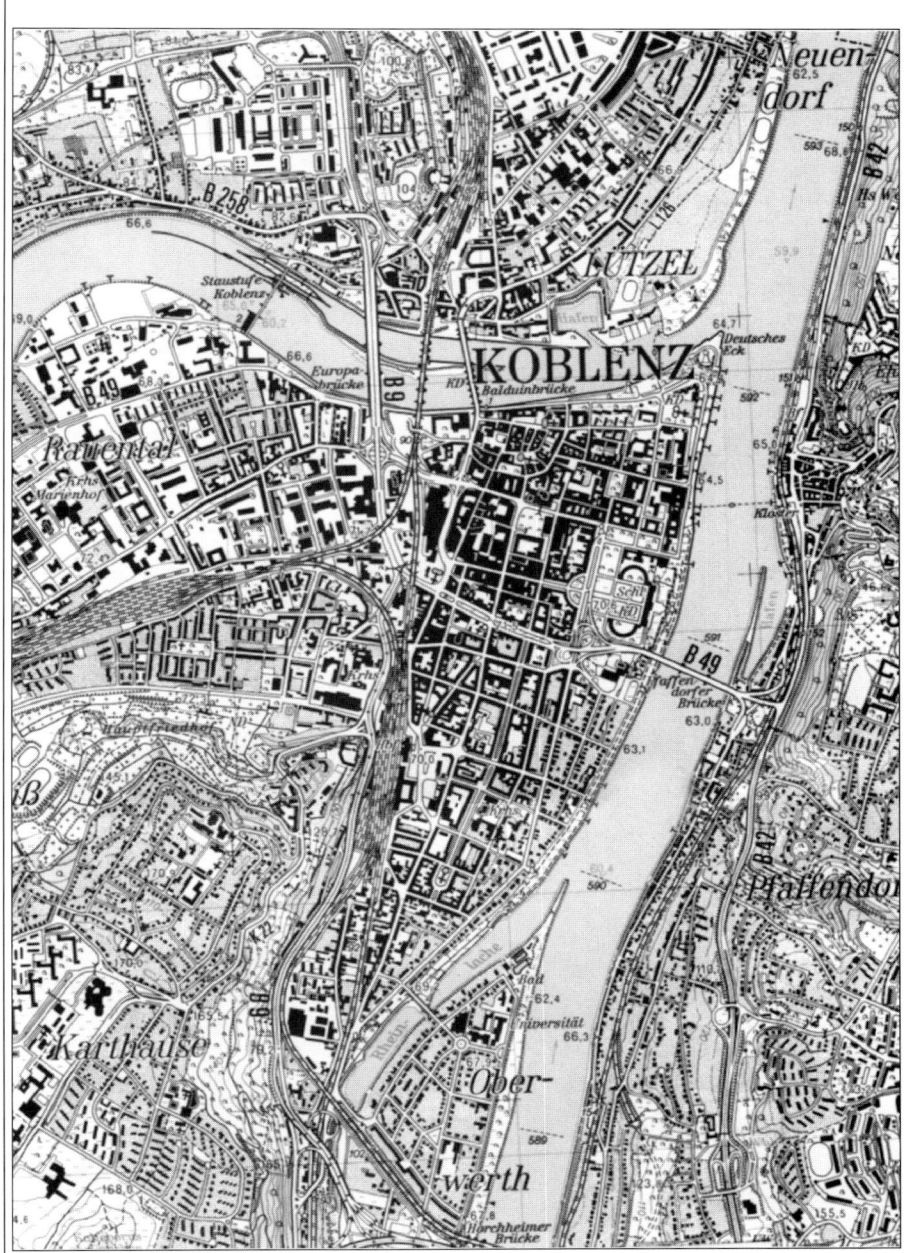

3 Unterrichtspraktischer Teil
Fallbeispiel I: Historisch-genetische Stadttypen in Mitteleuropa

3.1.4 Arbeitsaufträge

1. *Beschreiben Sie anhand von M 1 die Entwicklung Essens zwischen 1570 und 1993. Benennen Sie dabei jeweils die charakteristischen Merkmale und begründen Sie das Dargestellte.*

2. *Lösen Sie die Abkürzungen in der Karte M 2 auf (Atlas) und erklären Sie das auffällige Lagemerkmal der „Römerstädte".*

   Ordnen Sie ihren eigenen Wohnort – oder Teilbereiche von ihm – den in M 2 und M 3 dargestellten Städtebildungsepochen zu.

3. *Beschreiben Sie am Beispiel von Trier (M 5) die wichtigsten sichtbaren Prinzipien der römischen Stadt und erklären Sie, ausgehend von Ihrem Wissen über die Historie des Römischen Reiches, einige dieser Prinzipien. Das römische Trier wurde im Mittelalter – wie auch Köln oder Mainz – überformt. Beschreiben Sie diesen Vorgang anhand von M 6.*

4. *Werten Sie die Materialien M 6 bis M 9 aus und geben Sie einen Überblick über das, was man die „mittelalterliche Stadt" nennt. Überlegen Sie hierbei auch, inwiefern die „mittelalterliche Stadt" eine Bürgerstadt war.*

5. *„Als zu Beginn des 18. Jahrhunderts aufgrund (waffen-) technischen Fortschritts die Festungsanlagen nach dem Vorbild der Bastionen des französischen Baumeisters Vauban ihren Sinn verloren, wurde die Repräsentanz fürstlicher Macht zur Leitidee der absolutistischen Stadtgründungen."*
   Verifizieren Sie diesen Satz, indem Sie die Materialien zu Karlsruhe und Mannheim (M 11 bis M 13) vergleichend analysieren.

6. *Stellen Sie anhand der beiden Karten zu Karlsruhe um 1830 und um 1880 (M 11) sowie der Tabelle M 12 erläuternd den Übergang der Stadt vom Zeitalter des Absolutismus ins Industriezeitalter dar. Nennen Sie die neuen physiognomischen und funktionalen Prinzipien.*

7. *In der Folge der Industriellen Revolution (in Mitteleuropa seit ca. 1850) gab es einerseits neue Stadtgründungen, andererseits entstanden vor allem in den großen Städten wie Berlin Wohnquartiere für eine neue gesellschaftliche Klasse, die Arbeiter und ihre Familien.*

7.1 *Erläutern und begründen Sie am Beispiel Ludwigshafens und der BASF die Verknüpfung von Industriebetrieb und Stadt (M 14).*

7.2 *Erklären Sie am Beispiel Berlins die Entstehung und das Prinzip der Mietskasernen (M 15 bis M 17) und erörtern Sie, ob der Erhalt solcher Wohnquartiere heutzutage ein Ziel der Stadtplanung sein sollte.*

8. *Als in den 1960er und 1970er Jahren Großwohnsiedlungen an den Rändern deutscher Städte entstanden, schien ihre Notwendigkeit auf der Hand zu liegen: Man brauchte preiswerten Wohnraum für eine damals noch wachsende Stadtbevölkerung und wollte gleichzeitig der Zersiedelung des stadtnahen Umlands entgegenwirken, die durch die einsetzende Suburbanisierung zu einem immer höheren und unkontrollierten Flächenverbrauch führte.*

8.1 *Sammeln Sie Informationen zu den Verstädterungstendenzen in Mitteleuropa zwischen 1950 und 1980 sowie zum Begriff bzw. Vorgang der Suburbanisierung.*

8.2 *Analysieren Sie die Materialien zur Großwohnsiedlung Hamburg-Steilshoop (M 19 bis M 21), indem Sie vor allem die Leitlinien der Planung erläutern und die Intentionen bewerten.*

9. *Das im Mittelalter als Brückenstadt entstandene Koblenz (M 22) zeigt im heutigen Stadtbild Viertel aus den unterschiedlichen Stadtgründungs- bzw. Entwicklungsphasen.*

9.1 *Gliedern Sie in der Topographischen Karte einzelne Teilbereiche heraus, indem Sie sie farbig markieren, und ordnen Sie diese Bereiche den verschiedenen Phasen begründet zu.*

9.2 *Stellen Sie – auf dem Hintergrund des bisher Erarbeiteten – thesenartig einige Forderungen auf, die eine moderne Stadtplanung und -entwicklung an diese Teilbereiche stellt.*

10. *Geben Sie eine zusammenfassende Antwort auf die Frage, warum die Kenntnis stadtgenetischer Prozesse eine notwendige Voraussetzung dafür ist Stadtstrukturen zu verstehen und nachhaltig weiter zu entwickeln.*

3.1.5 Lösungshilfen

Arbeitsauftrag 1

Essen um 1570 zeigt noch das deutliche Bild einer mittelalterlichen Stadt mit dem Kirchenbereich als Mittelpunkt sowie der Stadtmauer und der klaren Abgrenzung vom agrarischen Umland. Es handelt sich um eine Bürger- und Handelsstadt, Letzteres aus der Lage am Hellweg zu schließen.

Das zweite Bild dagegen veranschaulicht eindrucksvoll die Folgen der Industriellen Revolution und der wirtschaftlichen Entwicklung auf der Basis der Steinkohle: Die Stadtmauer ist geschleift und die Stadt über die alten Grenzen hinaus gewachsen, zahlreiche Schornsteine der neu entstandenen Zechen, Kokereien und Hüttenwerke dominieren die Silhouette und im Bildvordergrund fährt eine Eisenbahn als wichtigstes Massenguttransportmittel ihrer Zeit.

Ein wiederum völlig anderes Bild ergibt sich heute. Am auffälligsten sind ohne Zweifel das starke Flächenwachstum sowie das Verschwinden von Industriebetrieben aus der inneren Stadt. Statt dessen beherrschen Hinweise auf den tertiären Sektor das Bild der ehemaligen Industriestadt. Die Gründe liegen auf der Hand: Deindustrialisierung als Folge der Kohlen- und Stahlkrise und struktureller Wandel hin zur Dienstleistungsmetropole.

Deutlich wird insgesamt, dass historische und wirtschaftliche Entwicklungen und Veränderungen sich stark im wichtigsten Lebensraum der Menschen Mitteleuropas niederschlagen, nämlich in der Stadt – sowohl ihre Physiognomie als auch ihre Funktion wird beeinflusst und verändert.

Arbeitsauftrag 2

Die Arbeit mit dem Atlas erweitert topographische Kenntnisse und gibt Lagehinweise auf Städte, die in den folgenden Materialien als Fallbeispiele dienen. Hinsichtlich der Römerstädte fällt natürlich deren Beschränkung auf den Westen und Süden auf, da der Limes der Ausbreitung dieses Stadttypus´ in den Norden und Osten Germaniens nach der Niederlage der Römer unter Varus 7 n. Chr. eine Grenze setzte.

Zumindest die Altstadt bzw. der Citybereich lässt i.d.R. eine Verknüpfung mit der mittelalterlichen Entstehung der Heimatstadt zu, aber auch Viertel aus dem Industriezeitalter finden sich in nahezu allen deutschen Städten.

Arbeitsauftrag 3

Die wichtigsten Prinzipien waren:
– Lage in der Ebene, an einer Heerstraße oder an einem Fluss,
– quadratische bzw. rechteckige Grundrissgestaltung mit entsprechendem Straßennetz,
– starke Befestigung mit vier Toren,
– sich kreuzende Nord-Süd-Achse (cardo) und Ost-West-Achse (decumanus),
– zentrale Lage des Forums als Mittelpunkt der Siedlung,
– am Forum oder in seiner Nähe wichtige Gebäude (hier: Kaiserpalast), andere, wie Tempel oder Thermen, über die Siedlung verstreut.

Die starke Befestigung gerade im mitteleuropäischen Raum rührt von den Auseinandersetzungen mit den verschiedenen germanischen Stämmen her. Das Forum war in enger Anlehnung an Rom selbst wichtigster Platz für den Handel, für politische Vorgänge, Feste etc. und somit Mittelpunkt des städtischen Lebens. Und auch weitere Einrichtungen wie Tempel, Thermen oder der Circus waren Teil der Tradition und der römischen Vorstellung von Leben.

Bei der späteren Überformung der römischen Siedlung werden einige typische Elemente deutlich:
– die Straßen verlassen die Gitternetzvorgabe, das Schachbrettmuster wird aufgegeben,
– die Fläche der Stadt schrumpft entsprechend ihrem Bedeutungsverlust,
– zentrale Bauten werden nun Herrschersitz oder / und Dom,
– es entstehen Viertel wie das Judenghetto.

Arbeitsauftrag 4

Wie die Erläuterungen in der „Sacheinführung" deutlich machen, ist es nicht unproblematisch, von der mittelalterlichen Stadt zu sprechen. Dennoch zeigt sie im Laufe der Jahrhunderte ein wesentliches Merkmal: Sie wird zur Stadt des aufstrebenden Bürgertums. Den wichtigsten Ausdruck findet dies in der zentralen Lage und Bedeutung des Marktplatzes, an dem das Rathaus den Sitz bürgerlicher Selbstverwaltung markiert. Hierzu passt die Ummauerung der Stadt; sie grenzt die Siedlung nicht nur vom agrarischen Umland und damit von den in aller Regel unfreien Landleuten ab, sondern oft auch von den außerhalb der Stadt gelegenen Adelssitzen. Handwerker und Kaufleute, also Zünfte und Gilden, sind die bestimmende soziale Gruppe.

Eines zeigt allerdings M 9: In den Bevölkerungsgrößen sind die damaligen Städte nicht zu vergleichen mit dem, was wir heute als Stadt empfinden bzw. definieren.

Arbeitsauftrag 5

Die Bastionsbefestigungen, die M 10 und M 13 zeigen, findet man heute in den Städten meist als Grüngürtel wieder. In Mannheim bildete sich bereits innerhalb der Bastion, aber außerhalb der damaligen Friedrichsburg eine Stadt, und zwar mit einem schabrettmusterartigen Grundriss, eine Struktur, die später mit der fürstlichen Residenz verknüpft wurde. Insofern bildet Mannheim ein Beispiel für einen fließenden Übergang von der Festungsstadt des Barock zur Residenzstadt des Absolutismus.

Das prägnantere Beispiel für Letztere ist Karlsruhe, das konsequent als Residenzstadt geplant wurde. In seinem Grundriss, das verdeutlicht der Kupferstich M 10, wird die Leitidee dieser Stadtgründung besonders offenbar. Die fürstliche Macht zeigt sich im dominanten Schlossbau, auf den auch alle weitere Planung zentriert ist.

Arbeitsauftrag 6
Während die Erweiterung zwischen 1800 und 1830 das Gesicht Karlsruhes als Residenzstadt kaum verändert, ändert sich der Charakter bis 1880 deutlich. Trotz der weiteren Augenfälligkeit und Grundrisswirkung der Schlossanlage werden jetzt auch die Merkmale des Industriezeitalters evident: Eisenbahnlinien, Industrieanlagen, neue Wohnquartiere in Blockbebauung.

Arbeitsauftrag 7
7.1 Wie z. B. Oberhausen oder Salzgitter gehört Ludwigshafen zu den nicht mehr so zahlreichen Neugründungen im Zuge der Industrialisierung seit ca. 1850. Dominant sind selbst auf dem Ausschnitt in M 14 die Industrieanlagen der BASF mit günstiger Transportlage unmittelbar am Rhein. Zwei Aspekte musste die dazu gehörende Stadt in erster Linie erfüllen: Sie musste aufgrund fehlender Mobilität der Arbeiter in direkter Nachbarschaft zum Unternehmen liegen und sie musste preiswerten Wohnraum in großem Umfang zur Verfügung stellen. Beide Merkmale werden sehr deutlich, wobei sich der zuletzt genannte Aspekt in der gedrängten Blockbebauung mit geschlossenen Straßenfronten widerspiegelt.

7.2 Der Gedanke der Schaffung von billigem Wohnraum in großem Umfang findet seine Konkretisierung vor allem in den Mietskasernen der Arbeiterviertel großer Städte wie Berlin. Erschlossen durch ein relativ regelmäßiges Netz von Straßen und Plätzen finden sich Mietskasernenblöcke, die durch das Prinzip der Hinterhöfe den Platz maximal nutzen. Damals durchaus auch als sozialer Fortschritt zu verstehen, bilden diese Komplexe heute Schwerpunkte notwendiger Stadtplanung. Es fehlt ihnen an ausreichender Besonnung und Belüftung, die sanitären Bedingungen entsprechen oft immer noch nicht dem heutigen Standard, die Bausubstanz ist oft qualitativ schwach. Und: diese Viertel stellen immer wieder Punkte sozialer Segregation dar.

Ein Erhalt erscheint allerdings sinnvoll, da sie nicht nur ein historisches Zeugnis sind, sondern da sie auch immer noch die alte Funktion erfüllen, preiswerten Wohnraum zur Verfügung zu stellen. Gerade das aber kann in Gefahr geraten, wenn hohe Sanierungskosten entstehen. Hier sind also in besonderer Weise die „öffentlichen Hände" gefordert.

Arbeitsauftrag 8
8.1 Wichtige Tendenzen in dieser Zeit waren z. B.:
– die Wohnungsnot nach dem Zweiten Weltkrieg mit Wiederaufbau und der Förderung von Sozialwohnungen, Wohnraumbeschaffung hatte Vorrang vor Stadtplanung;
– Städtewachstum im Zuge des Wirtschaftswunders und der damit verbundenen Landflucht sowie durch den Zustrom von Gastarbeitern;
– Prozesse der Citybildung;
– starker Anstieg der Boden- und Mietpreise im innerstädtischen Bereich und dadurch Verdrängung der Wohnfunktion;
– Suburbanisierungstendenzen, hervorgerufen durch die Verdrängung der Wohnfunktion einerseits und durch steigenden Lebensstandard (Eigenheimbau am Stadtrand) andererseits;
– Zersiedlung des stadtnahen Umlands durch Stadtflucht.

8.2 Hamburg-Steilshoop stellt ein typisches Beispiel für eine Großwohnsiedlung dar. Es dominieren eindeutig Mietwohnungen des sozialen Wohnungsbaus mit 2 bis 4 Zimmern, und entsprechend ist die Sozialstruktur. 1991 liegt der Anteil an Kindern deutlich über dem Hamburger Durchschnitt, sodass jüngere Familien mit Kindern und wahrscheinlich niedrigerem Einkommen hier offensichtlich bevorzugt wohnen. Dass die Sozialstruktur schwächer ist als im Durchschnitt der Hansestadt zeigen auch die Prozentanteile an ausländischen Mitbürgern und die an Sozialhilfeempfängern.

Der Grundriss der Anlage weist ebenfalls typische Elemente auf:
– Wohnkomplexe im Prinzip der Nachbarschaften mit wahrscheinlich mehrgeschossiger Bauweise,
– zentrale Lage des Einkaufszentrums,
– hierarchisiertes Straßensystem mit Anbindung „nach außen" (an die Kernstadt)
– umfangreiche Ausstattung mit Schulen wegen des hohen Anteils an Kindern unter 18 Jahren,
– Sport- und Freizeitmöglichkeiten.

Die Intentionen der Planung liegen also auf der Hand. Es bleiben jedoch kritische Nachfragen, z. B. zur Sozialstruktur (soziale Segregation?), zu dem wahrscheinlich nicht ausreichenden Vorhandensein von Arbeitsplätzen und den daraus resultierenden Pendlerströmen, zum optischen Bild der Wohnsilos oder zur Zukunft der Siedlung und ihrer Einrichtungen eineinhalb Jahrzehnte später, wenn aus den überdurchschnittlich zahlreichen Kindern und Jugendlichen Lehrstellensuchende oder Erwachsene geworden sind mit neuen Ansprüchen an Wohn- und Lebensqualität.

Fallbeispiel I: Historisch-genetische Stadttypen in Mitteleuropa

Arbeitsauftrag 9

9.1 Ausgegliedert werden in M 22 – in chronologischer Reihenfolge: a) die halbkreisförmige Altstadt an der Mosel (Brückenstadt), b) die Schlossanlage mit dem unmittelbar im Westen angrenzenden, von der Anlage beeinflussten Viertel, c) die gründerzeitlichen Viertel mit Industriebetrieben zwischen Schloss bzw. Rhein und der Eisenbahnlinie und d) z.B. die Großwohnsiedlung „Karthause".

9.2 Denkbare Thesen sind:

Der Altstadtbereich bedarf der Synthese zwischen der Bewahrung des Historischen und den Ansprüchen an moderne Cityfunktionen.

Die gründerzeitlichen Viertel brauchen eine bauliche und funktionale Sanierung, die kostenmäßig möglichst nicht zu Lasten der dort ansässigen Bevölkerung geht.

Die Neubaubereiche am Stadtrand dürfen nicht zu Schlafstätten verkommen, sondern brauchen Einrichtungen und Arbeitsstätten, die eine gewisse Eigenständigkeit und eine zukunftstragende Wohnqualität sichern.

Das innenstadtnahe Gewerbe sollte, vor allem wenn es sich um so genanntes störendes Gewerbe handelt, ausgelagert werden; die gewonnenen Flächen sollten für eine zukunftsfähige Stadtplanung genutzt werden.

Arbeitsauftrag 10

Wie das Beispiel Koblenz zeigt, prägen stadtgenetische Vorgänge und Entwicklungen unsere heutigen Städte immer noch nachhaltig. So ist z.B. die City in aller Regel ein Teilbereich der Altstadt mit allen Vorzügen und Problemen. Besonders die Letzteren machen die Aufgabenintention deutlich: Strukturen wie die Enge, das unregelmäßige Straßennetz und die historische Bausubstanz sind vorgegeben, benötigen aber auch eine verantwortungsbewusste und vorsichtige Planung, um Zielkonflikte zu lösen und den Kompromiss zu finden zwischen heutigen Ansprüchen und Bewahrung von Erhaltenswertem. Stadt muss sich unter sich ändernden Bedingungen weiter entwickeln ohne dabei vorhandene Strukturen zu ignorieren oder einfach zu beseitigen.

Fallbeispiel II: Leitbilder der Stadtentwicklung in außereuropäischen Kulturkreisen

3.2.1 Sacheinführung

Die anglo-amerikanische Stadt

Die Bezeichnung „nordamerikanische Stadt" ist irreführend, verleitet sie doch zu der Annahme, dass dieser Stadttyp für den gesamten Kontinent seine Gültigkeit hat. Dies ist aber nicht der Fall. Schon aufgrund der Größe des Kontinents und der multikulturellen Einflüsse bei seiner Erschließung und Besiedlung ist eine Vielzahl von Ausprägungen zu erwarten. So waren in den Neuenglandstaaten die Städte vielfach ein Abbild der europäischen Stadt, und im Südwesten ist der spanisch-mexikanische Einfluss oft deutlich erkennbar. Deshalb ist es angebrachter, von der anglo-amerikanischen Stadt oder – räumlich enger gefasst – von der US-amerikanischen Stadt zu sprechen. Ungeachtet regionaler Besonderheiten weist die Mehrzahl der US-amerikanischen Städte typische Grund- und Aufrissmerkmale auf, die sie deutlich von Städten anderer Kulturkreise abheben.

→ *Zur Terminologie US-amerikanischer Städte*
Städtische Siedlungen werden in den USA offiziell eingeteilt in *cities*, *towns* und *villages*. Da diese Begriffe sich vornehmlich auf den rechtlichen Status beziehen, sagen sie geographisch wenig aus, zumal sie das schnelle Städtewachstum in den USA und die Verstädterung der Umlandgemeinden nicht berücksichtigen (vgl. **M 3** und **M 4**).

Um dem Ausufern der Städte und das räumliche und funktionale Zusammenwachsen mit den Umlandgemeinden Rechnung zu tragen, werden seit 1983 in der amtlichen Statistik sogenannte *Metropolitan Statistical Areas (MSAs)* ausgewiesen. Eine MSA muss 1. zumindest eine Stadt mit 50.000 oder mehr Einwohnern enthalten oder 2. eine verstädterte Region (*urbanized area*) mit ebenfalls mindestens 50.000 Einwohnern; die Gesamtbevölkerung einer MSA muss mindestens 100.000 Einwohner (in den Neuenglandstaaten 75.000) betragen. Eine MSA mit einer Bevölkerung von mehr als 1 Mio. kann als *Consolidated Metropolitan Statistical Area (CMSA)* ausgewiesen werden. Bedeutende Megaballungsräume werden als *Megalopolis* bezeichnet, wie z. B. das über 1.000 km lange Städteband (*strip city*) zwischen Boston und Washington im Nordosten der USA.

→ *Physiognomische Merkmale*
Neben dem starken flächenhaften Ausufern werden die Städte in den USA vor allem durch zwei physiognomische Merkmale gekennzeichnet:
    1. das schachbrettartige Straßennetz und
    2. die Hochhausbebauung in den Stadtkernen.

Der Schachbrettgrundriss (*grid pattern*) mit den in der Regel nord-südlich und west-östlich verlaufenden Straßen findet sich sowohl bei den spanischen als auch bei einigen englischen und französischen Gründungen. Gefördert wurde es jedoch vor allem durch die Einführung des quadratischen Landvermessungssystems, das ab 1785 in allen Gebieten westlich der Appalachen Anwendung fand. Gelegentliche Abweichungen von diesem Muster ergaben sich durch besondere topographische Verhältnisse, z. B. Lage an Seen oder Flüssen. Mit dem fortschreitenden Siedlungswachstum entwickelte sich außerhalb der Kernstädte meist ein radial-konzentrisches Straßennetz.

Die Hochhaus- bzw. Wolkenkratzerbebauung (*skyscraper*) in den Großstadtkernen (**M 5**) ist im Wesentlichen eine Reaktion auf den Raummangel und die steigenden Grundstückspreise in diesem Stadtbereich. Nach *Hofmeister* kann der Wolkenkratzer als „die erste eigenständige Leistung der amerikanischen Architektur und als Symbol für die amerikanische Gesellschaft" angesehen werden. Im Gegensatz dazu bestehen die Vorstädte (ausgenommen die *Edge Cities*, siehe weiter unten) meist aus Ein- und Zweifamilienhäusern mit Garten.

Weitere Merkmale, die die nordamerikanischen Städte von z. B. den westeuropäischen unterscheiden:

Es fehlt ein zentraler Marktplatz mit Rathaus oder Kirche; die Funktion des Marktplatzes übernimmt die zentrale *main street* (vgl. **M 6**). Viele Städte, besonders im mittleren Westen, entstanden im Zusammenhang mit dem Eisenbahnbau und der Industrialisierung. So kam es häufig zu einer Zerschneidung des Siedlungskörpers durch Eisenbahngleise, und ältere Fabriken grenzen oft unmittelbar an die City.

→ *Funktionale Gliederung*

Die nordamerikanischen Städte besitzen eine weitgehend einheitliche funktionale Gliederung (vgl. **M 13** – **M 15**).

1. Der innerstädtische Bereich, nach amerikanischer Terminologie die *Downtown*, ist das „Aushängeschild" der nordamerikanischen Städte, da er zum größten Teil deren Image bestimmt. Innerhalb der Downtown lässt sich nochmals eine Unterteilung vornehmen: im Kern der *Central Business District (CBD)* und daran anschließend ein Ring, der im Wesentlichen eine Ergänzungsfunktion für den *CBD* ausübt. Im *CBD* konzentriert sich das wirtschaftliche Leben der Stadt mit Auswirkungen, die weit

Fallbeispiel II: Leitbilder der Stadtentwicklung in außereuropäischen Kulturkreisen

über die Stadtgrenze hinausreichen, regional, national und z. T. auch global. Der *CBD* macht oft nicht mehr als 1–2 % des gesamten Stadtraumes aus und ist gekennzeichnet durch eine Ballung von Einrichtungen des tertiären Sektors, vor allem hochrangiger Verwaltungsebenen von Unternehmen, Banken, Versicherungen und Beratungsdiensten. Äußerlich wird der *CBD* durch die Hochbauweise bestimmt, die den nordamerikanischen Städten ihre besondere *skyline* verleiht.

Der an den *CBD* angrenzende Innenstadtbereich weist bereits eine stärkere Mischfunktion auf: Gewerbebetriebe, Einzelhandelseinrichtungen, Parkhäuser, Hotels, Freizeitkomplexe, Kongress- und Tagungsgebäude sowie vereinzelt Wohnungen in z. T. aufwendig sanierten Wohnhochhäusern. Eindeutig dominiert auch hier noch der tertiäre Sektor, allerdings stärker in Form von kundenorientierten Einrichtungen wie Geschäften, Restaurants, Hotels etc. für die zahlreichen Besucher der Innenstadt.

2. An die Downtown schließt sich ein Übergangsbereich an, die *Zone of Transition*, wie sie von der Chicagoer Schule 1925 bezeichnet und von Burgess in seinem bekannten Modell beschrieben wurde (**M 14**). Sie ist durch eine außerordentliche Funktionsvielfalt gekennzeichnet: Öffentliche und private Dienstleistungseinrichtungen, Gewerbe und Kleinindustrie, Busbahnhöfe, Parkgaragen und Wohngebäude wechseln mit ausgedehnten Wohnbereichen ab. Letztere bestehen überwiegend aus 3- bis 4-stöckigen Miethäusern aus der Gründerzeit, *walk-up-buildings* genannt, da sie keine Aufzüge besitzen. Infolge des baulichen Verfalls und der Verwahrlosung sind sie vielfach zu Slumgebieten degradiert. Ein weiteres, neues Charakteristikum sind große Freiareale, die im Rahmen von Sanierungsprogrammen (*slum clearance*) entstanden.

3. Die *Zone of Transition* geht allmählich in einen Ring über, in dem die Wohnfunktion dominiert. Wohngebiete der Unter- und Mittelschicht wechseln mit Wohnvierteln der gehobenen Schichten, mit *Gated Communities*, sanierten Stadtquartieren und Gebieten des sozialen Wohnungsbaus.

4. Im krassen Gegensatz zur *Downtown* stehen die Vorortsiedlungen, die *Suburbs*. Hier dominieren Eigenheime, in der Regel Ein- und Zweifamilienhäuser mit Gärten. In den *Suburbs* drückt sich anschaulich das Streben der Amerikaner nach Individualität (*privacy*) und Besitz (*property*) aus.

→ *Wandlungen im städtischen Raum*

Im Zuge umfangreicher Wanderungsbewegungen (Suburbanisierung, **M 7**, **M 8**) kam es in den letzten Jahrzehnten zu umfangreichen Umstrukturierungen, die das Gesicht der US-amerikanischen Städte z. T. grundlegend verändert haben.

Funktionsverluste der Downtown. Seit etwa den 1980er Jahren haben die meisten Innenstädte nicht nur ihre Attraktivität als Wohngebiet, sondern auch ihre führende Stellung als Arbeitsplatz für Pendler eingebüßt. Landesweit sind heute etwa die Hälfte der Arbeitsplätze der großstädtischen Agglomerationen außerhalb der Stadtgrenze in der suburbanen Zone gelegen. In gleichem Maße hat die Downtown ihre dominierende Rolle als Hauptgeschäftszentrum verloren. An die Stelle der vielen Einzelhandelsgeschäfte sind am Stadtrand die regionalen *Shopping Centers* mit ihren *Malls* getreten, und auch die Bürozentren im *CBD* erfahren in jüngerer Zeit eine ernste Konkurrenz durch die *Edge Cities* (s. u.) an den peripheren Standorten. Dennoch: Der *CBD* ist nach wie vor der dominierende Dienstleistungsbereich der Stadt.

Funktionswandel der Zone of Transsition. Die stärksten Veränderungen haben sich in der citynahen Übergangszone vollzogen. In dem Maße wie die wohlhabenden Bevölkerungsschichten in die *Suburbs* abwanderten, rückten ethnische Minderheiten und einkommensschwache, z. T. arbeitslose Bevölkerungsgruppen (die sog. *urban underclass*) nach, die sich heute jedoch nicht nur aus Farbigen zusammensetzen. Infolge sinkender Steuereinnahmen fehlen den Städten die Mittel zur Sanierung, es kommt zu Slumbildung, baulichem Verfall, Ghettobildung, sozialer Verwahrlosung und Kriminalität (**M 9**).

Im krassen Gegensatz dazu stehen die „neuen Enklaven des gehobenen Lebensstils", die *Gated Communities*, die vielerorts im Rahmen von Maßnahmen zur *Downtown*-Aufwertung seit den 80er Jahren entstanden sind (**M 10**), sowie Megaprojekte mit gemischten Nutzungsformen, z. B. Großsportarenen, Kongressgebäude oder Geschäftszentren, die hier und da auf sanierten Freiflächen errichtet wurden. Ein Ergebnis der Sanierungspolitik sind ferner die riesigen Freiareale in der *Zone of Transition*, die zumeist als Parkplätze genutzt werden und wie „vergessene Stadtwüsten" (*Schneider-Sliwa*) wirken.

Aufschwung der Suburbs. Mit der Abwanderung der Bevölkerung verlagerten auch viele Geschäfte ihren Standort in die Vororte und ihnen folgten – auch aufgrund steigenden Flächenbedarfs und weiterer veränderter Standortansprüche – Gewerbebetriebe und Einrichtungen des tertiären Sektors. So entstanden in der suburbanen Zone, vor allem in verkehrsgünstigen Zonen, zahlreiche neue Siedlungsformen wie Appartmenthäuser, Einkaufszentren (*shopping malls*) oder Industrieparks (*industrial estates*). Ein weiteres neues städtisches Element stellen die *Edge Cities* dar. Das sind urbane Zentren, die alle Funktionen einer City aufweisen. Den Kern bilden große Bürozentren (*office parks*), Banken, Versicherungen und Verwaltungen großer Unternehmen. Hinzu kommen Klein- und Mittelbetriebe, Hotels und andere Dienstleistungen sowie vereinzelt auch größere Apartmenthäuser (vgl. **M 12**).

Die lateinamerikanische Stadt

Mit einer Verstädterungsquote von durchschnittlich 88 % im Jahre 2000 ist Lateinamerika der am stärksten urbanisierte Kontinent der Dritten Welt. Länder wie Uruguay oder Argentinien übertreffen mit 91 % bzw. 90 % sogar alle westeuropäischen Länder, ausgenommen Belgien, das eine Verstädterungsquote von 97 % aufweist (**M 16**).

Mit Blick auf die Verstädterung und das Städtewachstum unterscheidet sich Lateinamerika noch in einer zweiten Hinsicht von den anderen Großregionen der Dritten Welt: Der Verstädterungsprozess setzte hier besonders früh ein und lief mit einer außergewöhnlichen Geschwindigkeit ab. Die gegenüber Angloamerika frühere Besitzergreifung durch die Spanier und Portugiesen sorgte dafür, dass bereits um 1600 im spanischen Amerika über 200 Städte existierten. Diese wuchsen nicht etwa aus Agrardörfern oder kleinen Marktorten heran, sondern entstanden fast ausschließlich als planmäßige Gründungen. Um ca. 1580 war bereits die Hauptgründungsphase abgeschlossen und damit waren „wesentliche Elemente nicht nur des heutigen Städtesystems, sondern auch die Grundstrukturen der Städte geschaffen" (*Heineberg* 2000, S. 259).

Die Aufteilung Lateinamerikas in einen spanischen und einen portugiesischen Machtbereich spiegelt sich auch in den Städten wider, weniger in der Grundrissgestaltung als vielmehr in der geographisch/topographischen Lage. So gibt es deutliche Unterschiede hinsichtlich der Standortwahl: Während die Spanier, die als Eroberer in die Neue Welt aufgebrochen waren, ihre Hauptstädte als Zentren der Macht symbolhaft in den ehemaligen Zentren der indianischen Hochkulturen gründeten, entstanden die bedeutendsten portugiesischen Niederlassungen als Handelsstützpunkte an den Küsten. Von diesen Zentren aus erfolgte die Besitzergreifung und die Kontrolle des ausgedehnten Hinterlandes (**M 17, M 18**).

→ *Erscheinungsbild der kolonialzeitlichen Stadt*
1573 hatte König Philipp II Anweisungen für die Standortwahl und die Anlage der Städte in der Neuen Welt erlassen, die sich an antike griechisch-römische Vorbilder sowie an spanische und italienische Ideen der Renaissance orientierten. Damit war der Grundstein für einen Idealtyp geschaffen, der die hispanoamerikanische Stadt von Stadttypen anderer Kulturkreise deutlich unterscheidet.

Die Anlage erfolgte im Schachbrettgrundriss mit quadratischen Baublöcken (*cuadras* oder *manzanas*) von 100 Metern Seitenlänge. Den Mittelpunkt bildete ein Platz (*plaza mayor*) in der Größe einer *cuadra*. An den vier Seiten dieses Platzes lagen die wichtigsten öffentlichen Gebäude: Kathedrale, Rathaus, Regierungsgebäude, Gericht, Schulen, Klöster. Daran schlossen sich die palastartigen Wohnhäuser der Oberschicht-Familien an und – weiter nach außen – die Patiohäuser der Beamten, Händler und Handwerker. Am Rande schließlich lagen die Hütten der armen Bevölkerungsschichten und der Indianer. (Vgl. **M 19 – M 23**)

„Mit der deutlich gegliederten Abnahme des Sozialstatus, der funktionalen Ausstattung, der Hausgröße und der Bausubstanz vom Stadtkern zum -rand entspricht die sozialräumlich-funktionale Gliederung der lateinamerikanischen Kolonialstadt dem ringförmigen Modell der Stadtentwicklung, allerdings dem „umgekehrten" Burgess-Typ." (*Bähr/Mertins* 1995, S. 19)

Auch die meisten portugiesischen Kolonialstädte wurden nach dem Schachbrettschema angelegt. Da es für sie jedoch keine verbindlichen Vorschriften gab, wurde das Prinzip auch nicht so strikt eingehalten wie bei den spanischen Gründungen. Vielfach, besonders in Brasilien, fehlt ein dominierender Platz im Zentrum; oft bestand das Zentrum nur aus einer Straßenverbreiterung oder aus einer nicht besonders spektakulär gestalteten offenen Fläche. Durch die bevorzugte Hanglage und die Befestigung mit einer Stadtmauer (eine solche fehlte in den spanischen Gründungen) wurde der Grundriss auch stärker dem Gelände angepasst.

→ *Jüngere Entwicklungsphasen*
Mit dem wirtschaftlichen Aufschwung der großen Städte und dem starken Bevölkerungswachstum (Einwanderungen und Zuwanderungen vom Land) seit Anfang bzw. Mitte des 20. Jahrhunderts begann eine Umgestaltung, die das aus der Kolonialzeit überkommene Stadtbild z. T. radikal veränderte.

Zunehmende Umweltbelastungen in den Innenstädten und höhere Ansprüche an das Wohnumfeld führten zu einer Abwanderung der Oberschicht aus dem Altstadtbereich in randlich gelegene, landschaftlich reizvolle und klimatisch angenehme Wohnbezirke, die nach Anlage und Baustil europäischen Villenvierteln entsprachen. Gleichzeitig kamen diese Gebiete eher den Ansprüchen nach Exklusivität und mehr Sicherheit vor Einbrüchen, Überfällen und Entführungen entgegen.

Mit dem Auszug wandelte sich allmählich das städtische Kerngebiet in der Nähe der *plaza* zum Geschäftszentrum, zur City. Nach US-amerikanischem Vorbild entstanden Hochhäuser für Einrichtungen des expandierenden tertiären Sektors. Gleichzeitig entstanden nach französischem Vorbild breite Prachtstraßen mit Banken, Geschäfts- und Verwaltungsgebäuden. Dazu musste z. T. die ältere Bausubstanz rigoros abgerissen werden, vor allem wenn die neuen Straßen das Schachbrettmuster diagonal durchschnitten (**M 24**).

Die von der Oberschicht aufgegebenen zentrumsnahen Viertel mit ihren Patiohäusern wurden zum Auffangquartier der ärmeren Stadtbevölkerung und der Zuwanderer vom Land, die es besonders seit Mitte des 20. Jahrhunderts in großen Massen in die Städte zog, da sie dort die einzige Chance sahen, den archaischen und z. T. menschenunwürdigen Lebensbedingungen auf dem Lande zu entkommen. Die berüchtigten innerstädtischen Elendsquartiere entstanden, die *Slums*.

Unter dem wachsenden Druck ständig steigender Zuwanderung vom Land mussten Auffangsiedlungen des sozialen Wohnungsbaus geschaffen werden, zumeist auf billig erstandenen Landparzellen in randstädtischen Gebieten – losgelöst vom übrigen Stadtorganismus. Diese sogenannten *urbanizaciones* oder *poblaciones* reichten aber bei weitem nicht aus, um den Zuwanderern zu einer Bleibe zu verhelfen. So bauten sich das Heer der Arbeitslosen und Unterbeschäftigten, aber auch viele Slumbewohner, die den miserablen Wohnverhältnissen in den innerstädtischen Slums entfliehen wollten, ein eigenes „Haus", meist am Stadtrand auf öffentlichen oder ungenutzten privaten Flächen (**M 25, M 26**).

Nach Schätzungen leben in Lateinamerika inzwischen fast die Hälfte der urbanen Großstadtbevölkerung in diesen randstädtischen Marginalsiedlungen. Sie haben in vielen Ländern einen so dominierenden Einfluss auf das Siedlungsgefüge bekommen, dass sie eigene, regional gebundene Bezeichnungen erhielten: z. B. *barriadas* in Peru, *favelas* in Brasilien, *villas miserias* in Argentinien oder *callampas* in Chile.

Die räumliche Ausdehnung der lateinamerikanischen Großstädte, die geschilderte Umwandlung des Innenstadtkerns in ein Geschäftszentrum nach westlichem Vorbild, der soziale Abstieg und der bauliche Verfall der ehemaligen Oberschichtenviertel in der Innenstadt, die zellenartige Auflösung der Stadtrandzone in Wohnviertel unterschiedlicher Sozialschichten sowie die Ausweisung von Industriezonen besonders entlang der großen Ausfallstraßen führten dazu, dass die lateinamerikanische Stadt ihre aus der Kolonialzeit überkommene klare Ausrichtung auf eine funktionale städtische Mitte verloren hat und damit auch ihre städtebaulich-räumliche Geschlossenheit, d. h. das ausgeprägte funktionale und soziale Kern-Rand-Gefälle.

Ist der aufgezeigte Strukturwandel lateinamerikanischer Städte nur ein Verwestlichungsprozess und eine Angleichung an besonders US-amerikanische Leitbilder der Stadtentwicklung oder sogar Ausdruck eines Kulturverlustes, einer „Krise der lateinamerikanischen Kultur" (*Borsdorf* 1994, S. 7)? Diese Frage ist umstritten und zum gegenwärtigen Zeitpunkt nicht eindeutig zu beantworten.

Die islamisch-orientalische Stadt

Mit einer Stadtgeschichte, die bis ins dritte Jahrtausend v. Chr. reicht, verfügt der Orient über die ältesten Stadtkulturen der Erde. Als eigenständiger Kulturkreis mit einem eigenen kulturgenetischen Stadttyp reicht der „Orient" über annähernd 9.000 km von Marokko im Westen über den gesamten nordafrikanischen Kontinent bis nach Pakistan im Osten. Es ist das geschlossene Hauptverbreitungsgebiet des Islam, der die gesamte Gesellschaft und Kultur dieses Raumes bis in die Gegenwart entscheidend geprägt hat.

Es wäre jedoch falsch, die orientalische Stadt ausschließlich mit dem Islam zu identifizieren, also die Stadt in diesem Raum als Manifestation religiöser Leitvorstellungen und sozialer Lebensregeln allein des Islam zu sehen. Dagegen spricht die Tatsache, dass die meisten ihrer Elemente altorientalisch, also vorislamisch sind. So stellt *Hofmeister* (1980, S. 98/99) fest: „Der Sackgassengrundriss und das Innenhofhaus sind mit Sicherheit, die Struktur der ethnischen Wohnquartiere mit großer Wahrscheinlichkeit vorislamisch, die Suks gehen auf die Kolonnaden, die Karawanserei auf die Basilika, der Hammam auf die Thermen der antiken Stadt des Mittelmeerraumes zurück." Aber auch Stadtmauern, Zitadellen, enge Gassen und die Trennung der Wohngebiete nach ethnischen und religiösen Bevölkerungsgruppen kommen in Städten anderer traditioneller Gesellschaften und Kulturen vor. Deswegen ist es auch nicht korrekt von der „islamischen Stadt" zu sprechen. Zutreffender wäre die Bezeichnung „orientalische Stadt". Wenn hier von der „islamisch-orientalischen Stadt" die Rede ist, so soll damit zum Ausdruck gebracht werden, dass die Erscheinungsformen der Stadt, wie sie sich im Alten Orient herausgebildet haben, in der ganzen vom Islam beherrschten Welt verbreitet sind und durch den Islam stark überformt wurden.

Die Frage zur Rolle des Islam bei der Prägung der orientalischen Stadt ist eng verknüpft mit der grundlegenden Frage, ob der Islam eine ausgesprochen städtische Kultur ist. Die Antworten sind widersprüchlich. Die beiden Materialien **M 27** und **M 28** fassen die unterschiedlichen Positionen zusammen.

→ *Das Erscheinungsbild der Medina*

Das vorherrschende Gestaltungselement der traditionellen Altstadt (*Medina*) ist das Sackgassen-Straßensystem. Neben wenigen Durchgangsstraßen, die das Stadtzentrum mit den Stadttoren verbinden, bestimmen baumartig verzweigte Knickgassen, verwinkelte Sackgassen und überwölbte Tunnelgassen das Straßenbild. Sie führen in die unübersichtlich bebauten Wohnblöcke hinein. Als halb private Verkehrswege entsprechen die Sackgassen dem Streben nach Schutz der Privatsphäre. Dieses Streben wird auch in der Anlage der Wohnhäuser deutlich. Nach außen, in Richtung zur Sackgasse, zeigen sie nur abweisende und - mit Ausnahme von kleinen Fensteröffnungen im ersten Stock – fensterlose Mauern. In der Gasse liegen die Hauseingänge nicht unmittelbar gegenüber, sie sind in der Regel auch abgewinkelt, so dass sie keinen Einblick von der Straße gewähren. Die Wohngebäude selbst gruppieren sich um einen Innenhof, wobei Wohn- und Gästetrakt nochmals getrennt sind. Auf diese Weise wird ein wirksamer Sichtschutz gewährt.

Das wirtschaftliche Zentrum bildet der große Bazar (*Suq*) mit seinen teils offenen, teils überdachten Gassen, seinen Hallen und arkadengesäumten Innenhofkomplexen. Hier vereinigen sich auf engem Raum die Standorte des Einzelhandels, des Großhandels und des Handwerks. Sie sind nach Branchen sortiert, d. h. verwandte Geschäfte und Handwerksbetriebe liegen nebeneinander. Charakteristisch für den Bazar – und anders als bei unseren mittelalterlichen Städten – ist die Trennung von Wohnen und Arbeiten. Nachts ist der Bazar durch Tore verschließbar.

Meist in unmittelbarer Nachbarschaft zum Bazar, vielfach auch in dessen Mitte, liegt die große Moschee (Freitagsmoschee). Sie ist das geistliche und intellektuelle Zentrum der Medina (**M 29**).

Die traditionelle islamisch-orientalische Stadt wird außerdem geprägt durch die strenge Trennung der Wohnquartiere nach Ethnien, Religionen und Sprachen: Sunniten, Schiiten, Armenier, Christen, Juden u. a. m. Jedes dieser Wohnquartiere ist mit bestimmten, nur dieser Gruppe dienenden Einrichtungen ausgestattet, z. B. lokaler Suq, Kirche, Moschee, Synagoge, Koranschule (*Medresse*) oder öffentliches Bad (*Hammam*). Die wenigen Verbindungen zwischen den Quartieren können meist sogar durch Tore verschlossen werden.

Eine Stadtmauer umgibt die Altstadt; daran angelehnt, meist topographisch herausgehoben, liegt die Burg (*Kasbah*) oder der Palast. Die – nach Religionen getrennten – Friedhöfe – befinden sich außerhalb der Stadtmauer (**M 30**).

→ *Wandel der islamisch-orientalischen Stadt*

Infolge der Überprägung durch die britischen und französischen Kolonialmächte einerseits und durch die moderne Weltwirtschaft andererseits hat sich das oben beschriebene Bild der traditionellen islamisch-orientalischen Stadt seit Beginn des 20. Jahrhunderts wesentlich verändert.

Neben der Altstadt entwickelte sich eine Neustadt mit regelmäßigem Straßennetz, repräsentativen Plätzen, mehrgeschossigen Miets-, Geschäfts- und Bürokomplexen sowie offenen Wohnvierteln der Ober- und Mittelschicht, letztere in landschaftlich und ökologisch bevorzugten Lagen.

In der Neustadt konzentrierte sich ferner der gehobene Tertiärbereich mit Banken, Großkaufhäusern, Hotels, Verwaltungsgebäuden der Unternehmen; eine City nach europäischem Vorbild entstand, vornehmlich zwischen Altstadt und Neustadt innerhalb eines früher gehobenen Wohngebietes. *Hofmeister* (1980, S. 103) fasst die Entwicklung wie folgt zusammen: „Im Laufe der ‚Verwestlichung' ist die orientalische Stadt häufig zu einer *zweipoligen Stadt* geworden, mit dem Bazar als der traditionellen Mitte und einem modernen CBD in geringer Entfernung vom ersteren." (**M 31**)

Zweipolig ist die heutige islamisch-orientalische Stadt auch noch in einem anderen Sinne. Auch die Wohngebiete sind zweigeteilt: Mit dem Auszug besonders junger und wohlhabender Bevölkerungsgruppen aus der Enge der Medina verfällt diese mehr und mehr. Im Gegenzug rücken „Neu-Städter" nach, die den ländlichen Raum wegen des hohen Bevölkerungsdrucks und der unzureichenden Lebens- und Wirtschaftsverhältnisse verlassen. Es kommt zu einer Überbelegung der Wohnbereiche der Medina, teilweise auch zu Slumbildung. Gleichzeitig entwickeln sich am Rande der Großstädte – ähnlich wie in anderen Ländern der Dritten Welt – Hüttenviertel der Armen, die sogenannten *Bidonvilles* (**M 32**).

Da die Industrialisierung in den orientalischen Ländern in aller Regel erst spät einsetzte, kam es auch nicht zu einer stärkeren Durchdringung von Wohn- und Industriegebieten. Die größeren Industriebetriebe siedelten sich vor allem an den großen Ausfallstraßen an der Peripherie der Städte an.

Im Zuge der anhaltend hohen Geburtenraten und der ungebremsten Land-Stadt-Wanderung kommt es teilweise zur Entstehung von Megastädten, wie z. B. Kairo, Istanbul, Teheran oder Karachi, und auch die Marginalsiedlungen fressen sich unaufhaltsam in das städtische Umland. Zusammen mit dem sozialen Elend und der unzureichend ausgebauten Infrastruktur steht die Wohnmisere exemplarisch für die schier unlösbaren Probleme zahlreicher islamisch-orientalischer Städte. Kairo ist hier wohl das bekannteste Beispiel.

Fallbeispiel II: Leitbilder der Stadtentwicklung in außereuropäischen Kulturkreisen

Literatur
Zur Grundlegung

- *Bähr, Jürgen* und *Günter Mertins* (1995): Die lateinamerikanische Großstadt. Darmstadt
- *Ehlers, Eckart* (1993): Die Stadt des islamischen Orients. In: Geographische Rundschau, Heft 1/1993, S. 32-39
- *Gormsen, Erdmann* (1997): Die Stadt in Lateinamerika: Vom kolonialen Ordnungsschema zum Chaos der Megalopolis. In: *Janik, Dieter* (Hrsg.,1994): Die langen Folgen der kurzen Conquista. Frankfurt
- *Hofmeister, Burkhard* (1996³): Die Stadtstruktur. Ihre Ausprägung in verschiedenen Kulturräumen der Erde. Darmstadt
- *Holzner, Lutz* (1996): Stadtland USA. Die Kulturlandschaft des American Way of Life. Gotha
- *Kross, Eberhard* (1992): Die Barriadas von Lima. Stadtentwicklungsprozesse in einer lateinamerikanischen Metropole. Bochum
- *Schneider-Sliwa, Rita* (1999): Nordamerikanische Innenstädte der Gegenwart. In: Geographische Rundschau, Heft 1/1999, S. 44-51
- *Wilhelmy, Herbert* und *Axel Borsdorf* (1984/1985): Die Städte Südamerikas. Teil I: Wesen und Wandel (1984); Teil II: Die urbanen Zentren und ihre Regionen (1985). Berlin
- *Wirth, Eugen* (2000): Die orientalische Stadt im islamischen Vorderasien und Nordafrika. 2 Bde. Mainz

Zur Unterrichtspraxis

- *Borsdorf, Axel* (1994): Die Stadt in Lateinamerika. Kulturelle Identität und urbane Probleme. In: Geographie und Schule, Heft 89, S. 3-12
- *Brameier, Ulrich* (1993): Verstädterung in Lateinamerika. In: Praxis Geographie, Heft 10/1993, S. 22-25
- *Gormsen, Erdmann* (1997): Mexio-Stadt. Faszinierende „Monstruopolis". In: Geographie und Schule, Heft 110, S. 20-29
- *Klohn, Werner* und *Hans-Wilhelm Windhorst* (1998): Bevölkerung und Siedlung in den USA. Vechta
- *Redmer, Hartmut* (1994): Die islamisch-orientalische Stadt – Entstehung, Wandel und heutiges Bild. In: Geographie und Schule, Heft 89, S. 24-35
- *Weitz, Jürgen* (1994): Die nordamerikanische Stadt – Genese, Struktur und aktuelle Entwicklungstendenzen. In: Geographie und Schule, Heft 89, S. 13-23

3.2.2 Möglicher Verlaufsplan

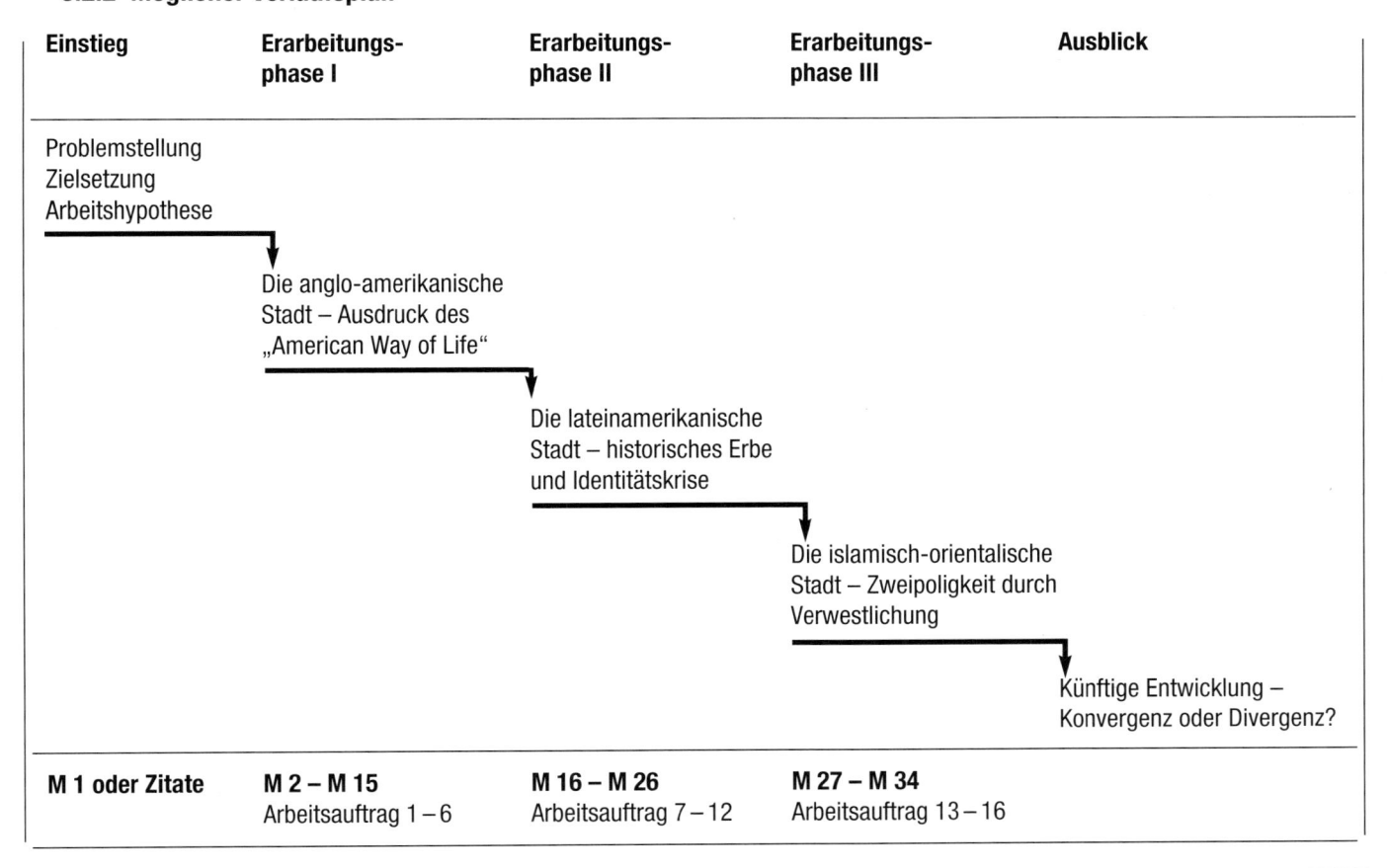

Einstieg	Erarbeitungsphase I	Erarbeitungsphase II	Erarbeitungsphase III	Ausblick
Problemstellung Zielsetzung Arbeitshypothese	Die anglo-amerikanische Stadt – Ausdruck des „American Way of Life"	Die lateinamerikanische Stadt – historisches Erbe und Identitätskrise	Die islamisch-orientalische Stadt – Zweipoligkeit durch Verwestlichung	Künftige Entwicklung – Konvergenz oder Divergenz?
M 1 oder Zitate	M 2 – M 15 Arbeitsauftrag 1 – 6	M 16 – M 26 Arbeitsauftrag 7 – 12	M 27 – M 34 Arbeitsauftrag 13 – 16	

3.2.3 Methodische und didaktische Anregungen

Der Einstieg in das Thema erfolgt am besten über die beiliegende Farbfolie 1 mit den Schrägluftbildern der drei zu behandelnden Stadttypen. Alternativ oder begleitend bieten sich auch folgende Zitate an, die dem Kurs zur Diskussion gestellt werden.

„Städte sind Ergebnis des subjektiven und objektiven Geistes einer Kultur. In ihrer physiognomischen Gestalt und ihrem inneren System spiegelt sich die Geisteshaltung der Menschen einer Region wider."

„Die Stadt ist das Typischste, was eine Gesellschaft an Kulturlandschaft hervorbringen kann. Da die von der einzelnen Kultur her gegebenen Voraussetzungen für die Urbanisierungsprozesse in jedem Kulturraum andere sind, entstehen auch regional ganz unterschiedliche Stadttypen. Städte sind somit ein guter Spiegel einer Gesellschaft, einer Nation, einer Kultur."

Aus den Bildern bzw. den Zitaten kann sodann die *Zielsetzung* für die folgenden Erarbeitungsphasen abgeleitet werden: Untersuchung von Städten verschiedener Kulturerdteile unter der Fragestellung: „Gibt es kulturgenetische Sonderheiten, die die Städte in den einzelnen Kulturerdkreisen als unverwechselbare Individuen voneinander unterscheiden?" bzw. umgekehrt: „Liefert das Erscheinungsbild einer Stadt einen Schlüssel für das Verständnis der Besonderheit und Eigenständigkeit einer Kultur, einer Gesellschaft?"

Die Auswahl der Materialien für die *Erarbeitungsphasen* erfolgte unter den drei folgenden Prämissen:
1. Die Texte, Karten, Grafiken etc. sollen in der Summe eine Antwort auf die in der Zielsetzung formulierten Leitfragen ermöglichen.
2. Da Städte einem ständigen Wandel unterworfen sind, darf sich die Untersuchung nicht auf die historische Genese im klassisch-statischen Sinne beschränken, sondern muss
3. durch eine dynamisch-prozessuale Betrachtungsweise ergänzt werden, die den Fragen der Veränderungen in der jüngeren Vergangenheit und der Gegenwart nachgeht.

Die Zahl der *Arbeitsaufträge* ist bewusst klein gehalten. Sie dienen nicht primär der Erschließung der diversen Materialien – dies erfolgt erfahrungsgemäß in „Kleinarbeit" im Unterricht – sondern stärker der Zusammenfassung der Interpretationsergebnisse und deren Bewertung.

Einen breiten Raum nimmt die *Arbeit mit den Modellen* ein, die in größerer Zahl aus der Fachliteratur übernommen wurden. Sie werden der Intention des Fallbeispiels insofern besonders gerecht, als sie gut geeignet sind, allgemeine Gesetzmäßigkeiten zu erarbeiten. Im Unterricht können immer nur Ausschnitte aus der Realität wahrgenommen und erfasst werden. Aber auch diese Raumausschnitte sind teilweise sehr komplex. Durch ihre modellhafte Darstellung lassen sich Zusammenhänge und Strukturen auf die für die Fragestellung relevanten Inhalte reduzieren und damit leichter sicht- und erfassbarer machen. Dabei spielt es nur sekundär eine Rolle, ob das Modell vorgegeben und dann auf ein konkretes Raumbeispiel angewandt wird, oder ob auf induktivem Weg das Modell am Raumbeispiel herausgearbeitet und dann an einem zweiten Beispiel verifiziert wird. Das zweite Vorgehen bietet insofern Vorteile, als dass die SchülerInnen das Modell selbst entwickeln und dass – im Sinne der Kognitionspsychologie – die Einsichten besser haften bleiben. Auch wenn in der vorliegenden Materialsammlung die Modell vorgegeben werden, also das erste (deduktive) Vorgehen nahe liegt, ist das induktive Verfahren nicht ausgeschlossen. Stadtpläne (**M 23** und **M 29** oder Atlaskarten, z. B. Alexander Gesamtausgabe 2000, S. 127 und S. 129, Diercke Weltatlas 1999, S. 159, Karte 2, S. 198, Karte 4 und S. 207, Karte 2) oder Luftbilder (vgl. Folienbeilage 1) könnten hier als Ausgangsmaterial genommen werden.

Die Erarbeitung der drei kulturgenetischen Stadttypen sollte in einen *Vergleich* münden, dem sich im *Ausblick* die Frage anschließen könnte, ob die in der jüngeren Vergangenheit und Gegenwart ablaufenden Entwicklungen kulturraumspezifisch sind oder ob es sich um global gleichartige Prozesse handelt. Auch in der Fachwissenschaft wird diese Frage widersprüchlich beantwortet. Während die Konvergenztheoretiker (z. B. *I. Wallerstein*: „Weltsystem"-Theorie oder *J. Friedmann*: „World city hypothesis") die engen Zusammenhänge zwischen Ökonomie, Politik und Kultur herausstellen und davon ausgehen, dass die gegenwärtigen Urbanisierungsprozesse universal gleichartig sind und somit zu weltweit gleichartigen Stadtstrukturen führen werden, liegt der Divergenztheorie (vgl. *S. Huntingdon*: „Clash of civilizations" oder *B. Tibi*: „Krieg der Zivilisationen") die These zugrunde, dass es zu einer Abschottung der Kulturerdteile kommen wird und damit zu regionalen Sonderwegen auch der Stadtentwicklung. (Vgl. dazu das Kapitel „Aktuelle Stadtentwicklung und politische Systeme" in: *Elisabeth Lichtenberger* (2002): Die Stadt. Von der Polis zur Metropolis. Darmstadt, S. 49-66.)

Fallbeispiel II: Leitbilder der Stadtentwicklung in außereuropäischen Kulturkreisen   Unterrichtspraktischer Teil 3

3.2.4 Materialien: Die anglo-amerikanische Stadt

M 1: Städte außereuropäischer Kulturkreise im Vergleich (Folie 1)

M 2: Die US-amerikanische Stadt – Ausdruck des American Way of Life
Quelle: Holzner, Lutz (1996): Stadtland USA: Die Kulturlandschaft des American Way of Life, Gotha, S. 9/10

Amerikanische Städte sind bekanntlich ganz anders als etwa europäische, indische oder chinesische Städte. Sie sind keine deutlich verdichteten Siedlungszentren in einer anderweitig offenen ländlichen Kulturlandschaft, sondern sie bedecken amorph ausgedehnt ganze Landstriche und Landschaften. Sie sind nicht kompakt und auf ein Zentrum ausgerichtet, sonder zentrifugal aufgelöst und mit dem ländlichen Umland zu einem vielkernigen, vielzelligen Stadtland zusammengewachsen. ... Denn die amerikanischen Städte sind nichts anderes als eine geographische Verwirklichung der vorherrschenden Wertvorstellungen der amerikanischen Gesellschaft. Der „Amrican way of life" ist als utopisches und reales Verhaltensmuster die treibende Kraft, die Zivilisationsmaxime, der Kulturkern (core culture) der amerikanischen Gesellschaft.

M 5: Die Silhouette der europäischen und der nordamerikanischen Stadt
Quelle: Lichtenberger, Elisabeth (2002): Die Stadt. Von der Polis zur Metropolis. Darmstadt, S. 181

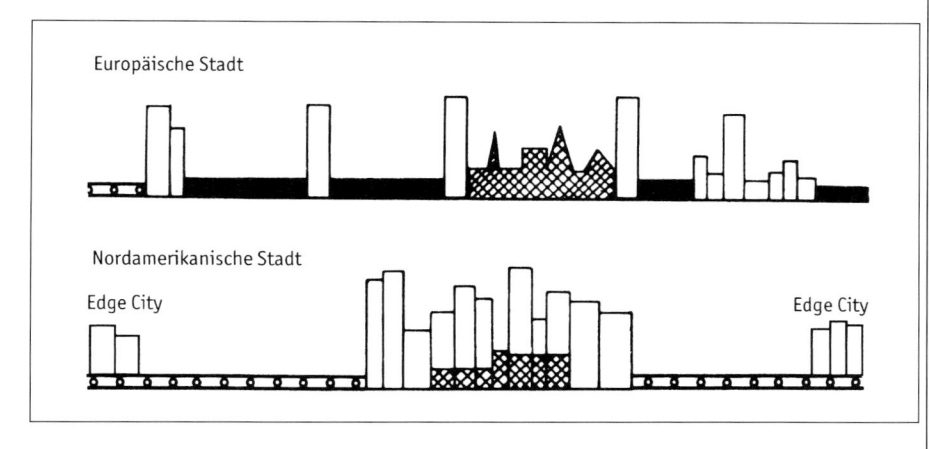

M 3: Verstädterung in Nordamerika
Quelle: Statistics Canada: Census of Canada und U.S. Department of Commerce, Bureau of the Census (Hrsg.): Statistical Abstract of the United States, Washington; jeweils verschiedene Jahrgänge; Daten für 2000 vorläufig

	USA		Kanada	
Jahr	Einw. (Mio.)	Anteil der Stadtbevölkerung (%)	Einw. (Mio.)	Anteil der Stadtbevölkerung (%)
1850	23,2	13,2	2,4	k. A.
1870	39,8	22,9	3,7	12,2
1890	62,9	31,5	4,8	21,0
1910	92,0	41,6	7,2	32,6
1930	122,8	52,3	10,4	41,7
1950	151,3	59,3	14,0	54,6
1960	150,7	69,9	18,2	64,1
1970	203,3	73,6	21,6	69,4
1980	226,5	73,7	24,3	75,8
1990	248,7	75,2	26,5	77,4
2000	274,6	80,3	30,5	79,3

M 4: Bevölkerungsentwicklung ausgewählter Städte der USA
Quelle: U.S. Department of Commerce, Bureau of the Census (Hrsg.): Census of Population, Washington, verschiedene Jahrgänge

M 6: Das Gesicht der nordamerikanischen Stadt
Quelle: Kümmerle, Ulrich, Rainer Vollmar (1988): USA. S II Länder und Regionen. Stuttgart, S. 126/127

Nordamerikas Städte sind jung. Die ältesten wurden von Europäern um 1600 gegründet, und sie hatten keine vorkolonialen Vorgänger wie in Süd- und Zentralamerika. Die meisten Stadtgründungen in den USA erfolgten erst im 19. Jahrhundert im Zuge der Erschließung des Landes, oft im Zusammenhang mit dem Bau der Eisenbahnen – zu einer Zeit also, als an Straßennetz und Stadtgrundriss andere Ansprüche gestellt wurden als während der Gründungsperiode alter europäischer Städte. Deshalb übernahmen auch nur wenige nordamerikanische Städte, mit Ausnahme früher Gründungen in Neuengland oder im Südwesten, Merkmale europäischer Städte. Den Städten der USA fehlt ein zentraler Marktplatz. Auch die Kirchen ordnen sich in der Regel in die Straßenzüge ein. Für das Straßennetz ist das Schachbrettmuster senkrecht aufeinander stehender Straßen charakteristisch. Meist verlaufen sie in regelmäßigen Abständen von Nord nach Süd und von Ost nach West. Auch auf topographische Gegebenheiten nimmt der Stadtgrundriss kaum Rücksicht: Berühmt ist das die steilen Hügel überziehende Schachbrettmuster der Straßen San Franciscos. Solche Stadtgrundrisse erleichtern die Orientierung, zumal die Straßen häufig nummeriert werden, aber sie sind auch eine der Ursachen der beklagten Einförmigkeit nordamerikanischer Städte. In den Klein- und Mittelstädten spielt die zentrale Main Street als Geschäftszentrum eine besondere Rolle und übernimmt zum Teil die Funktion des Marktplatzes europäischer Städte.

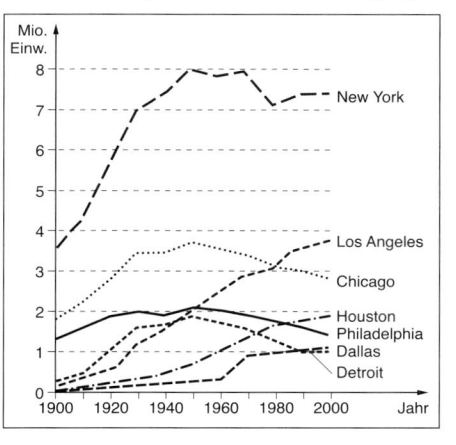

3.2.4 Materialien: Die anglo-amerikanische Stadt

M 7: Bevölkerungsveränderungen in den Innenstädten (Central Cities) und Suburbs ausgewählter MSAs
Quelle: U.S. Department of Commerce, Bureau of the Census (Hrsg.) Statistical Abstract of the United States. Washington, verschiedene Jahrgänge

	Central City (%)				Suburbs (%)			
	1960–1970	1970–1980	1980–1990	1990–1996	1960–1970	1970–1980	1980–1990	1990–1996
New York	1,4	−10,4	3,5	0,8	22,0	2,3	1,7	3,1
Chicago	−4,7	−10,7	−6,7	−2,2	39,8	13,1	7,4	8,3
Philadelphia	−3,1	−13,5	−5,8	−6,8	25,1	6,4	8,4	4,2
Detroit	−8,5	−19,2	−13,0	−2,7	30,9	9,5	2,5	2,4
San Francisco	−3,3	−5,1	6,6	1,5	29,6	5,7	8,6	4,5
Atlanta	1,8	−12,7	−3,9	2,0	58,1	44,8	42,4	22,3
Seattle	−0,5	−5,2	7,8	1,7	64,4	26,2	31,1	12,7

M 8: Die Amerikaner, eine „suburbane" Nation
Quelle: Holzner, Lutz (1996): Stadtland USA: Die Kulturlandschaft des American Way of Life. Gotha, S 37

Die Amerikaner sind eine durch und durch „suburbane" Nation geworden. Der „American way of life" ist eine bürgerlich-aspirative, d. h. aufstrebend-mobile Vorortkultur, das amerikanische Stadtland eine provisorisch-expansive Vorort-Kulturlandschaft: ein Kompromiss zwischen Stadt und Land. Dass sich die Amerikaner eine solche Kulturlandschaft geschaffen haben, dass es zu dieser Entwicklung kam, ist im Wesentlichen auf Wertnormen der amerikanischen Gesellschaft zurückzuführen, welche hauptsächlich auf englischen Einflüssen und Vorbildern beruhen: die Tradition des „Geschäftemachens" und Spekulierens vor allem mit Grundbesitz, das Vorstadthaus als bevorzugtes Privatdomizil und das suburb als „Monument der englischen Bourgeoisie und Ausdruck ihrer kollektiven Werte von Familie und Besitz." (*Fishman* 1987). ...
Diese englischen Einflüsse sind aber, und das ist ebenso wichtig, in Nordamerika auf ganz besonders fruchtbaren Boden gefallen. Der US-amerikanische „Nationalcharakter" scheint seit den frühen Anfängen der amerikanischen Geschichte ganz besonders für die „aufstrebend-mobile" suburban-metropolitane Lebensweise und die ihr zugrunde liegende kapitalistisch-kompetitive Weltanschauung „prädestiniert" gewesen zu sein. Die Amerikaner haben sich ihre Stadtland-Kulturlandschaft geschaffen, weil sie der rastlosen Mobilität und dem kapitalistischen Konkurrenzgeist seiner Bewohner entspricht und dabei auch noch ein „naturnahes" Kompromiss-Stadtleben erlaubt. Der amerikanische Nationalcharakter basiert auf gewissen Eigenschaften, die, kollektiv betrachtet, in den USA von Anfang an bis heute vorgeherrscht zu haben scheinen, wie etwa Individualismus und Unabhängigkeit (privatism), Veränderungsfreude (love of newness) einschließlich „Optimismus, Tatkraft, Hoffnung und Vorwärtsstreben" (*Raeithel* 1981), ein risikofreudiger Geschäftssinn, ständige Rastlosigkeit und Mobilität, eine allgemein offen eingestandene Vorliebe für weite Räume und „Liebe zur Natur" sowie ein ausgeprägter Sinn für technischen Pragmatismus und Improvisation. Beides zusammen, englische Einflüsse und „typisch" amerikanische Kollektiveigenschaften, haben in den hier vorhandenen weiten Räumen des Landes, wo sich so etwas auch hemmungslos ausleben lässt, die Suburbanisation der amerikanischen Nation und das Entstehen des amerikanischen Stadtlandes hervorbringen können.

M 10: Gated Communities
Quelle: Kreus, Arno und Norbert von der Ruhren (2002): USA/Kanada, Russland/Nachfolgestaaten der Sowjetunion. Fundamente Kursthemen. Gotha und Stuttgart, S 88/89

Ein großer Teil der Wohnsiedlungen, die heute in den Vororten der amerikanischen Großstädte errichtet werden, befinden sich in privater Hand und sind für die Öffentlichkeit nicht zugänglich. *Gated communities* (abgeschlossene/eingezäunte Gemeinwesen) heißen sie. Ihre rasche Verbreitung ist Ausdruck der Tatsache, dass die US-amerikanische Gesellschaft droht in zwei Klassen zu zerbrechen: in die Gruppe der Wohlhabenden und die Gruppe der vom wirtschaftlichen Wachstum Ausgeschlossenen. Immer mehr Menschen suchen einen Wohnsitz in diesen abgeschotteten und von privaten Sheriffs bewachten Siedlungen, um dort ungestört ihren eigenen Lebensstil zu verwirklichen. Die Anzahl der gated communities wird heute auf 19 000 geschätzt, ihre Bewohnerzahl wird mit etwa 8,4 Mio. angenommen. Die Gründe für die rasante Ausbreitung dieses neuartigen suburbanen Siedlungstyps sind vielfältig. Allen voran steht die Angst ihrer Bewohner vor Kriminalität in den US-amerikanischen Innenstädten; aber auch der Wunsch nach einem freizeitorientierten Leben spielt sicherlich eine große Rolle.

M 9: Gunfire at Midnight
Song von der gleichnamigen LP der Brandos (New York). SPV, Hannover

Gunfire At Midnight *(D. Kincaid)*

They walk the streets
Late at night
They don't know nothin'
'Bout whats wrong or right
They're after me
They're after you
I can't help wonderin'
What I'm gonna do
If they catch me
Whoa, and there ain't nowhere to run

Chorus:
Gunfire at midnight
Shots ring out through the streets
Breakin' glass in the back alley ways
You don't dare to look and see
Who's firin' at midnight
Whoa, fear is in command
Every shadow reveals the sheen of a blade
You don't dare to make a stand

An empty street
Under the moon
Walkin' quickly
So I'll get home soon
The sound of foot-steps
Not far behind
Could be them
Or a friend of mine
Keep a light in the window
Whoa, and a lock upon the door
Don't get a gun
It won't kill your fear
'Cause if you show it
Ten more appear
A show of violence
Will get back to you
From what I've seen
I believe it to be true
If I see blood in the gutter
Whoa, I'll pray that it ain't yours

Fallbeispiel II: Leitbilder der Stadtentwicklung in außereuropäischen Kulturkreisen   **Unterrichtspraktischer Teil   3**

3.2.4 Materialien: Die anglo-amerikanische Stadt

M 12: Edge Cities – die neuen urbanen Zentren
Quelle: zusammengestellt nach Garreau, J. (1991): Die Edge City, New York, S. 4/5 und Kreus, Arno und Norbert von der Ruhren (2002): USA/Kanada, Russland/Nachfolgestaaten der Sowjetunion. Fundamente Kursthemen. Gotha und Stuttgart, S. 88

Edge Cities stellen ein neues städtebauliches Element in den USA dar. Es sind urbane Subzentren, die alle Funktionen einer City aufweisen, obwohl man sie als solche kaum wahrnimmt. Den Kern bilden große Bürozentren (office parks), Banken, Versicherungen und Verwaltungen großer Unternehmen. Hinzu kommen Klein- und Mittelbetriebe, oft in industrial estates zusammengefasst, sowie Einzelhandelsgeschäfte und Hotels für Geschäftsreisende. Vielfach werden auch größere Apartmenthäuser in den edge cities errichtet, um den vielen Beschäftigten ein Wohnen in der Nähe des Arbeitsplatzes zu ermöglichen. Inzwischen ist das Angebot sowohl an Arbeitsplätzen als auch an Versorgungseinrichtungen in vielen edge cities größer als in der Downtown der jeweiligen Kernstadt.
Edge cities verkörpern die dritte Welle der Suburbanisation US-amerikanischer Städte. Zunächst zog es die Wohnbevölkerung an den Stadtrand. Ihr folgten in den 1960er und 1970er Jahren die Versorgungszentren in Form der gigantischen malls. Heute befinden sich auch die Arbeitsplätze, vor allem die des tertiären Sektors in der städtischen Randzone, in den edge cities.

M 13: Strukturmodell der US-amerikanischen Kernstadt am Ende des 20 Jahrhunderts (Folie 2)

M 15: Schematische Skizze der US-amerikanischen Stadt zu Beginn des dritten Jahrtausends (Folie 2)

M 11: Pendlerverkehrsrichtungen und -aufkommen (Berufs- und Einkaufsfahrten) im Stadtlandmodell
Quelle: Holzner, Lutz (1996): Stadtland USA: Die Kulturlandschaft des American Way of Life. Gotha, S. 104

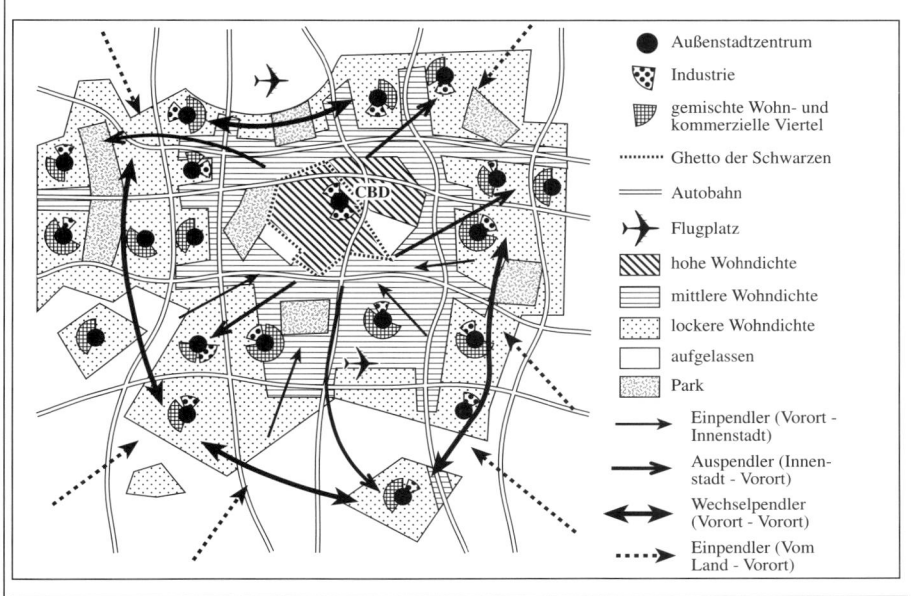

Legende:
- Außenstadtzentrum
- Industrie
- gemischte Wohn- und kommerzielle Viertel
- Ghetto der Schwarzen
- Autobahn
- Flugplatz
- hohe Wohndichte
- mittlere Wohndichte
- lockere Wohndichte
- aufgelassen
- Park
- Einpendler (Vorort - Innenstadt)
- Auspendler (Innenstadt - Vorort)
- Wechselpendler (Vorort - Vorort)
- Einpendler (Vom Land - Vorort)

M 14: Klassische Modelle der US-amerikanischen Stadt

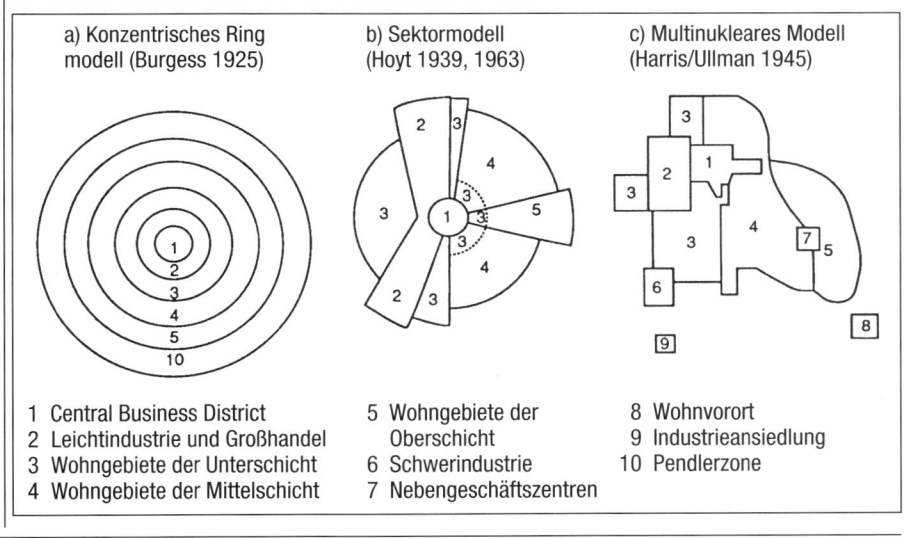

a) Konzentrisches Ringmodell (Burgess 1925)
b) Sektormodell (Hoyt 1939, 1963)
c) Multinukleares Modell (Harris/Ullman 1945)

1 Central Business District
2 Leichtindustrie und Großhandel
3 Wohngebiete der Unterschicht
4 Wohngebiete der Mittelschicht
5 Wohngebiete der Oberschicht
6 Schwerindustrie
7 Nebengeschäftszentren
8 Wohnvorort
9 Industrieansiedlung
10 Pendlerzone

Arbeitsaufträge

1. Beschreiben und erläutern Sie anhand der Materialien M 3 und M 4 den Verstädterungsprozess in den USA.
2. Werten Sie M 13 aus und stellen Sie in einer Liste die physiognomischen und funktionalen Merkmale der US-amerikanischen Kernstädte zusammen.
3. Beschreiben Sie die Charakteristika der Gated Communities (M 10) und erklären Sie, wieso dieser Siedlungstyp in den letzten Jahren in den USA eine so starke Verbreitung gefunden hat.
4. Überprüfen Sie die drei klassischen Modelle der US-amerikanischen Stadt (M 14) bzgl. ihrer Anwendbarkeit auf Ihre Heimatstadt bzw. eine größere deutsche Stadt Ihrer Wahl.
5. Interpretieren Sie die schematische Skizze der US-amerikanischen Stadt (M 15) und erklären Sie die dargestellten Strukturen und Prozesse.
6. „Stadtland USA – Die Kulturlandschaft des American Way of Life", so lautet der Titel des Buches von Lutz Holzner über die US-amerikanische Stadt (vgl. M 2). Erklären Sie den Titel.

3 Unterrichtspraktischer Teil   Fallbeispiel II: Leitbilder der Stadtentwicklung in außereuropäischen Kulturkreisen

3.2.4 Materialien: Die lateinamerikanische Stadt

M 16: Verstädterung in ausgewählten Ländern Lateinamerikas
Quelle: Weltbank (Hrsg.): Weltentwicklungsbericht, mehrere Jahrgänge

Land	durchschnittliches jährliches Bevölkerungswachstum (in %)			durchschnittliches jährliches Wachstum der städtischen Bevölkerung (in %)		städtische Bevölkerung in % der Gesamtbevölkerung		Bevölkerung in Millionenstädten in % der Gesamtbevölkerung/der Stadtbevölkerung		
	1970 bis 1980	1980 bis 1990	1990 bis 1999	1970 bis 1980	1980 bis 1995	1970	1999	1970	1980	1995
Argentinien	1,6	1,5	1,3	2,2	1,8	78	90	32/53	35/42	39/44
Bolivien	2,5	2,0	2,4	3,4	3,9	41	62	12/29	14/30	17/29
Brasilien	2,4	2,0	1,4	4,1	3,0	56	81	27/49	27/49	33/42
Chile	1,6	1,7	1,5	2,4	2,0	75	85	30/40	33/41	36/41
Mexiko	2,9	2,3	1,8	4,1	3,1	59	74	25/43	27/41	28/37
Peru	2,7	2,2	1,7	4,0	2,9	57	72	22/39	26/40	31/44
Venezuela	3,4	2,6	2,2	5,0	3,3	72	87	20/28	22/28	27/29

M 17: Spanische und portugiesische Stadtgründungen in Lateinamerika
Quelle: Bähr, Jürgen und Günter Mertins (1995) Die lateinamerikanische Groß-Stadt. Darmstadt, S. 10/11

Die Aufteilung Lateinamerikas in einen spanischen und in einen portugiesischen Machtbereich und dementsprechend wirtschaftlich, sprachlich, kulturell, aber auch städtebaulich-architektonisch geprägten Raum ... spiegelte den realen Eroberungsdrang wider. Spanier und Portugiesen waren nämlich als Eroberer in die Neue Welt gekommen. Nicht flächenhafte Kolonisierung und Besiedlung war ihr Ziel, vielmehr die Ausbeutung der vorhandenen Ressourcen, insbesondere von Edelmetallen. Dabei dienten ihnen die Städte zur Absicherung ihrer politischen und wirtschaftlichen Interessen; sie wurden zu Ausgangspunkten der Besitzergreifung und Kontrolle eines ausgedehnten Hinterlandes.

M 18: Der kolonialzeitliche Urbanisierungsprozess in Lateinamerika
Quelle: Gormsen, Erdmann und H. Haufe (1992): Die Stadt in der Kolonisation Amerikas. In: Ibero-Amerikanisches Institut u. a. (Hrsg., 1992): Amerika 1492–1992. Neue Welten – Neue Wirklichkeiten. Braunschweig S. 148

Drei Jahrhunderte Kolonialherrschaft haben Struktur und Erscheinungsbild der lateinamerikanischen Städte geprägt. Die Gründung von Städten spielte eine prioritäre Rolle in der spanischen Politik. Sie hatte folgende Zielsetzung: Eine relativ geringe Zahl von Europäern sollte von hier aus die eroberten Gebiete beherrschen, missionieren und neu ordnen; zur besseren Kontrolle sollte die indianische Bevölkerung in neuen Siedlungen (*reducciones*) im Einflussbereich dieser Städte konzentriert werden; schließlich sollten sie als Zentren der wirtschaftlichen Erschließung und Ausbeutung dienen.
Der koloniale Urbanisierungsprozess verlief in mehreren Phasen:
1. Als Vorstufe entwickelten sich an günstigen Landplätzen kleine Stützpunkte. Sie dienten den Expeditionen als Basis und wurden durch einfache Befestigungen geschützt.
2. In der experimentellen Phase entstanden bis etwa 1520 einige Städte im karibischen Raum. Sie waren Ausgangspunkte zur Eroberung des Festlandes und des ihnen zugeordneten Territoriums. In ihnen wurden die Institutionen der kirchlichen und weltlichen Macht angesiedelt.
3. Zwischen 1521 und 1572 war die aktivste Epoche der Stadtgründung. In dieser Zeit entstanden etwa 20 der wichtigsten Städte und zahlreiche Ordensniederlassungen. Daneben wurden allein in Mexiko etwa 2.000 indianische Siedlungen angelegt.
4. Auf der Grundlage neuerer Gesetze der Stadtplanung erfolgten 1573 bis 1750 die Konsolidierung der bestehenden Strukturen und die Erschließung weit entlegener Gebiete, bis hin nach Kalifornien.
5. Ende des 18. Jahrhunderts wird das Baugeschehen im Rahmen der bourbonischen Reformen neuen Normen unterworfen. Der Barockstil wird durch den Neoklassizismus abgelöst, mit dem sich nach der Unabhängigkeit die jungen Staaten Lateinamerikas identifizieren.

M 19: Die spanischen Städte in der Neuen Welt waren nur Verwaltungsplätze
Quelle: Borsdorf Axel (1994): Die Stadt in Lateinamerika. In: Geographie und Schule, Heft 89, S. 3

Wie römische Kastelle wurden die Städte in Spanisch-Amerika gestaltet: in der Mitte ein Exerzier- und Sammelplatz für die Legion, zwei große Straßen, die darauf zu führen, die rua principalis und die rua decumanis, diese rechtwinklig schneidend die übrigen Straßen. Auch in Spanisch-Amerika erhielt der zentrale Platz den Namen „Waffenplatz"/Plaza de Armas. Er diente im neuen Kolonialreich im Verteidigungsfall der meist nicht durch Mauern gesicherten Stadt als letzte Bastion, zuletzt erfüllte er diese Funktion in vielen Entscheidungsschlachten der Befreiungskriege.
Aber das neue Reich musste auch verwaltet werden. Verwaltung, zumal wenn sie von einem fernen Mutterland aus organisiert wird, verlangt nach Administrationszentren, nach Städten. Das spanische Amerika ist daher ein urbanes Amerika. Für eine kolonisatorische Durchdringung fehlten den Spaniern im 16. bis 18. Jahrhundert die Menschen. Die spanischen Städte in der Neuen Welt waren immer nur Verwaltungsplätze, keine Handelszentren. Der Handel hat eine zentrifugale Tendenz, Handel verlangt nach Verbindungen, nach Straßen, ist linienorientiert. Verwaltung dagegen ist immobil, an Aktenordner, an Ämter gebunden, ist punkt- oder platzorientiert.

Fallbeispiel II: Leitbilder der Stadtentwicklung in außereuropäischen Kulturkreisen Unterrichtspraktischer Teil 3

3.2.4 Materialien: Die lateinamerikanische Stadt

M 20: Auszüge aus der von Philipp II erlassenen Bauvorschrift für die Städte der Neuen Welt aus dem Jahre 1573
Zitiert nach Wilhelmy, Herbert und Axel Borsdorf (1984): Die Städte Südamerikas. Teil 1: Wesen und Wandel. Berlin und Stuttgart, S.75/76

Nach der Auslegung der Straßen und der Plaza hat als erstes die Bestimmung jener *solares* zu erfolgen, auf denen Kathedrale, Pfarrkirche oder Kloster errichtet werden sollen. Dann muss der Platz für Regierungsgebäude, Rathaus, Zollhaus und Arsenal festgelegt werden.
Die Plaza soll ein Rechteck sein, dergestalt, dass ihre Länge das 1½ fache der Breite beträgt, weil diese Form die beste für Reitervorführungen und sonstige Schaustellungen ist. Die Größe des Hauptplatzes muss der Einwohnerzahl entsprechen unter Berücksichtigung der Tatsache, dass die Städte „Indiens" neu sind und noch wachsen sollen.
Rund um die Plaza und beiderseits der vier Hauptstraßen, die von ihr ausgehen, sollen Kolonnaden angelegt werden wegen des großen Vorteils, den sie den Kaufleuten bieten, die sich hier zu versammeln pflegen.
Die Kathedrale der Binnenstädte sollte nicht unmittelbar an der Plaza, sondern in einiger Entfernung davon liegen, so dass sie von allen Seiten gesehen werden kann. Das verleiht ihr mehr Bedeutung und künstlerische Wirkung. Legt sie so an, dass sie sich auf erhöhtem Grund erhebt und man sich ihr zu Fuß nähern muss. In der Nähe des Hauptplatzes sollten Regierungspalast, Rathaus und Zollhaus errichtet werden, aber in solcher Weise, dass sie nicht die Bedeutung der Kathedrale schmälern, sondern vergrößern.

M 21: Grundriss und Stadtkern einer geplanten spanischen Kolonialstadt in Lateinamerika

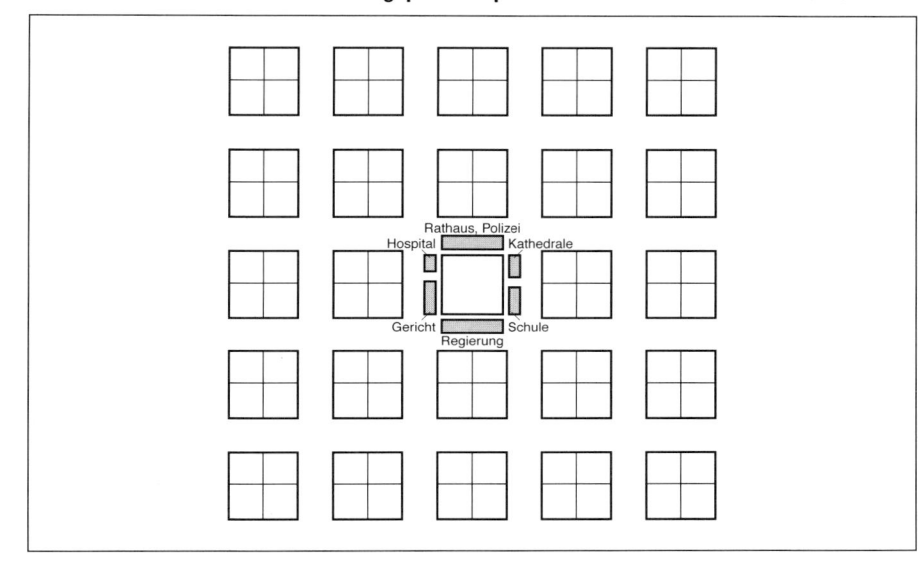

M 22: Der „Waffenplatz"/Plaza de Armas
Quelle: Borsdorf, Axel (1994): Die Stadt in Lateinamerika. In: Geographie und Schule, Heft 89, S. 4

Die Idee der Plaza kam dem Selbstgefühl der Spanier und Kreolen in der Kolonie sehr entgegen. So verwundert es nicht, dass der Platz bald von Bürgern in Besitz genommen wird. Die Bürgerschaft sieht ihren Ehrgeiz darin, die Plaza zu einem Schmuckstück, ja zum Schaukasten der Stadt zu machen.
Der Platz wird zum Zentrum des urbanen Lebens wie der Muße. Spanien baute keine Schulen, aber Plätze für sein Volk, das dort seine Bildung erwarb, dort die Nachrichten erfuhr, dort die Szene für seine Kultur fand. So war der Platz eine Einrichtung für alle. Freunde trafen sich, die Armen betranken sich, die Reichen promenierten dort.

M 23: Sozial bestimmte Stadtviertel in Popayan/Kolumbien
Quelle: Bähr, Jürgen (1976): Neuere Entwicklungstendenzen lateinamerikanischer Großstädte. In: Geographische Rundschau, Heft 4/1976, S. 127

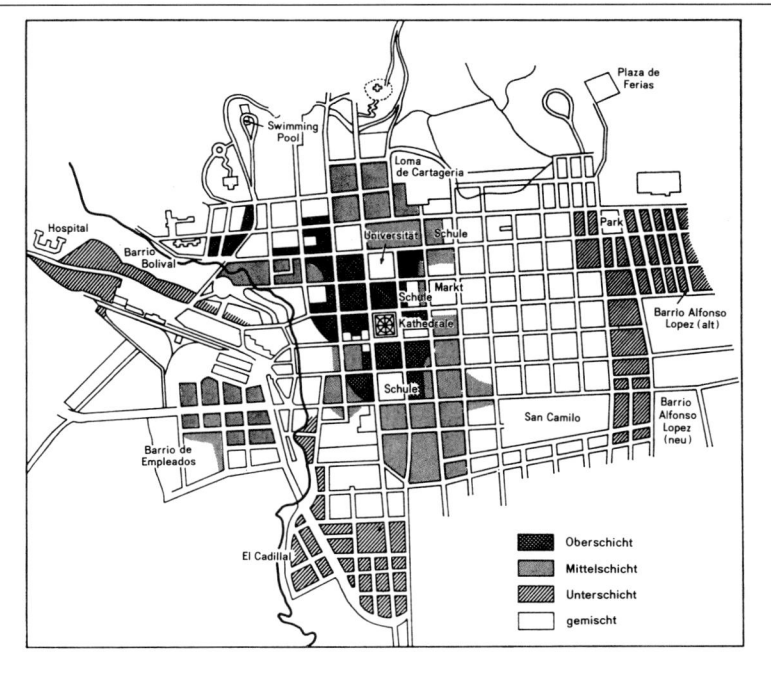

3.2.4 Materialien: Die lateinamerikanische Stadt

M 24: Modell der zeit-räumlichen Entwicklung lateinamerikanischer Städte seit der Kolonialzeit
Quelle: Gormsen, Erdmann (1995): Mexiko. Land der Gegensätze und Hoffnungen. Perthes Länderprofile. Gotha, S. 77

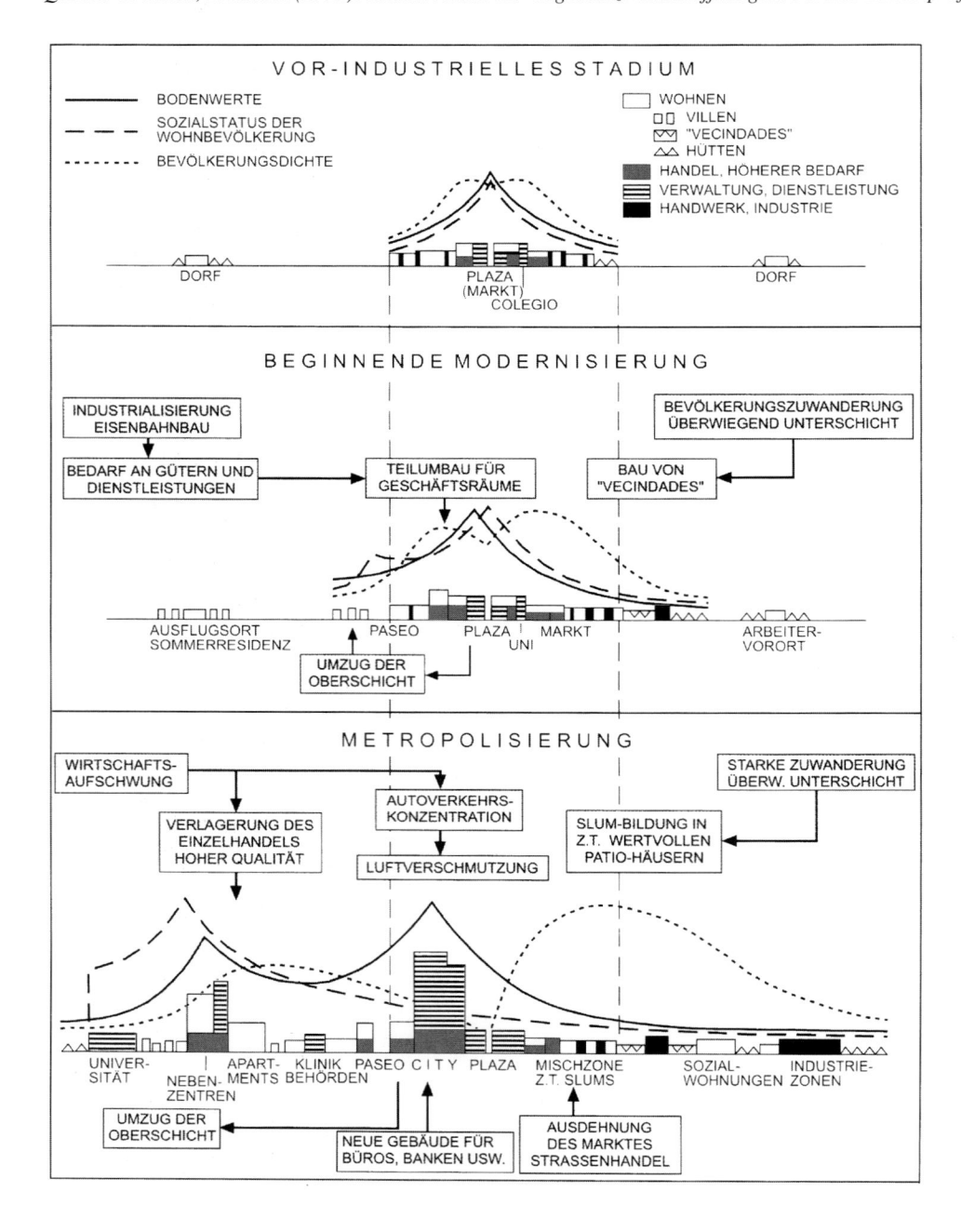

Fallbeispiel II: Leitbilder der Stadtentwicklung in außereuropäischen Kulturkreisen   Unterrichtspraktischer Teil 3

3.2.4 Materialien: Die lateinamerikanische Stadt

M 25: Modell der spanisch-amerikanischen Stadtentwicklung
Quelle: Borsdorf, Axel (1994): Die Stadt in Lateinamerika. In: Geographie und Schule, Heft 89, S. 8

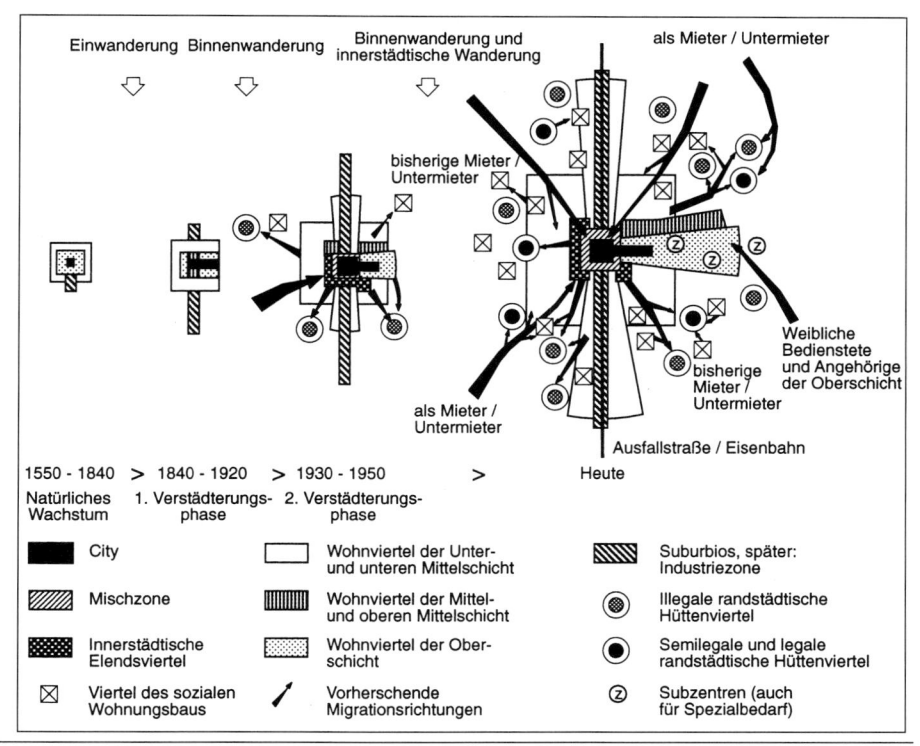

M 26: Modell der lateinamerikanischen Großstadt
Quelle: Bähr, Jürgen und Günter Mertins (1995) Die lateinamerikanische Groß-Stadt. Darmstadt, S 84

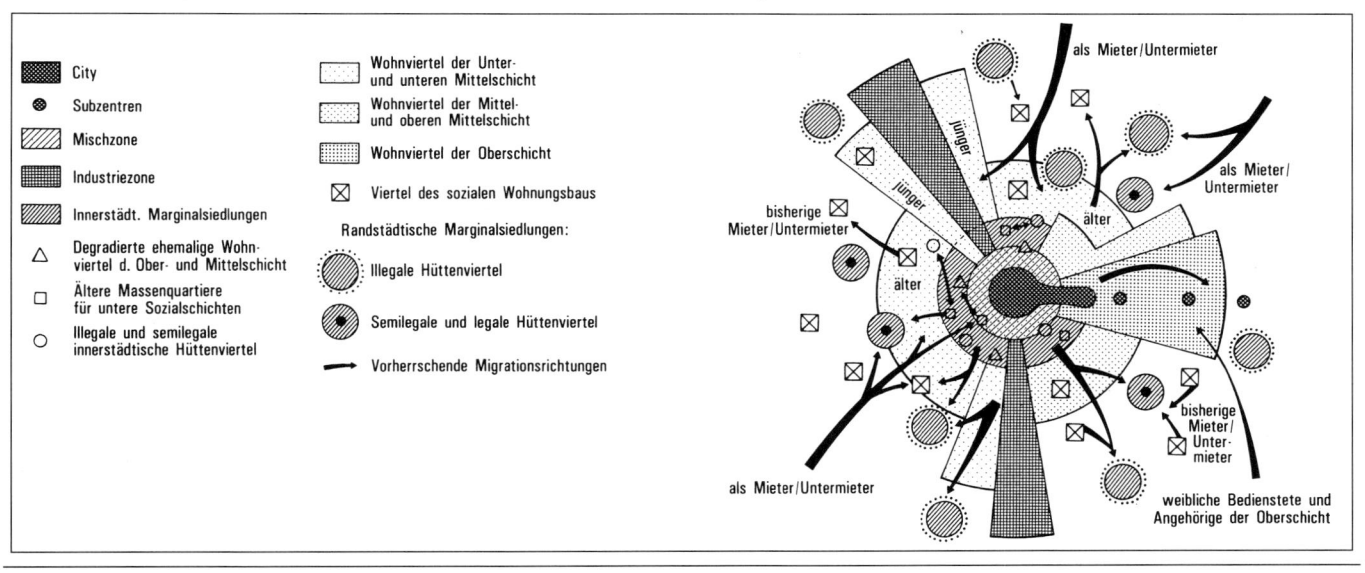

Arbeitsaufträge

7 Vergleichen Sie den Prozess der Verstädterung in Lateinamerika (M 16) mit dem in den USA.

8 Nennen Sie typische Kennzeichen der Städte des kolonialen Lateinamerikas.

9 Erläutern Sie die Veränderungen, die sich in der postkolonialen Phase ergeben haben.

10 Vergleichen Sie die beiden Modelle der lateinamerikanischen Stadtentwicklung (M 24 und M 25) im Hinblick auf ihre jeweilige Intention und Aussagekraft.

11 Fassen Sie, ausgehend vom Modell M 26, den Entwicklungsprozess und die räumliche Differenzierung lateinamerikanischer Großstädte zusammen.

12 Inwiefern ist es gerechtfertigt von einer „Identitätskrise" der lateinamerikanischen Großstädte zu sprechen? Nennen Sie Beispiele, an denen sich dies aufzeigen lässt.

3.2.4 Materialien: Die islamisch-orientalische Stadt

M 27: Die Rolle des Islam bei der Prägung der orientalischen Stadt
Quelle: Holzner, Lutz (1992): Raumsystem Stadt. In: Köck, Helmut (Hrsg., 1992): Handbuch des Geographie-Unterrichts, Bd. 4: Städte und Städtesysteme. Köln, S. 163

Dazu ist der Islam keineswegs eine ausgesprochen ‚städtische' Religion oder in irgendeiner Weise ‚städtischer' als andere Religionen, wenn es so etwas denn überhaupt gibt, sondern ist, wie seine ganze Lehre über-kulturell und sowohl städtisch als auch ländlich eklektisch. Der Islam hat von Anfang an von allen zu den Zeiten seines Beginns bestehenden Religionen und kulturellen Traditionen geborgt und auf den bestehenden Verhältnissen bewusst eklektisch aufgebaut. Das schließt sowohl ländliche als auch die bestehenden jahrtausendealten städtischen Traditionen in dem Raum ein, in welchem letztlich ja erst die großen Städte der Menschheit entstanden sind: Mesopotamien, Industal und Ägypten sowie die großen Überformungen durch den Hellenismus und das Römische Weltreich. Der Islam hat daher auch nicht zu außergewöhnlich vielen neuen Stadtgründungen geführt. Vielmehr sollte man die Moslem-Gesellschaft im Zusammenhang mit ihren jahrtausendealten Traditionen der Kulturen in diesem Raum ganz allgemein sehen, wobei die Städte und deren innere Struktur diese mannigfachen Wurzeln widerspiegeln.

M 28: Der Islam – eine städtische Religion
Quelle: Redmer, Hartmut (1994): Die islamisch-orientalische Stadt – Entstehung, Wandel und heutiges Bild. In: Geographie und Schule, Heft 89, S. 25

Obwohl sich die Genese des Islams in einem genau definierten, festliegenden sozialen Rahmen vollzieht, dem des Kontaktes zwischen Nomaden und Sesshaften, ist das Ideal des entstehenden Islams seinem Wesen nach städtisch. Das hat seinen wesentlichen Grund darin, dass die Grundlage des Islams vor allem das gemeinsame Gebet ist. Das eigentliche Gebet ist das Freitagsgebet der gesamten Gemeinde, der *umma*. Zu seiner Durchführung sind feste, stabile Moscheen erforderlich, so dass sich große Menschenmassen versammeln können. Standort dieser großen Freitagsmoschee ist die Stadt. …
Auch die islamischen Riten sind auf den Städter zugeschnitten. Die Moschee mit ihrem für die Waschungen bestimmten Brunnenbecken und den dazugehörigen komplizierten Einrichtungen, die fünf täglichen Gebete nach dem Ruf des Mu'addin, das Ramadan-Fasten mit seiner nächtlichen Geschäftigkeit gehören in die Stadt. Das urbane Leben ist die unerlässliche Voraussetzung nicht nur für die kollektive Verrichtung des Gebets, sondern auch für die Würde des vom Islam geforderten Lebens: Der Imam muss ein bürgerliches Leben führen; die Frauen müssen verschleiert sein – eine Forderung, die mit den Notwendigkeiten des nomadischen Lebens, ja bereits des dörflichen Lebens unvereinbar ist. Diese rigorosen, ja prüden Vorstellungen und Ideale entstammen, so wird angenommen, der Welt der strengen Kaufleute der Higaz. Der Islam verlangt auch städtische Kleidung anstelle der auf dem Land oder in der Wüste oft nachlässig getragenen Lumpen. Aus all dem wird deutlich, dass der Islam in seinen sozialen Zwängen und geistigen Ansprüchen eine städtische Religion ist.

M 29: Die Medina von Tunis
Quelle: Troin, Jean-Francois (1985): Le Maghreb – hommes et espaces. Paris, S. 262

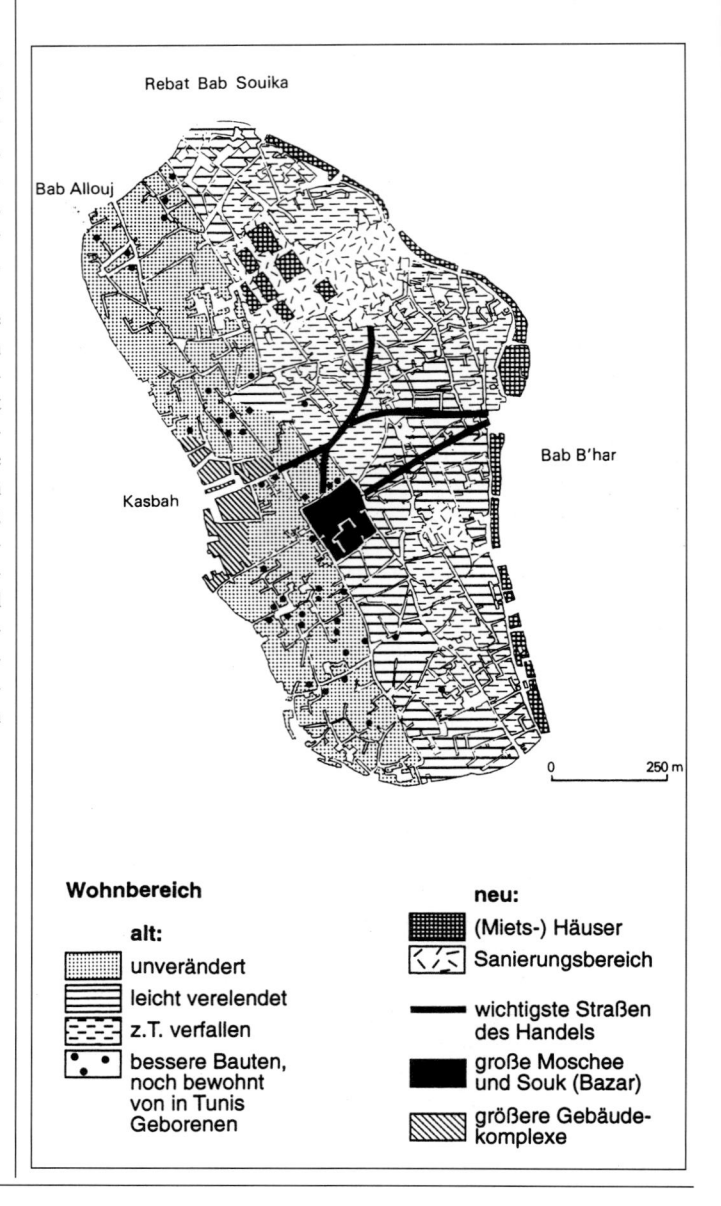

Fallbeispiel II: Leitbilder der Stadtentwicklung in außereuropäischen Kulturkreisen — Unterrichtspraktischer Teil 3

3.2.4 Materialien: Die islamisch-orientalische Stadt

M 30: Idealschema des Funktionalgefüges der islamisch-orientalischen Stadt
Quelle: Dettmann, Klaus (1969): Islamische und westliche Elemente im heutigen Damaskus. In: Geographische Rundschau, Heft 2/1969, S. 203

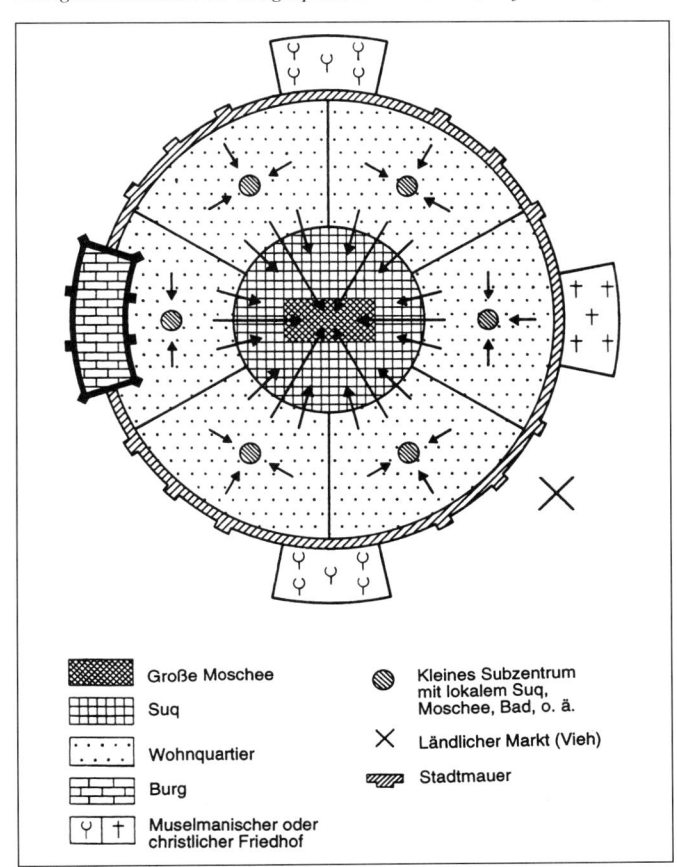

Legende:
- Große Moschee
- Suq
- Wohnquartier
- Burg
- Muselmanischer oder christlicher Friedhof
- Kleines Subzentrum mit lokalem Suq, Moschee, Bad, o. ä.
- X Ländlicher Markt (Vieh)
- Stadtmauer

M 31: Die islamisch-orientalische Stadt unter westlich-modernem Einfluss: Modell der zweipoligen Stadt am Beispiel Teherans/Persien um 1970
Quelle: Seger, Martin (1997): Teheran von Schah zu Schia. Metropolitane Entwicklung unter gegensätzlichen Rahmenbedingungen. In: Feldbauer, P u. a. (Hrsg., 1997): Mega-Cities. Die Metropolen des Südens zwischen Globalisierung und Fragmentierung. Frankfurt/M. Abb. 4

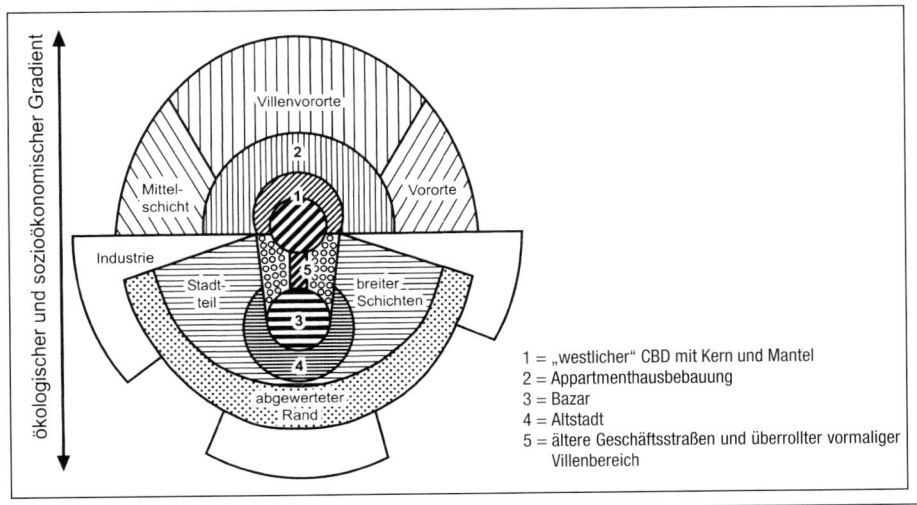

1 = „westlicher" CBD mit Kern und Mantel
2 = Appartmenthausbebauung
3 = Bazar
4 = Altstadt
5 = ältere Geschäftsstraßen und überrollter vormaliger Villenbereich

M 32: Schema der Stadtentwicklung in Marokko
Quelle: Ehlers, Eckart (1984): Zur baulichen Entwicklung und Differenzierung der marokkanischen Stadt: Rabat-Marrakesch-Meknes. In: Die Erde, Heft 3/1984, S. 203

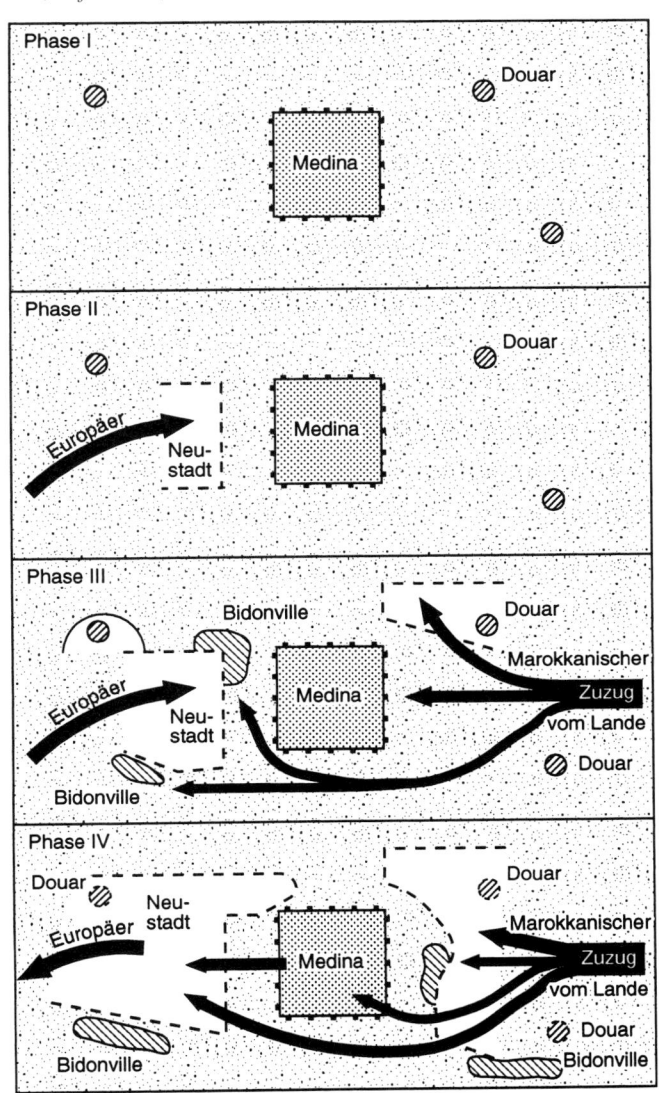

3 Unterrichtspraktischer Teil — Fallbeispiel II: Leitbilder der Stadtentwicklung in außereuropäischen Kulturkreisen

3.2.4 Materialien: Die islamisch-orientalische Stadt

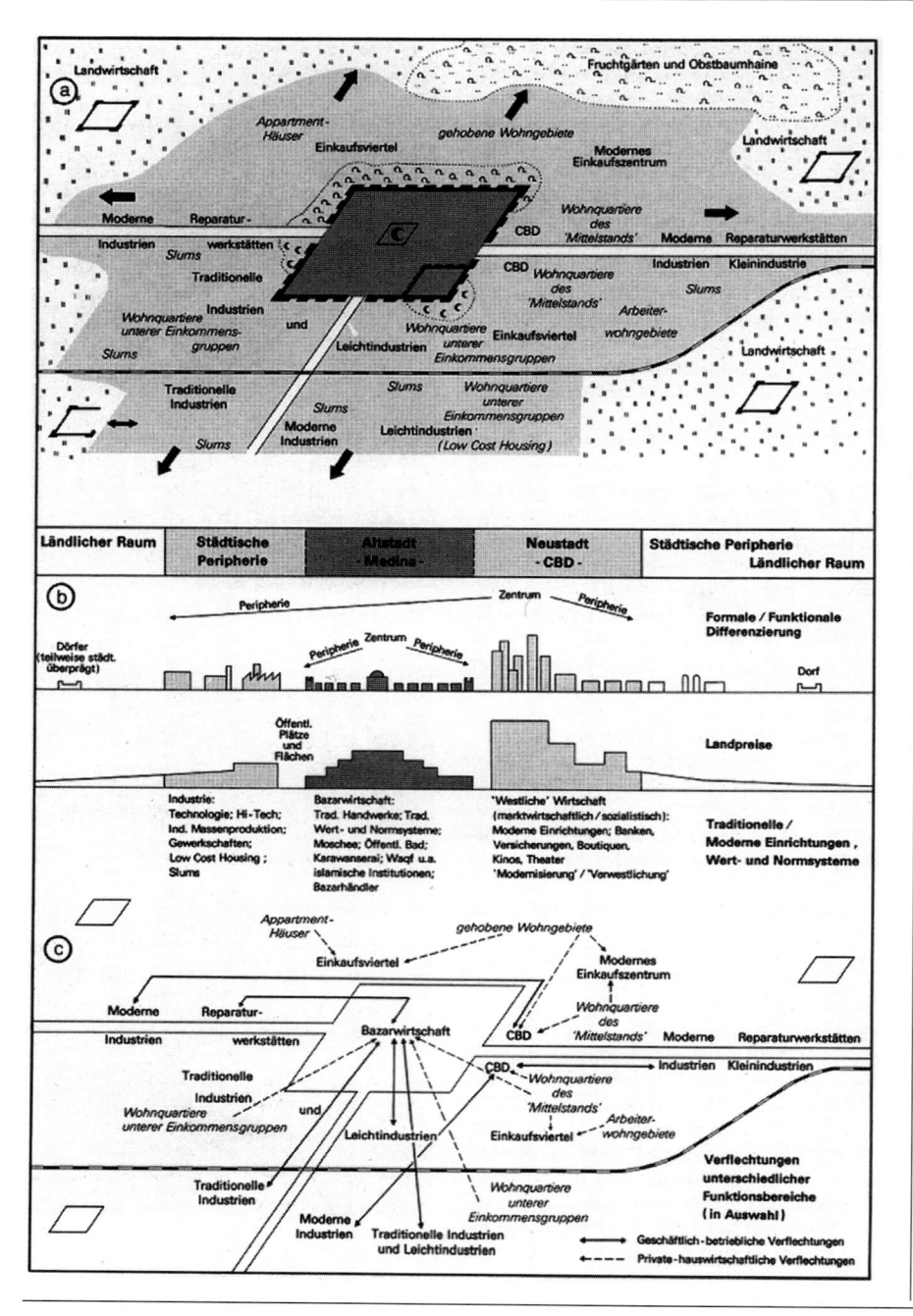

M 33: Modell der Stadt des islamischen Orients nach Form, Funktion, Wachstumstendenzen und Verflechtungsbereichen
Quelle: Ehlers, Eckart (1984): Die Stadt des islamischen Orients. In: Geographische Rundschau, Heft 1/1993, S. 36

M 34: Die Identitätskrise der islamische Stadt
Quelle: Redmer, Hartmut (1994): Die islamisch-orientalische Stadt – Entstehung, Wandel und heutiges Bild. In: Geographie und Schule, Heft 89, S. 28

Die Stadt des Maghreb durchlebt … zur Zeit eine Identitätskrise. Der Dualismus der Stadt, ausgelöst durch das Nebeneinander von Medina und europäischer Neustadt, führte in der Kolonialzeit zum Bruch. Dieser hat sich nach der Unabhängigkeit noch verstärkt. Er wurde ausgelöst durch den Bauboom, der zwar städtische Räume neu gestaltete, dabei aber die Verbindung der einzelnen Funktionen in den städtischen Teilräumen nicht erreichte. Durch die Ausdehnung der Städte haben sich die Anfahrtswege ins Zentrum oder zur Arbeit verändert. Das Fehlen eines guten Verkehrsverbundes erschwert die Erreichbarkeit der Verwaltung, der sozialen Einrichtungen usw. 80 % der Städter sind in ihrem eigenen Netz gefangen und müssen zu Fuß gehen. Eine Untersuchung der Infrastruktur (Wasserversorgung, Leitungsnetze), der zentralen Einrichtungen und Dienstleistungen, z. B. der Freizeit- und Sportanlagen für die besonders junge maghrebinische städtische Gesellschaft, zeigt weitere Felder der Unausgewogenheit. Allerdings ist es bei dem Andrang der Millionen von Neu-Städtern bereits ein kleiner Sieg, wenn es gelingt, die Lebensbedingungen in den Maghrebstädten, deren Wachstum die höchsten Raten der Welt aufweisen, auf dem derzeitigen Niveau zu halten.

Arbeitsaufträge

13 Nennen Sie typische Kennzeichen der traditionellen islamisch-orientalischen Stadt.

14 Überprüfen Sie, inwieweit das Modell M 30 auf die Medina von Tunis (M 29) übertragbar ist.

15 Beschreiben Sie anhand der beiden Modelle M 30 und M 31 die Veränderungen der islamisch-orientalischen Stadt.

16 Interpretieren Sie das Modell der islamisch-orientalischen Stadt von E. Ehlers (M 33). Gehen Sie dabei auf die sozioökonomische (a), die bauliche (b) und die funktionale Differenzierung (c) des gesamten Stadtgebietes ein.

17 Bei allen drei vorgestellten kulturgenetischen Stadttypen, der US-amerikanischen, der lateinamerikanischen und der islamisch-orientalischen Stadt, kann man von einer „dualen Struktur" sprechen. Belegen Sie diese Behauptung.

Fallbeispiel II: Leitbilder der Stadtentwicklung in außereuropäischen Kulturkreisen   Unterrichtspraktischer Teil 3

3.2.5 Lösungshilfen

Arbeitsauftrag 1

Nordamerika ist ein hoch verstädterter Kontinent. Im Jahre 2000 betrug in den USA der Anteil der städtischen Bevölkerung an der Gesamtbevölkerung 80,3 %; mit 79,3 % lag Kanada um nur einen Prozentpunkt darunter. Damit stehen die beiden Länder mit an der Spitze aller Staaten der Erde.

Der Verstädterungsprozess begann in den USA in der zweiten Hälfte des 19. Jahrhunderts. Er äußert sich in dem starken Anstieg der städtischen Bevölkerung an der Gesamtbevölkerung des Landes von 13,2 % im Jahre 1850 auf 80,3 % im Jahre 2000 (das entspricht einem absoluten Wachstum von ca. 3 Mio. auf ca. 20 Mio. im gleichen Zeitraum), in der Vermehrung der städtischen Siedlungen (dem Material nicht direkt zu entnehmen) sowie dem Wachstum der Städte hinsichtlich ihrer Einwohnerzahl und der Fläche.

Anders als in Europa haben sich die Städte der USA in relativ kurzer Zeit zu beachtlichen Größenordnungen entwickelt. Wiesen 1900 erst drei Städte eine Einwohnerzahl von mehr als 1 Mio. auf (New York, Chicago, Philadelphia), so gibt es heute 10 Millionenstädte (in der Grafik M 4 sind die Städte San Diego, Phoenix und San Antonio, die inzwischen ebenfalls die Millionengrenze überschritten haben, nicht verzeichnet).

Aus der Grafik M 4 wird eine weitere Besonderheit deutlich. Während die Millionenstädte im Nordosten der USA (New York, Chicago, Philadelphia und Detroit) ihren ‚Höhepunkt' um 1950 erreicht hatten und seitdem an Bevölkerung verlieren (lediglich in New York scheint der Rückgang gebremst zu sein), wachsen die Städte des Südens und Westen unaufhaltsam weiter. Die allgemeine Wanderungsbewegung der Bevölkerung aus Teilen des Nordostens in Richtung Westen und Süden spiegelt sich also auch in der Entwicklung der Millionenstädte deutlich wider.

Arbeitsauftrag 2

Bei der Auswertung der beiden Schemaskizzen M 13 und M 15 ist darauf zu achten, dass die Bezeichnungen nicht immer übereinstimmen und auch die Abgrenzungen z. T. anders vorgenommen werden.

Die US-amerikanischen Kernstädte lassen sich – grob vereinfacht – in folgende Teilräume untergliedern: 1. Downtown, 2. downtown nahe Übergangszone (ehemalige *Zone of Transition*), 3. Kernstadtrandzone.

Downtown: Den Kern bildet der Central Business District (CBD) mit einer extrem dichten Bebauung (Hochhäuser bzw. Wolkenkratzer); er ist das wirtschaftliche Zentrum der Stadt mit einer Ballung von Einrichtungen des gehobenen tertiären Sektors, vor allem Büros, Versicherungen und Banken; kaum Wohnfunktion.

Daran schließt sich ein Ergänzungsgebiet an, das zwar eine stärkere Mischfunktion als der CBD aufweist, in dem aber der tertiäre Sektor noch überwiegt (Einzelhandelseinrichtungen, Hotels, Restaurants, Tagungskomplexe u. a. m.).

Übergangszone (ehemalige *Zone of Transition*): Kennzeichen ist das Nebeneinander von Wohngebieten verschiedener sozialer Schichten, z. T. auch Slums, großen Freiflächen (entstanden durch Abriss ehemaliger Slum- und Kleingewerbegebiete, *slum clearance*), Parkplätzen, Parkgaragen, Geschäften, Gewerbebetrieben, Busbahnhöfen, Büros, Hotels und anderen Einrichtungen des tertiären Sektors, in jüngerer Zeit auch sanierte Altstadtquartiere (*gentrification*), Großsportarenen, Kongresszentren und Mehrzweck-Büro- und Einkaufskomplexen; die hervorstechenden Merkmale dieser Teilzone sind einerseits die krassen sozialräumlichen Gegensätze und die ausgeprägte Multifunktionalität andererseits.

Kernstadtrandzone: Vorherrschend ist die Wohnnutzung, durchsetzt von Industrie und Gewerbe (z. B. *commercial strips* an den großen Ausfallstraßen); die Bebauung ist bereits wesentlich lockerer als im CBD, es fehlen die Wolkenkratzer; wie im downtown nahen Ergänzungsgebiet ist auch hier eine ausgeprägte sozialräumliche Differenzierung zu erkennen: Nebeneinander von degradierten Wohnvierteln, gentrifizierten Bereichen, Vierteln der gehobenen Mittelschicht und Gated Communities.

Arbeitsauftrag 3

Gated Communities sind kleinere Wohngebiete meist vermögener Mitglieder der Ober- und Mittelschichten, die hier in Segregation und Sicherheit leben möchten. Die Häuser und Einrichtungen sind in der Regel umzäunt, für die Öffentlichkeit nicht zugänglich und werden durch Videoüberwachungen und/oder privates Sicherheitspersonal kontrolliert.

Die meisten Gated Communities sind nicht nur Schlafsiedlungen, sondern bieten gleichzeitig eine ganze Palette von Annehmlichkeiten und freizeitorientierten Einrichtungen, die es den Bewohnern ermöglichen, ihren individuellen Lebensstil zu verwirklichen.

Gated Communities entstanden zunächst bei der Errichtung von neuen Suburbs in den 1960er bis 1980er Jahren, griffen ab etwa 1990 auch auf bestehende Vorstädte und auf die Kernstädte aus. Sie sind als ein Indikator der zunehmenden Polarisierung der US-amerikanischen Gesellschaft zu werten.

Zur raschen Verbreitung haben vor allem die gestiegenen Ansprüche der Oberschicht und gehobenen Mittelschicht an das Wohnumfeld (exklusives Wohnen), die Nachfrage nach Möglichkeiten der Freizeitgestaltung (sinkende Arbeitszeit) sowie das Schutzbedürfnis (hohe Kriminalitätsraten in den Innenstädten) beigetragen.

Arbeitsauftrag 4

Ergänzend zur Arbeit vor Ort bieten sich als Grundlage Stadtpläne und topographische Karten im Maßstab 1:25.000 an, in die mittels Overlay-Folien verschiedene funktionale Stadtviertel eingezeichnet werden. Dabei wird sich herausstellen, dass in der Regel keines der drei Modelle in Reinform vorkommt, sondern zumeist eine Mischform vorliegt, besonders von Ringmodell und Sektorenmodell, in Großstädten ab etwa 500.000 Einwohnern auch das multinukleare Modell von Harris/Ullman.

Eine interessante Alternative wäre es, einen Zeitschnitt anzulegen in Form einer Untersuchung von Plänen einer Großstadt zu verschiedenen Zeitpunkten (z. B. hochindustrielle Phase, 1950er/1960er Jahre, Gegenwart); die Untersuchung wird zeigen, dass vielfach ein Wandel vom Ringmodell über das Sektorenmodell zum Mehrkernemodell stattgefunden hat.

Arbeitsauftrag 5

Die schematische Skizze ermöglicht eine Zusammenfassung der bisherigen Materialauswertungen. Besonders folgende Themenbereiche können nochmals aufgegriffen werden:
– die funktionale Gliederung der US-amerikanischen Stadt
– die sozialräumliche Gliederung der US-amerikanischen Stadt
– der Prozess der Suburbanisierung der Wohnbevölkerung, der Industrie und des Dienstleistungssektors sowie seine Folgeerscheinungen
– die Herausbildung sozialer Disparitäten im städtischen Raum als Spiegelbild der fortschreitenden sozialen Fragmentierung der US-amerikanischen Gesellschaft.

Arbeitsauftrag 6

Als Einstieg in die Erörterung bietet sich der Text M 2 an, der jetzt – nach Bearbeitung der diversen Materialien – stärker mit Inhalt gefüllt werden kann. Mögliche Kernfragen für die Erörterung: Welche besonderen Merkmale kennzeichnen die US-amerikanischen Städte? Inwiefern sind diese kulturraumspezifisch? Besteht ein ursächlicher Zusammenhang zwischen den Erscheinungsformen der US-amerikanischen Städte und den ‚Wertenormen' der US-amerikanischen Gesellschaft? Ist es korrekt, diese als Ausdruck des ‚American Way of Life' zu interpretieren?

Stichpunkte für die Bearbeitung der Aufgabe:
– hohe Mobilitätsbereitschaft der Amerikaner – Verstädterung und Suburbanisierung der amerikanischen Nation
– Multikulturismus – Heterogenität und Schmelztiegeleffekt einerseits, ethnische Segregation und Ghettobildung andererseits
– Metropolitanismus als Gesellschaftsziel – Verschmelzung von Stadt und Land (USA = Land ohne Dörfer) ‚Vergroßstädterung', Bildung von Megacities und Städtebändern
– Städtebau als Geschäft – Städtebau eine Angelegenheit von Bürgern und privaten Unternehmern, nicht von Obrigkeiten, Kommerzialisierung der Städte, Bodenmarkt und Marktprozesse als Regulative
– soziale Fragmentierung der Gesellschaft – soziale Segregation und Viertelsbildung in den Städten
– intimacy und privacy als Ziele individueller Lebensgestaltung – das freistehende Einfamilienhaus in den Suburbs, Seniorensiedlungen, Gated Communities

Arbeitsauftrag 7

Wie in anderen Ländern der ‚Dritten Welt' so setzte auch in Lateinamerika der Verstädterungsprozess relativ spät ein, lief dann aber mit einer außergewöhnlichen Geschwindigkeit ab, so dass viele Länder Lateinamerikas die USA in dieser Hinsicht inzwischen übertroffen haben. Erst in jüngster Zeit lässt sich – wie in den USA - eine Verlangsamung erkennen (ausgenommen Bolivien, dort liegt der Verstädterungsgrad allerdings noch (!) deutlich unter dem Durchschnitt vergleichbarer Länder).

Eine Besonderheit in den lateinamerikanischen Ländern, und hier zeigen sich deutliche Unterschiede zu den USA, ist das überproportional starke Wachstum der Metropolen. In einzelnen Ländern, so z.B. in Argentinien, Brasilien und Chile, leben mehr als ein Drittel der Gesamtbevölkerung in Millionenstädten; vielfach sind es die Hauptstädte des jeweiligen Landes, die somit eine Primatstellung einnehmen. Beängstigend ist, dass das Wachstum offensichtlich ungebremst ist, so dass diese Städte sich zu künftigen Katastrophengebieten entwickeln werden.

Arbeitsauftrag 8

Typische Kennzeichen der Städte des kolonialen Lateinamerika:
– der schachbrettartige Grundriss
– der zentrale Platz mit den wichtigsten Repräsentationsbauten als Mittelpunkt der Stadt
– das Kern-Rand-Gefälle: abnehmender Sozialstatus der Bewohner, Abnahme der Größe und der Ausstattung der Häuser
– die Konzentration von Handel und Gewerbe am Rande der Stadt
– die klare ethnische Segregation: Hüttensiedlungen der Indios lagen außerhalb, oft getrennt von der eigentlichen Stadt durch unbebautes Land.

Arbeitsauftrag 9

Den Materialien M 24 – M 26 sind folgende wichtige Veränderungen zu entnehmen:

Fallbeispiel II: Leitbilder der Stadtentwicklung in außereuropäischen Kulturkreisen

– starkes flächenhaftes Wachstum, besonders durch Zuzüge vom Land (Landflucht)
– Ansiedlung von Industriebetrieben an den Ausfallstraßen und den Eisenbahnlinien
– Wegzug der wohlhabenden Bewohner aus der Innenstadt in besser bewertete Wohnviertel
– Wandel des Stadtkerns zur City nach westlichem Vorbild
– soziale und wirtschaftliche Degradierung der innenstadtnahen Wohnviertel, Slumbildung
– Entstehung von ausgedehnten Hüttenvierteln (Marginalvierteln) am Stadtrand und im städtischen Umland
– Bildung von Subzentren und Vierteln des sozialen Wohnungsbaus an der Peripherie
– damit einhergehend die zellenartige Auflösung des Stadtrandes.

Arbeitsauftrag 10

Beide Modelle wollen die Entwicklung der lateinamerikanischen Städte in konzentrierter und einprägsamer Form erläutern.

Das Modell von *E. Gormsen* (M 24) verdeutlicht die wichtigsten sich gegenseitig beeinflussenden Strukturelemente der spanisch-amerikanischen Stadt anhand von drei zeitlichen Querschnitten: 1. Kolonialzeit bzw. vorindustrielle Zeit (bis etwa 1900), 2. beginnende Modernisierung (ab etwa 1900) und 3. Phase der Metropolisierung (ab etwa 1950).

Dargestellt sind im Aufriss die Baumasse und die Funktionen der Baukörper, wobei die Wohnfunktion nochmals nach dem sozialen Status der Wohnbevölkerung unterschieden wird. Mit Hilfe von drei Kurven, die über den Profilen angeordnet sind und die Bevölkerungsdichte, den Sozialstatus der Wohnbevölkerung und den Bodenwert darstellen, können wie in einem Kausalprofil, die Zusammenhänge zwischen physiognomischen, funktionalen und sozio-ökonomischen Elementen veranschaulicht werden.

Das Modell von *A. Borsdorf* untergliedert die zeiträumliche Stadtentwicklung in vier Phasen: 1. Kolonialstadt/Stadtentstehung (1550–1840), 2. erste Verstädterungsphase (1840–1920), 3. zweite Verstädterungsphase (1930–1950), 4. Phase der Metropolisierung (ab 1950). Als strukturbestimmendes Merkmal dominiert optisch die rechtwinklige Grundrissanlage, um das diesen Städten bis heute eigene Schachbrettstraßenschema zu versinnbildlichen. Ergänzend zum Modell von Gormsen werden durch Pfeile die rural-urbanen und innerstädtischen Wanderungsbewegungen angegeben sowie eine Differenzierung der Marginalviertel. In der Abfolge der vier Skizzen lässt sich deutlich eine Ablösung des konzentrischen Raummusters aus der Kolonialzeit durch eine sektorale Gliederung und schließlich eine zellenförmig erfolgende Stadterweiterung erkennen (vgl. Modelle M 14).

Arbeitsauftrag 11

Das Idealschema von *Bähr/Mertins* gilt als eines der aussagekräftigsten Modelle zu Darstellung der zeiträumlichen Entwicklung lateinamerikanischer Großstädte. Es besitzt einen dreischichtigen Aufbau, die den Modellen der Sozialökologie von *Burgess*, *Hoyt* und *Harris/Ullman* (M 14) entsprechen: eine schon in der Kolonialzeit angelegte Kreisgliederung, eine jüngere diese Ringe sprengende Sektorenstruktur und schließlich ein zellenförmiges Ordnungsmuster an der Peripherie.

In der Zusammenfassung sollten folgende Aspekte angesprochen werden: die Überformung des kolonialen Grundmusters durch Zuwanderungen und durch die Industrialisierung, das starke flächenhafte Wachstum in der Phase der Metropolisierung, die sozialräumliche Gliederung und deren Verschiebungen im Laufe der Stadtentwicklung, die typischen Wanderungsströme, die diese Gliederung mit bestimmt haben, die soziale Degradierung der Wohngebiete im Randbereich der Altstädte und die Entstehung innerstädtischer Slums, die Bildung randstädtischer Hüttensiedlungen, das starke flächenhafte Wachstum der Stadt und die zunehmende Polarisierung als gesamträumliche Tendenzen.

Arbeitsauftrag 12

Von einer „Identitätskrise" der lateinamerikanischen Städte kann in mehrfacher Hinsicht gesprochen werde. Mit der Eroberung des Kontinents durch die Spanier und Portugiesen sowie der Gründung von Städten wurde in beiden Teilräumen eine urbane Kultur geschaffen, die die ursprünglichen indianischen Elemente nur hier und da einbezog, wenn nicht sogar unberücksichtigt ließ, sodass es kaum zu einer Symbiose der Kulturen kam. Die neuen Städte waren in dieser Hinsicht ‚Fremdkörper'. Dies betrifft u.a. die barocke Ausgestaltung, Ausdruck der Denkweise und des Kulturverständnis der spanischen Krone und des Klerus.

Mit der Unabhängigkeit kam es erneut zu einem Bruch mit der Tradition. Von den Ideen der französischen Revolution beindruckt, übernahmen Freiheitskämpfer wie *Simon Bolivar* und *San Martin* aus Frankreich städtebauliche Ideen, wie z. B. Boulevards, großbürgerliche Häuser und Villen, die ein neues europäisches Lebensgefühl vermittelten. Dazu mussten ganze Häuserblocks und Straßenzüge abgerissen werden. An die Stelle der nach Innen gekehrten Patiohäuser entstanden französische Villen mit ihrer Schaufassade zur Straße.

Mit dem Schwinden des europäischen Einflusses Anfang des 20. Jahrhunderts wurden nordamerikanische Ideen attraktiv. Man kopierte US-amerikanische Baustile: Hochhäuser entstanden im Innenstadtkern, der sich zur City entwickelte, Parlamentsgebäude wurden nach dem Muster des Washingtoner Kapitols errichtet (Buenos Aires, Havanna) und selbst Städte, wie z. B. La

Plata oder Belo Horizonte, wurden nach dem Straßengrundriss von Washington angelegt.

Vielfach wird diese Verwestlichung verharmlosend als Akkulturation bezeichnet. In Wirklichkeit erfolgte aber keine Integration, sondern es entstand eine Nebenkultur. „Die Krise der Städte in Lateinamerika ist auch eine Krise der lateinamerikanischen Kultur, die daraus resultiert, dass ihre Standortbestimmung als europäische Kultur ihre Gültigkeit verloren hat." (A. Borsdorf 1994, S. 7)

Arbeitsauftrag 13

Die traditionelle islamisch-orientalische Stadt weist folgende charakteristische Merkmale auf:
– Gliederung in eine größere Zahl von streng voneinander abgeschlossenen Quartieren
– Erschließung der Wohnquartiere durch verwinkelte Sackgassen
– wenige große geradlinige Straßen, die vom Zentrum zu den Stadttoren führen
– die große Moschee (Freitagsmoschee) als geistlicher und kultureller Mittelpunkt
– der Bazar als wirtschaftlicher Mittelpunkt
– die Stadtmauer als deutliche Abgrenzung der Stadt
– randliche Anordnung von Burg oder Palast, zumeist an die Stadtmauer angelehnt
– nach Religionen getrennte Friedhöfe außerhalb der Stadtmauer.

Arbeitsauftrag 14

Alle diese genannten Merkmale sind deutlich im Stadtplan der Medina von Tunis zu erkennen, auch wenn das Thema der Karte ein anderes ist, nämlich die Zustandsbeschreibung der Wohnsituation.

Arbeitsauftrag 15

Der Vergleich der beiden Modelle lässt die grundlegenden Veränderungen der islamisch-orientalischen Stadt seit dem Ende des 19. Jahrhunderts erkennen. Zu nennen sind:
– Die heutige Stadt ist zweipolig aufgebaut: Altstadt/Medina neben ‚europäischer' Neustadt.
– Das Zentrum der heutigen Stadt besitzt mit dem Bazar als traditioneller Mitte und dem CBD als Gegenpol zwei Kerne.
– Diese beiden Zentren sind durch ein Gebiet älterer Geschäftsstraßen getrennt, die bei der Cityverlagerung ‚überrollt' wurden.
– Die Wohngebiete weisen eine klare soziale Segregation auf.
– Angrenzend an die Altstadt hat sich eine Slumzone gebildet (abgewerteter Rand).
– Zwischen dem CBD und den Villenvororten am Rand liegen moderne mehrgeschossige Mietshäuser.
– Die Industrie konzentriert sich auf wenige Gebiete (Ausfallstraßen am Rande der Stadt).

Arbeitsauftrag 16

Das Modell gibt die wesentlichen Elemente der heutigen Städte des islamischen Orients wieder. Berücksichtigt werden a) die sozioökonomische, b) die baulich-formale und c) die funktionale Differenzierung des gesamten Stadtgebietes. Deutlich tritt der von Seger (M 31) herausgestellte Dualismus zwischen Altstadt mit dem Bazar und der großen Moschee sowie der Neustadt mit dem CBD und dem neuen Einkaufszentrum hervor.

„Dem hier aufgezeigten doppelten Dualismus – innerstädtischer Dualismus und Altstadt/Neustadt-Gegensatz – entsprechen baulich-formale wie funktionale Differenzierungen des gesamten Stadtgebietes. Bemerkenswert und den dualen Charakter der Stadt überhöhend sind die in c) angedeuteten Waren-, Verkehrs- und Kommunikationsströme. Die Pfeile weisen auf das de facto-Nebeneinander nicht nur der verschiedenen Bevölkerungsgruppen, sondern auch von deren wirtschaftlichen Aktivitäten, ihren raumrelevanten Verhaltensmustern und den ihnen entsprechenden urbanen Formen und Funktionen hin."

E. Ehlers (1993): Die Stadt des Islamischen Orients. In: Geographische Rundschau, Heft 1/1993, S. 36

Arbeitsauftrag 17

→ *duale Strukturmerkmale der US-amerikanischen Stadt:*
extrem starke soziale Wohnsegregation: innerstädtische Slums einerseits und Gated Communities andererseits, krasser Gegensatz zwischen Downtown und Suburbs (Bauhöhe, Baudichte, Bauformen)

→ *duale Strukturmerkmale der lateinamerikanischen Stadt:*
Nebeneinander von kolonialen ‚europäischen' Strukturen und modernen ‚amerikanischen' Strukturen (Straßen, Gebäude); polarisierte Raum- und Sozialstruktur: innerstädtische Slums und randstädtische Marginalviertel neben Villenvierteln, ausgeprägte Asymmetrie in eine „schöne" und eine „hässliche" Seite

→ *duale Strukturmerkmale der islamisch-orientalischen Stadt:*
Trennung in ‚islamische' Altstadt (Medina) und ‚europäische Neustadt, Herausbildung von zwei wirtschaftlichen Kernen: Bazar in der Altstadt, CBD in der Neustadt, soziale Wohnsegregation

Fallbeispiel III: Leitbilder des Städtebaus und der Stadtplanung in Deutschland im 20. und 21. Jahrhundert

3.3.1 Sacheinführung

Seit dem Bestehen von Städten haben die Menschen sich mit ihrer Zukunft und Planbarkeit beschäftigt. Dabei sind vielfältige und teilweise in ihrer Ausrichtung völlig gegenläufige Leitbilder und Planungskonzepte zum Städtebau und zur Stadtplanung entstanden. Im Lauf der historischen Entwicklung haben sich die städtischen Strukturen verändert, die städtebaulichen Probleme entsprechend auch, so dass auch die konzeptionellen Überlegungen angepasst wurden.

Im folgenden sollen verschiedene planerische Grundkonzepte vorgestellt werden:
– Urbanismus und ‚Ville contemporaine'
– Gartenstadt-Bewegung
– New Towns
– Funktionalismus-Prinzip der Charta von Athen
– Die gegliederte und aufgelockerte Stadt
– Die autogerechte Stadt der 1960er Jahre
– Urbanität durch Dichte: Großwohnsiedlungen am Stadtrand in den 1960er und 1970er Jahren
– Erhaltende Stadterneuerung und Stadtsanierung in den 1970er und 1980er Jahren
– Ökologischer Städtebau und nachhaltige Stadtentwicklung seit Mitte der 1990er Jahre.

Als Beispiele für urbane Neuerungen zu Beginn des 20. Jahrhunderts kann die Vorstellung der ‚ville contemporaine' des Architekten und Stadtplaners *Le Corbusier* gelten. Sein Grundkonzept, dem Leitbild des Urbanismus als Bekenntnis zur großen Stadt entsprechend, setzte er in der sog. Hochhausstadt um, die bis zu drei Millionen Einwohnern Unterkunft bieten sollte und dabei sogar Dichtewerte von 2.000 Einwohnern pro Hektar vorsah. Geplant waren Hochhaus-Cities mit 60-stöckigen Bürobauten im Zentrum, umgeben von einem Distrikt mit mehrstöckigen Wohnhäusern. Zwischen den Hochhäusern sollten Grünflächen und zentrale Einrichtungen zur Versorgung angesiedelt werden. Außerhalb einer weitläufigen Grünzone sollten Einfamilienhaussiedlungen entstehen. Die Ideen von *Corbusier* zeigten Wege in eine utopische Ausrichtung des Städtebaus, allerdings standen auch antiurbane Leitbilder diesen Vorstellungen gegenüber.

Die Gartenstadtbewegung erfasste von Großbritannien ausgehend große Teile Nordwesteuropas. *Ebenezer Howard* sah in seinem 1898 erschienenen Buch „Garden Cities of tomorrow" eine Gegenbewegung zur industriellen Großstadt mit ihren negativen Ausformungen; eine überschaubare Stadt als Verknüpfung der Vorteile des Lebens im städtischen und ländlichen Raum wurde postuliert. Dabei ging es ihm keinesfalls nur um die Errichtung von Gartenstädten, sondern um ein städtisches Siedlungsgebilde für 250.000 Menschen mit einer Zentralstadt und sechs umliegenden Gartenstädten (jeweils 32.000 Bewohner). *Howard* hat außerdem eine Untergliederung der Gartenstädte mit unterschiedlichen Funktionen vorgesehen, eine Idee die später in der Konzeption der sog. Nachbarschaften (1929 vom amerikanischen Soziologen *Perry* entwickelt) städtebaulich aufgegriffen wurde.

Ähnlich wie die Gartenstadt-Idee hat auch die Konzeption der New Towns ihren Ursprung in Großbritannien. Seit Beginn der industriellen Revolution verzeichneten Birmingham, Manchester und vor allem London ein gewaltiges Bevölkerungswachstum. Die unzureichende Wohnqualität in den Industriegebieten veranlasste die britische Regierung 1946 dazu, das Gesetz zur Gründung von New Towns zu verabschieden. Diese neuen Städte sollten die Bevölkerung aus den am höchsten verdichteten Zentren aufnehmen. Bis heute gibt es in Großbritannien und Nordirland über 30 New Towns, acht von 15 der bis 1960 gegründeten liegen im Umkreis von 40-50 km um London. Fünf Voraussetzungen sind für die Anlage einer New Town ausschlaggebend: größeres, nahezu ebenes Areal mit tragfähigem Untergrund, gute Verkehrsanbindungsmöglichkeiten per Straße und Schiene, ausreichende Trinkwasserreserven bei akzeptabler Entwässerungsmöglichkeit, erfolgversprechende Wirtschaftsansiedlungsmöglichkeiten, hohe Wahrscheinlichkeit der Bildung einer unabhängigen Kommune.

Auf dem internationalen Städtebaukongress in Athen im Jahre 1933 wurde die sog. Charta von Athen verabschiedet. Darin ging es nicht mehr um die Entwicklung von städtebaulichen Utopien, sondern um die Ausweitung und Verbesserung bereits bestehender städtischer Strukturen. Die Charta fasst dabei vor allem die damals bestehenden stadtplanerischen Vorstellungen im Sinne eines state-of-the-art-Programmes zusammen. Ein wesentliches Element stellt dabei die räumliche Trennung von städtischen Funktionen dar, insbesondere die Separierung der Daseinsgrundfunktionen Wohnen und Arbeiten, zusammengefasst unter der Vorstellung einer funktionellen Stadt.

Beeinflusst durch die Gartenstadtidee, die Charta von Athen und das Nachbarschaftskonzept entwickelte sich nach dem Zweiten Weltkrieg das Leitbild einer gegliederten, aufgelockerten Stadt. Wesentliches Merkmal ist die räumliche Trennung der Daseinsgrundfunktionen. Problematisch scheint allerdings die starre und unflexible Flächen- und Funktionszuweisung bei diesem

Leitbild, die als Folgewirkung auch zur Verstärkung von Suburbanisierungsprozessen geführt hat.

Veränderungen der Mobilitäts- und Verkehrsbedürfnisse – insbesondere die wachsende Bedeutung des Individualverkehrs – in der Nachkriegszeit und die Adaption von entsprechenden Entwicklungen in den USA blieben nicht ohne Auswirkungen auf die stadtplanerischen Leitbilder. Im Konzept der sog. autogerechten Stadt (nach dem 1959 von *Reichow* veröffentlichten gleichnamigen Buch) wurden breite Einfallschneisen (Radialstraßen) in die Städte konzipiert, Fußgängertunnel sollten einer Trennung der Verkehrsteilnehmer in verschiedene Ebenen dienen, Parkhäuser wurden errichtet. Die Ausrichtung der Planung war einseitig auf den Autoverkehr gerichtet.

Die Faszination städtebaulicher Verdichtung und Verflechtung der Nutzungsarten wurde in den 1960er und 1970er Jahren durch das Leitbild „Urbanität durch Dichte" ausgedrückt. Großwohnsiedlungen mit Hochhausbebauung entstanden auch als Reaktion auf Probleme in innerstädtischen und gründerzeitlichen Wohngebieten (vgl. die später noch zu beschreibenden Stadtsanierungskonzepte), gerieten dann aber schon in den 1980er Jahren in eine Krise, da sie nicht mehr den aktuellen Wohn- und Lebensvorstellungen ihrer Bewohner entsprachen. Soziale Segregation, baulicher Verfall, Entwertung der Wohnanlagen sind nur einige Aspekte dieser Entwicklung.

Das 1971 erlassene Städtebauförderungsgesetz in Verbindung mit dem Europäischen Denkmalschutzjahr 1975 gab einen neuen Impuls für die sog. erhaltende Stadterneuerung in Verbindung mit einem behutsamen Stadtumbau. Die Förderung von Sanierungsmaßnahmen führte zu einer Rückbesinnung auf traditionelle bauliche Qualitäten und damit zu einem Erhalt (und einer Aufwertung) historischer Stadtstrukturen. Negativentwicklungen traten aber auch auf, beispielsweise in Form von Luxussanierungen die zu einer Verdrängung der traditionellen Wohnbevölkerung führten und die sog. Gentrification (Einzug gehobener Einkommensgruppen in sanierte Altbauten) beschleunigten.

Seit den 1980er und vor allem 1990er Jahren nimmt das Leitbild des ökologischen Städtebaus und der nachhaltigen Stadtentwicklung Einfluss auf die Stadtplanung. Konzepte aus den Bereichen energiesparendes Bauen, Stärkung des öffentlichen Verkehrs, Nutzungsmischungskonzepte sind Kennzeichen dieser Entwicklung, die durch die Charta von Alborg in Form eines städtebaulichen Leitsatzes konkretisiert wurde. Die Schaffung kompakter und baulich hochwertiger Strukturen (Dichte im Städtebau), das Konzept der Nutzungsmischung (funktionale Mischung von Stadtquartieren durch die Verflechtung von Wohnen, Arbeiten, Versorgung) mit der Vorstellung einer Stadt der kurzen Wege, das Konzept der Polyzentralität und der dezentralen Konzentration (vgl. das Leitbild der dezentralen Konzentration im Bereich Berlin-Brandenburg) sowie stärkere Partizipation von Akteurs- und Betroffenen-Gruppen bestimmen die aktuelle stadtplanerische Diskussion.

Literatur

→ *Albers, G.* (1992²): Stadtplanung. Darmstadt.
→ *Albers, G.* u. a. (Hrsg., 1983): Grundriss der Stadtplanung. Hannover.
→ *Braam, W.* (1987): Stadtplanung. Aufgabenbereiche, Planungsmethodik, Rechtsgrundlagen. Düsseldorf.
→ Bundesministerium für Raumordnung, Bauwesen und Städtebau (Hrsg.): Großsiedlungsbericht 1994. Bonn.
→ *Fangohr, H.* (1988): Großwohnsiedlungen in der Diskussion. In: Geographische Rundschau, Heft 11/1988, S. 26-32.
→ *Frank, F.* (1989): Dresden-Hellerau. Die Gartenstadt in Deutschland. In: Geographie heute, H. 68, S. 22-31.
→ *Friedrichs, J.* (Hrsg.,1987): Stadtentwicklungen in West- und Osteuropa. Berlin.
→ *Fürst, F.* u. a. (1999): Leitbilder der räumlichen Stadtentwicklung im 20. Jahrhundert – Wege zur Nachhaltigkeit? Dortmund. (= Berichte aus dem Institut für Raumplanung 41)
→ *Heineberg, H.* (1999): Leitbilder der Stadtentwicklung und Lebensqualität. – In: *E. Helmstädter* u. *R.-E. Mohrmann* (Hrsg., 1999): Lebensraum Stadt. Münster. (= Thesen und Texte Münsterscher Gelehrter 10), S. 95-125
→ *Lynch, K.* (1989): Das Bild der Stadt. 2. Auflage. Braunschweig. (= Bauwelt Fundamente 16)
→ *Niemz, G.* (1986): Neue Städte. Räumliche Charakteristik. – In: Geographie und Schule, Heft 42/1986, S. 2-17.
→ *Sieverts, T.* (1999): Zwischenstadt. Zwischen Ort und Welt, Raum und Zeit, Stadt und Land. 3. Auflage. Wiesbaden. (= Bauweltfundamente 118)
→ *Tank, H.* (1987): Stadtentwicklung – Raumnutzung – Stadterneuerung. Göttingen.

Fallbeispiel III: Leitbilder des Städtebaus und der Stadtplanung in Deutschland im 20. und 21. Jahrhundert

Unterrichtspraktischer Teil 3

3.3.2 Möglicher Verlaufsplan

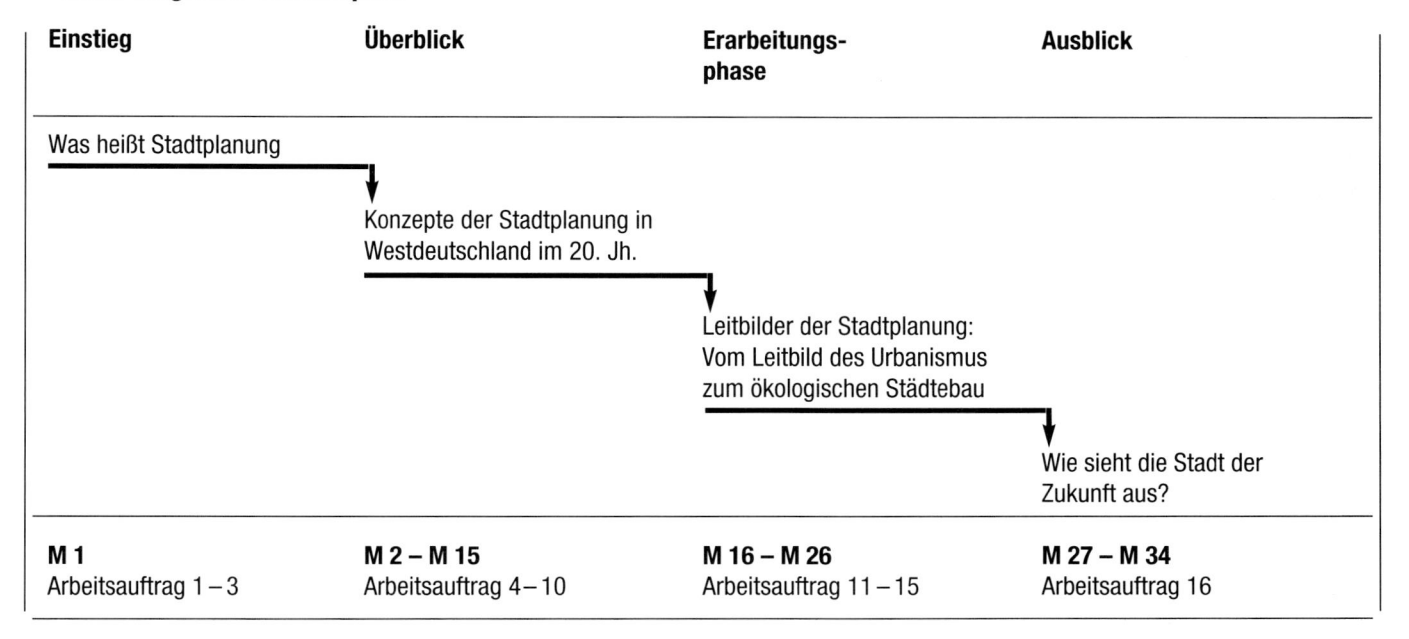

Einstieg	Überblick	Erarbeitungsphase	Ausblick
Was heißt Stadtplanung	Konzepte der Stadtplanung in Westdeutschland im 20. Jh.	Leitbilder der Stadtplanung: Vom Leitbild des Urbanismus zum ökologischen Städtebau	Wie sieht die Stadt der Zukunft aus?
M 1	M 2 – M 15	M 16 – M 26	M 27 – M 34
Arbeitsauftrag 1–3	Arbeitsauftrag 4–10	Arbeitsauftrag 11–15	Arbeitsauftrag 16

3.3.3 Methodische und didaktische Anregungen

Die Notwendigkeit von Stadtplanung und ihre Abhängigkeit vom historischen Umfeld wird durch das einführende Material **M 1** mit dem pointierten Gedanken von *Le Corbusier* augenfällig.

M 2 stellt Leitbilder und Merkmale der Stadtentwicklung im 20. Jahrhundert in Form einer synoptischen Darstellung vor.

Die Vorstellungen des Urbanisms, versinnbildlicht in der Hochhausstadt „ville contemporaine" werden durch die Architekturskizze in **M 3** verdeutlicht. Diese stadtplanerische Utopie-Vorstellung bildet den Anfang der folgenden überwiegend chronologischen Darstellung verschiedener stadtplanerischer Leitbilder.

Die Gedanken Ebenezer Howards zur Gartenstadt sind in den Materialien **M 4** bis **M 7** visualisiert. Dabei wurde bewusst auf *Howards* Originalskizzen zurückgegriffen. Das Nachbarschaftskonzept nach *Perry* in **M 8** steht in enger Verknüpfung mit der Gartenstadtidee, wurde allerdings unabhängig von ihr in den USA entwickelt.

Die Übersichtskarte in **M 9** stellt am Beispiel von Großbritannien die Lage der Gartenstädte und New Towns (differenziert in drei Generationen) dar. Die Materialien **M 10** und **M 11** konkretisieren das New-Town-Konzept am Beispiel eines Strukturmodells von *Milton Keynes* und eines Flächennutzungsplans von *Harlow*.

Textauszüge aus der Charta von Athen stellen das durch sie manifestierte Funktionalismus-Prinzip vor (**M 12**) und leiten über zum Konzept der gegliederten und aufgelockerten Stadt in **M 13**.

Der engen Wechselbeziehung zwischen Stadtplanung und Verkehr widmen sich die Materialien **M 14** und **M 15**: Die Entwicklung von der Fußgänger-Stadt zur Stadt mit Individualverkehr wird dabei auch unter dem Aspekt der zeitlichen Erreichbarkeit verdeutlicht. Der Text zur autogerechten Stadt (**M 15**) verdeutlicht aus sehr kritischer Perspektive die negativen Ausformungen dieses stadtplanerischen Leitbildes.

Der Problematik von Großwohnsiedlungen widmet sich **M 16** in Form einer Plandarstellung des Märkischen Viertels in Berlin.

Stadtsanierung und Stadterhaltung stehen im Mittelpunkt der Materialien **M 17** bis **M 22** anhand eines einleitenden Textes zur Notwendigkeit derartiger Maßnahmen und anhand exemplarischer Fallstudien aus Weiden und Regensburg.

Das aktuelle Leitbild der nachhaltigen Stadtentwicklung wird durch die Materialien **M 23** bis **M 30** vorgestellt. Ausgehend vom Konzept der nachhaltigen Raumentwicklung wird diese Idee auf die Stadtentwicklung übertragen, indem Aufgaben- und Handlungsfelder sowie Verträglichkeitsfragen thematisiert werden. Die Charta von Aalborg formuliert wesentliche Zielvorgaben dieser Nachhaltigkeitsidee. Eine Konkretisierung dieser Konzepte erfolgt dann anhand der Vorstellungen zur Nutzungsmischung und zur Stadt der kurzen Wege.

Die abschließenden Materialien **M 31** und **M 32** enthalten sowohl einen Ausblick auf zukünftige Aspekte der Stadtentwicklung als auch - in Form einer Karikatur - eine kritische Hinterfragung zu stadtplanerischen Leitbildern in Form eines planerischen Gemischtwarenladens.

3 Unterrichtspraktischer Teil

Fallbeispiel III: Leitbilder des Städtebaus und der Stadtplanung in Deutschland im 20. und 21. Jahrhundert

3.3.4 Materialien

M 1: Vorstellungen von Stadtplanung

Als der französische Architekt und Stadtplaner *Le Corbusier* 1922 darum gebeten wurde, für den Pariser Herbstsalon einen Brunnen für einen Platz in Paris zu entwerfen, entgegnete er, sehr gerne werde er den Brunnen bauen, aber nur, wenn er dahinter eine Stadt für drei Millionen Menschen errichten dürfe.

M 2: Leitbilder und Merkmale der Stadtentwicklung im westlichen Deutschland im 20. Jahrhundert

Quelle: Heineberg, Heinz (2001): Grundriss Allgemeine Geographie: Stadtgeographie. Paderborn: Schöningh, Abb. 5.23

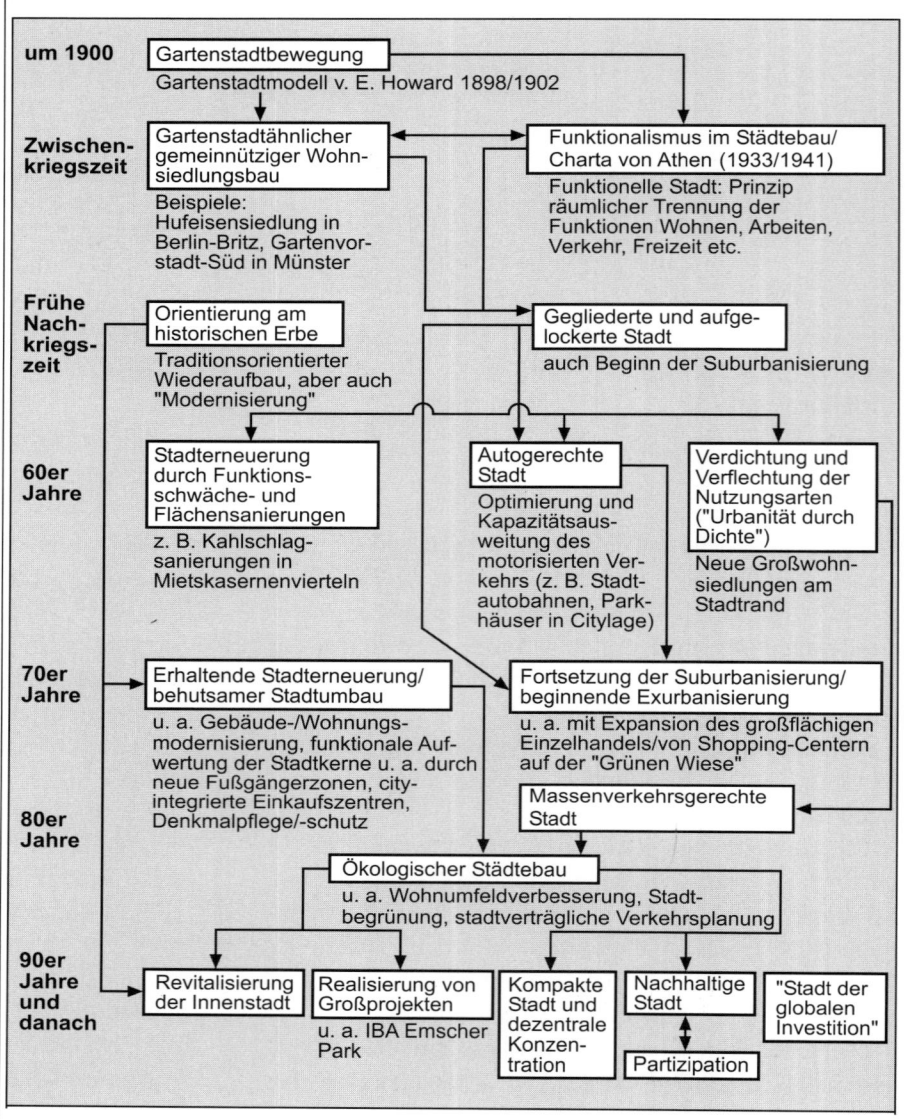

um 1900
- Gartenstadtbewegung
- Gartenstadtmodell v. E. Howard 1898/1902

Zwischenkriegszeit
- Gartenstadtähnlicher gemeinnütziger Wohnsiedlungsbau
  - Beispiele: Hufeisensiedlung in Berlin-Britz, Gartenvorstadt-Süd in Münster
- Funktionalismus im Städtebau/ Charta von Athen (1933/1941)
  - Funktionelle Stadt: Prinzip räumlicher Trennung der Funktionen Wohnen, Arbeiten, Verkehr, Freizeit etc.

Frühe Nachkriegszeit
- Orientierung am historischen Erbe
  - Traditionsorientierter Wiederaufbau, aber auch "Modernisierung"
- Gegliederte und aufgelockerte Stadt
  - auch Beginn der Suburbanisierung

60er Jahre
- Stadterneuerung durch Funktionsschwäche- und Flächensanierungen
  - z. B. Kahlschlagsanierungen in Mietskasernenvierteln
- Autogerechte Stadt
  - Optimierung und Kapazitätsausweitung des motorisierten Verkehrs (z. B. Stadtautobahnen, Parkhäuser in Citylage)
- Verdichtung und Verflechtung der Nutzungsarten ("Urbanität durch Dichte")
  - Neue Großwohnsiedlungen am Stadtrand

70er Jahre
- Erhaltende Stadterneuerung/ behutsamer Stadtumbau
  - u. a. Gebäude-/Wohnungsmodernisierung, funktionale Aufwertung der Stadtkerne u. a. durch neue Fußgängerzonen, city-integrierte Einkaufszentren, Denkmalpflege/-schutz
- Fortsetzung der Suburbanisierung/ beginnende Exurbanisierung
  - u. a. mit Expansion des großflächigen Einzelhandels/von Shopping-Centern auf der "Grünen Wiese"

80er Jahre
- Massenverkehrsgerechte Stadt
- Ökologischer Städtebau
  - u. a. Wohnumfeldverbesserung, Stadtbegrünung, stadtverträgliche Verkehrsplanung

90er Jahre und danach
- Revitalisierung der Innenstadt
- Realisierung von Großprojekten
  - u. a. IBA Emscher Park
- Kompakte Stadt und dezentrale Konzentration
- Nachhaltige Stadt
- Partizipation
- "Stadt der globalen Investition"

M 3: Die „Ville Contemporaine" nach Le Corbusier

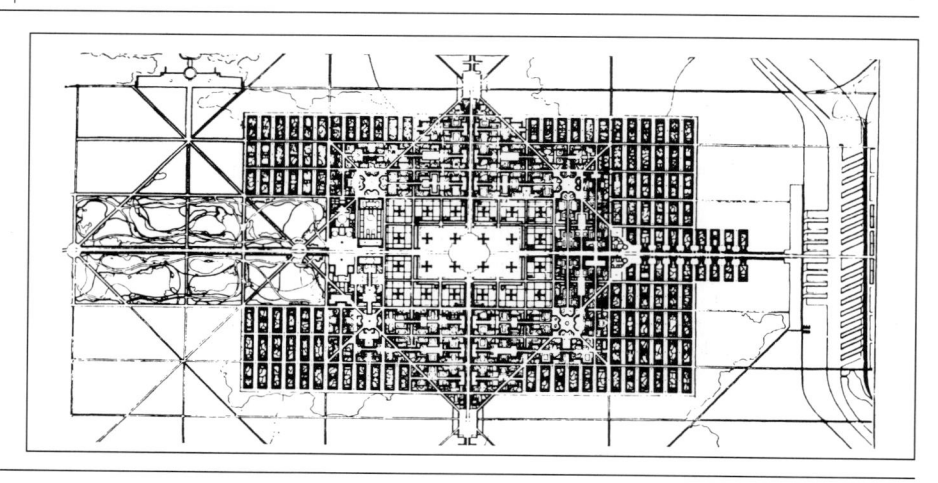

Fallbeispiel III: Leitbilder des Städtebaus und der Stadtplanung in Deutschland im 20. und 21. Jahrhundert

Unterrichtspraktischer Teil 3

3.3.4 Materialien

M 4: Die Gartenstadt nach Ebenezer Howard: Diagramm Nr. 2

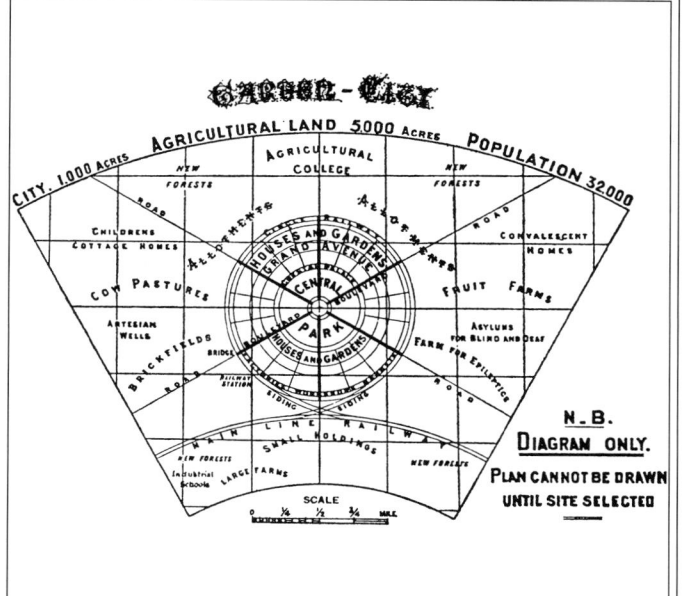

M 5: Die Gartenstadt nach Ebenezer Howard: Diagramm Nr. 5

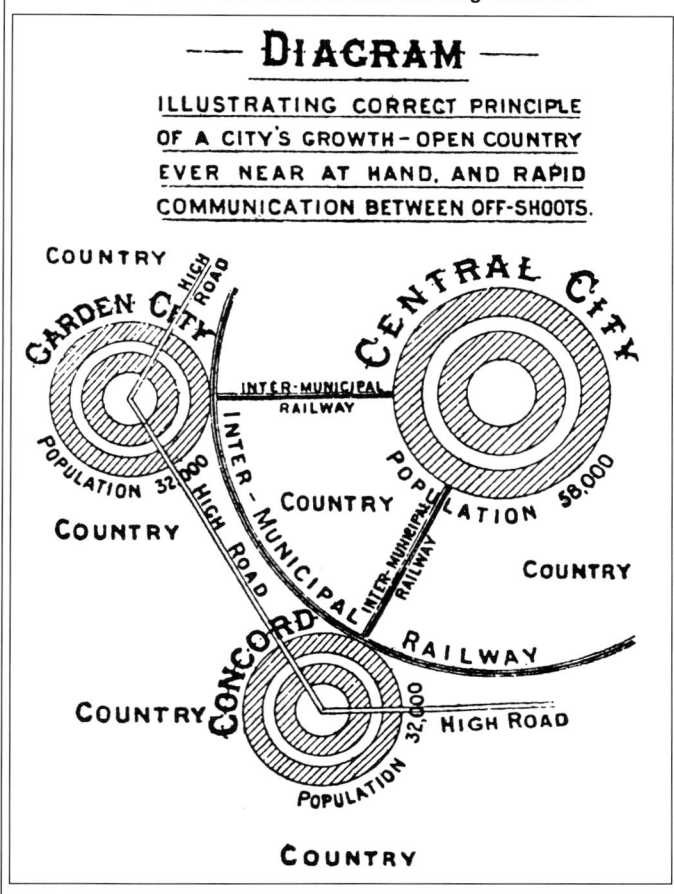

M 6: Die Gartenstadt nach Ebenezer Howard: Diagramm Nr. 7

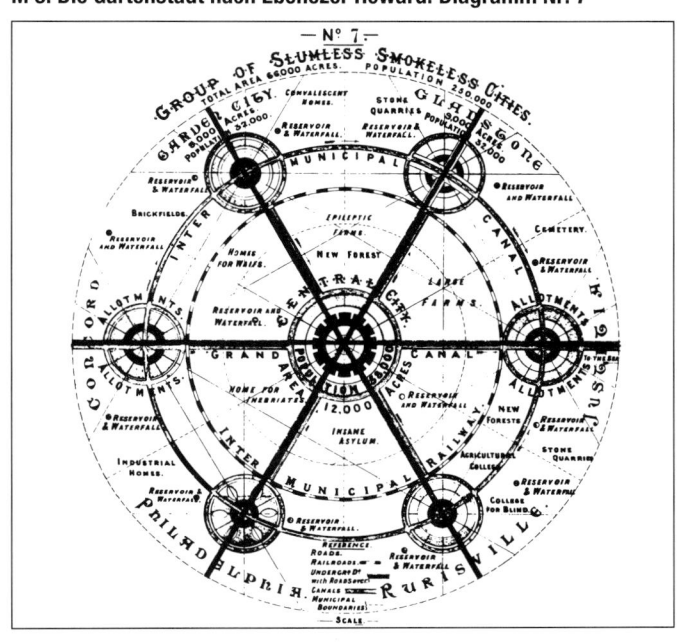

M 7: Das Modell der Gartenstadt nach Ebenezer Howard

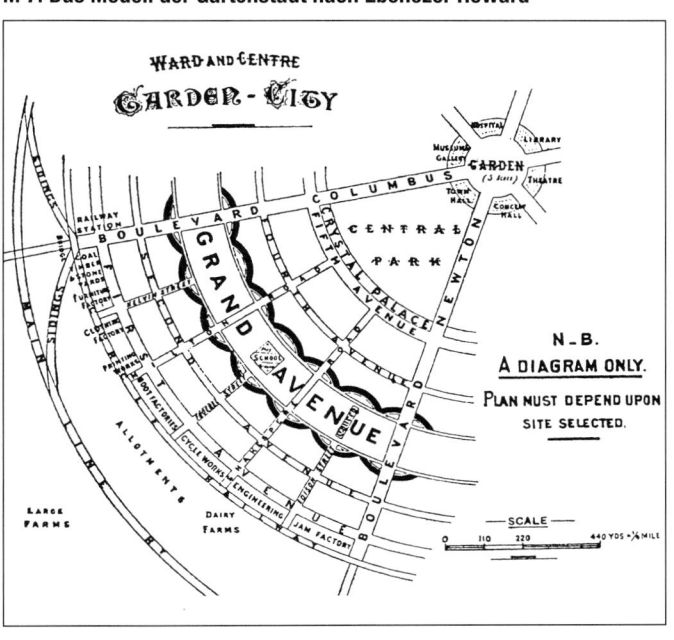

3 Unterrichtspraktischer Teil   Fallbeispiel III: Leitbilder des Städtebaus und der Stadtplanung in Deutschland im 20. und 21. Jahrhundert

3.3.4 Materialien

M 9: Town-Countries und New Towns nach 1945 in Großbritannien
Quelle: Hotzan, J.: dtv-Atlas zur Stadt. München 1994. (=dtv 3231)

M 8: Nachbarschaftskonzept nach Perry
Quelle: Lichtenbarger, E.: Die Stadt. Darmstadt 2002, S. 106

Fallbeispiel III: Leitbilder des Städtebaus und der Stadtplanung in Deutschland im 20. und 21. Jahrhundert

Unterrichtspraktischer Teil 3

3.3.4 Materialien

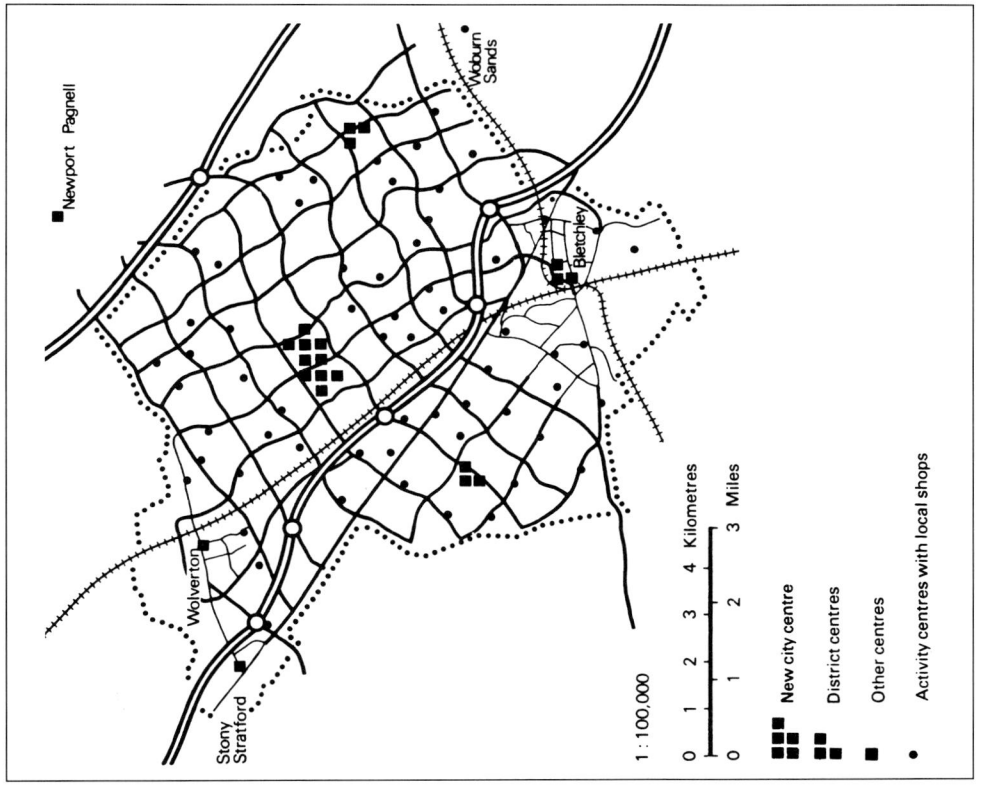

M 11: New Town Harlow: Flächennutzungskonzept
Nach: Osborn, Frederik und Arnold Whittik: New Towns

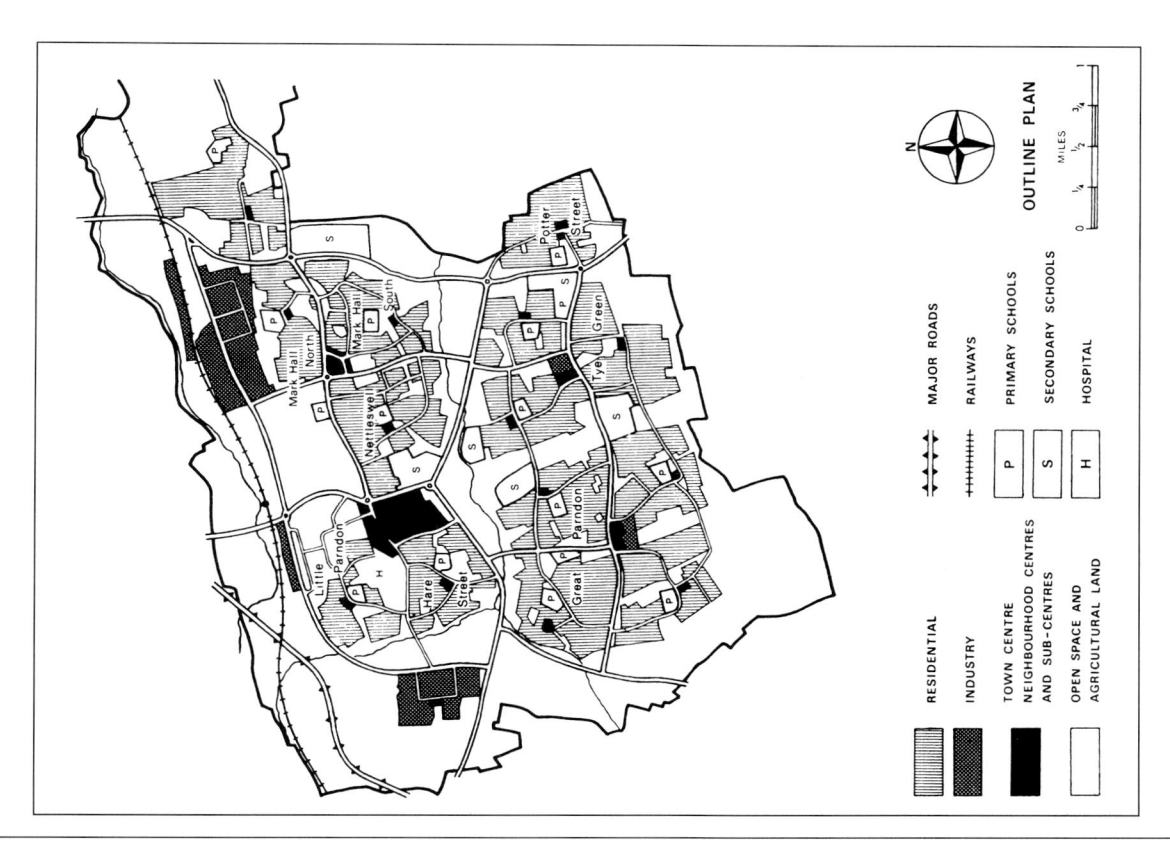

M 10: New Town Milton Keynes: Modell der Stadtstruktur
Quelle: Milton Keynes Development Corporation (Hrsg.): The Planning of Milton Keynes. Milton Keynes o. J.

55

3 Unterrichtspraktischer Teil

Fallbeispiel III: Leitbilder des Städtebaus und der Stadtplanung in Deutschland im 20. und 21. Jahrhundert

3.3.4 Materialien

M 12: Die Charta von Athen (Auszüge)
Quelle: Le Corbusier: Die „Charte d'Athènes". Hamburg 1962, S. 118.

„Die Schlüssel zum Städtebau liegen in folgenden vier Funktionen: wohnen, arbeiten, sich erholen (in der Freizeit), sich bewegen. Der Städtebau drückt die Daseinsform einer Epoche aus. Er hat sich bisher nur an das Verkehrsproblem gewagt. Er hat sich damit begnügt, Ausfallstraßen zu bauen oder Straßen zu ziehen. Damit wurden Häuserinseln geschaffen, deren Bestimmung der privaten Initiative überlassen worden ist. Das ist eine beschränkte und unzulängliche Ansicht der Aufgabe, die ihm zugefallen ist. Der Städtebau hat vier Hauptfunktionen: erstens, den Menschen gesunde Unterkünfte zu sichern, Orte, wo Raum, frische Luft und Sonne, diese wesentlichen Gegebenheiten der Natur weitestgehend sichergestellt sind; zweitens, solche Arbeitsstätten zu schaffen, dass Arbeit, statt ein drückender Zwang zu sein, wieder den Charakter einer natürlichen menschlichen Tätigkeit annimmt; drittens, die notwendigen Einrichtungen zu einer guten Nutzung der Freizeit vorzusehen; viertens, die Verbindungen zwischen diesen verschiedenen Einrichtungen herzustellen durch ein Verkehrsnetz, das den Austausch sichert und die Vorrechte einer jeden Einrichtung respektiert."

Die Industriesektoren müssen unabhängig von den Wohnsektoren und durch eine Grünzone von diesen getrennt sein.

Die Industriestadt wird sich den Kanal entlang erstrecken, an der Landstraße oder der Eisenbahnlinie liegen oder, noch besser, am Treffpunkt dieser drei Wege. Linear geworden und nicht mehr ringförmig, wird sie, nach Maßgabe ihrer Entwicklung ihren eigenen Wohnsektor aufbauen können, der parallel zu ihr verläuft. Eine Grünzone wird ihn von den Industriegebäuden trennen. Die Wohnung, künftig mitten ins Land gestellt, wird völlig vor Lärm und Ruß geschützt sein und dabei dennoch so erreichbar bleiben, dass die langen täglichen Fahrten verhindert werden; sie wird wieder zum normalen Familienorganismus. Die so wiederhergestellten „natürlichen Bedingungen" werden dazu beitragen, dem Nomadentum der Arbeiterbevölkerung ein Ende zu setzen. Drei Wohnungstypen werden zur Verfügung stehen, je nach dem Geschmack der Bewohner: das Einzelhaus, das Einzelhaus mit kleinem landwirtschaftlichen Betrieb und schließlich der Kollektivbau, der mit allen notwendigen Einrichtungen zum Wohlbefinden seiner Mieter ausgestattet ist."

M 13: Konzept der „gegliederten und aufgelockerten Stadt"
Quelle: Göderitz, J. u. a.: Die gegliederte und aufgelockerte Stadt. Tübingen 1957.
© Ernst Wasmuth Verlag. Tübingen

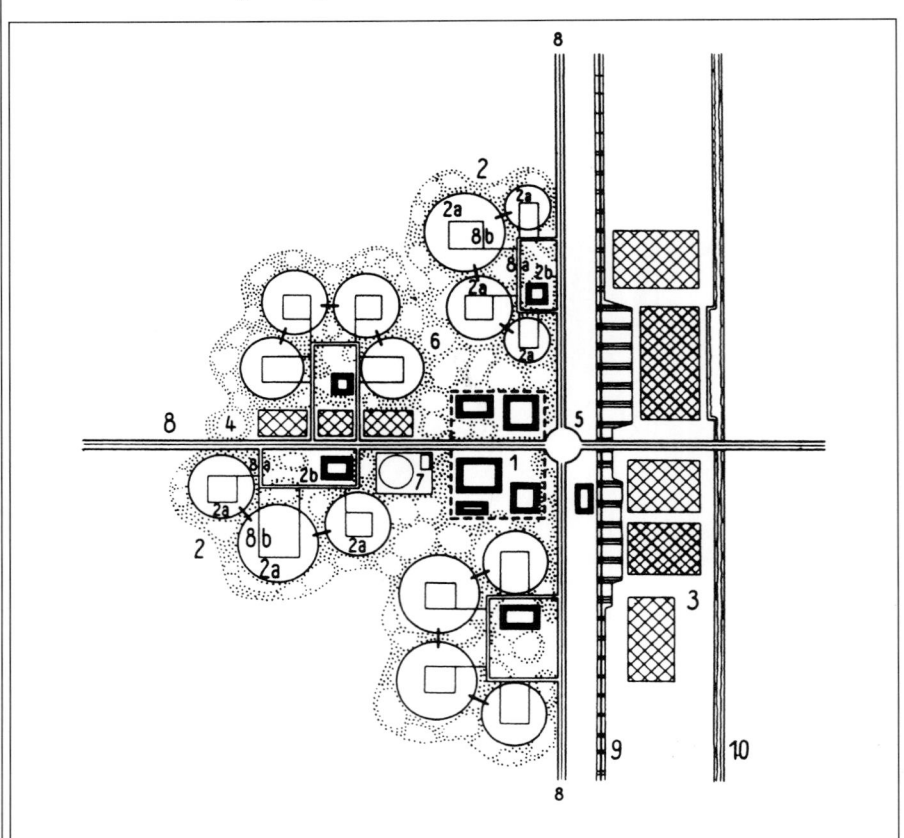

1. City, Verwaltung, Geschäfte
2. Nachbarschaft, 2 a Wohnbereich, 2 b Nachbarschaftsschwerpunkt
3. Industrie und Gewerbe
4. Kleingewerbe zwischen Nachbarschaft und Hauptverkehrsstraße
5. Hauptverkehrsknoten
6. Erholungsflächen und Grünverbindungen
7. Sportgebiet
8. Hauptverkehrsstraße, 8 a Sammelstraße, 8 b Anliegerstraße
9. Eisenbahn
10. Schifffahrtskanal

Fallbeispiel III: Leitbilder des Städtebaus und der Stadtplanung in Deutschland im 20. und 21. Jahrhundert

3.3.4 Materialien

M 14: Von der Fußgänger- und Pferdewagenstadt zur Stadt mit Individualverkehr
Quelle: Lichtenberge, E.: Die Stadt. Darmstadt 2002, S. 69

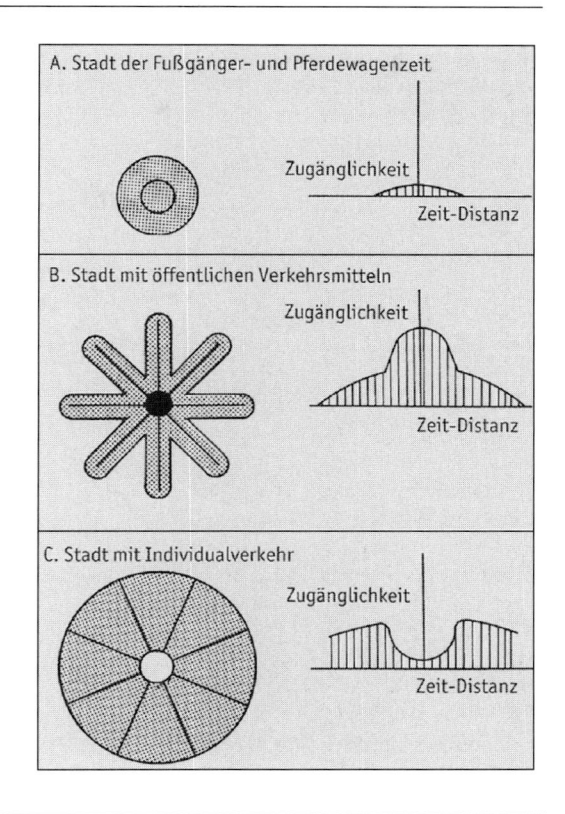

M 15: Die autogerechte Stadt
Quelle: Suter, G.: Die großen Städte. Bergisch-Gladbach 1966, S.148, 157

„Straßenverkehr, das mörderische Chaos, das zwei- bis viermal täglich abgehalten wird, Eintritt frei, Austritt verboten (am Wochenende und an Feiertagen findet die Vorstellung auf den Autobahnen statt)! Ein Teil des Auftrages bestand in der dringenden Forderung, die Innenstadt für den privaten Autoverkehr zu erschließen, und dieser Teil ist mit besonderem Eifer verwirklicht worden. Mit vollem Recht und gutem Grund: es war der öffentliche Teil der Aufgabe, die Dringlichkeit war augenfällig, und jeder Stadtbenützer konnte kontrollieren, was getan und unterlassen wurde. Das Morsche fiel, das Neue brach sich Bahn – wir standen am Rande der Bauplätze und riefen ‚Hurra!'.
So wurde die City mit dem Bulldozer erschlossen, wurden die Straßen breiter und die Trottoirs schmaler, wurden Querstraßen aufgehoben und Einbahnstraßen angeordnet, wurden Unterführungen und Expressstraßen gebaut, Brücken geschlagen, Parkplätze gerodet, Verkehrsampeln gepflanzt, wurden Straßenbahnen ausgerottet, Haltestellen aufgehoben, Buslinien verschlechtert, wurden Straßenzüge niedergewalzt und ganze Quartiere zu Tode gestückelt. In unserem Auftrag, mit unserem Beifall. Wer die Stadt hätte verteidigen wollen, wäre von sämtlichen Theorien und Theoretikern widerlegt worden; es gab keine Instanz und keine von Grundsätzen getragenen Stimmen, die die Stadt ‚als solche' vertreten hätten: es wohnte kaum mehr jemand dort, und keiner blieb aus freien Stücken wohnen. Der Lärm des Bauens und des sich aufblähenden Verkehrs, der Staub und der Gestank bedrohten die Gesundheit, die alten Häuser, die da abgebrochen werden mussten, waren vernachlässigt, hässlich, unmodern und unhygienisch …
Es ist klar, dass im Mittelpunkt der Zerstörung – sie beruht darauf, dass es keinen Mittelpunkt mehr gibt – das Auto steht, das schnelle, kraftvolle, vielseitig verwendbare private Beförderungsmittel, das den Menschen unabhängig macht von der kollektiven Zeit und vom kollektiven Ort und ihm eine fast schrankenlose Freiheit der Bewegung verleiht – theoretisch jedenfalls. Gegenüber seinen Vorgängern in der Stadt, gegenüber den Omnibussen, Droschken, Untergrundbahnen, Straßenbahnen und Vorortsbahnen besitzt der private Kraftwagen tatsächlich gewaltige Vorzüge: er macht zur unendlich verfeinerten Vollkommenheit, was diese nur rudimentär und in grobschlächtigen Umrissen bieten konnten. Das Auto verschafft seinem Besitzer Allgegenwart und zugleich ständige, sichere, wohlige Bequemlichkeit."

3 Unterrichtspraktischer Teil Fallbeispiel III: Leitbilder des Städtebaus und der Stadtplanung in Deutschland im 20. und 21. Jahrhundert

3.3.4 Materialien

M 16: Großwohnsiedlung Märkisches Viertel in Berlin (1963)
Quelle: Spengelin, Friedrich: Wohnung und Wohnumfeld. In: Akademie für Raumforschung und Landesplanung (Hrsg.): Grundriss der Stadtplanung. Hannover 1993, S. 153

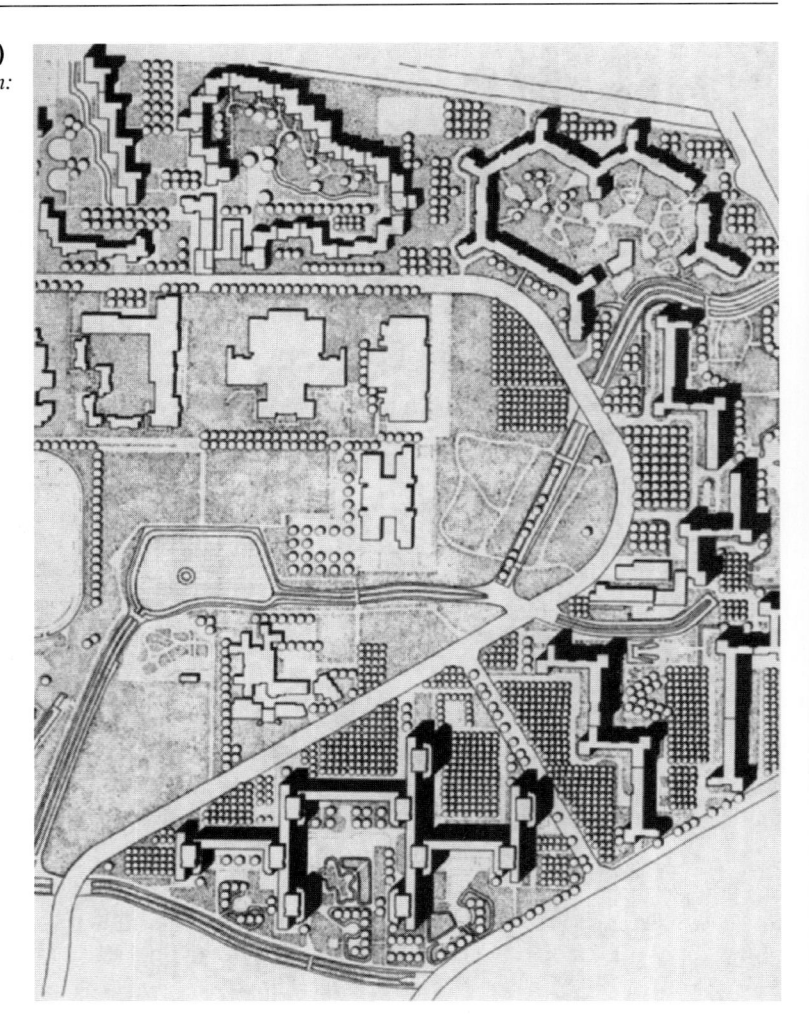

M 17: Sanierungsgebiete in Deutschland: Zur Notwendigkeit von Stadtsanierung
Quelle: Frankfurter Allgemeine Zeitung 18.04.1970

„Sie liegen eingekeilt zwischen Eisenbahnlinien, und über ihre Dächer und Balkone schütten Fabrikschornsteine ihre Asche aus. Ihre Hinterhöfe sind gerade groß genug, um ein paar Mülltonnen darin unterzubringen, die Treppenhäuser finstere Schächte, in denen der Putz von den Wänden bröckelt. Slums in Deutschland – das gibt es noch trotz Bombenkrieg und Wiederaufbau, mag man sie nun weniger abfällig ‚städtische Krisengebiete' oder im Amtsdeutsch ‚Sanierungsgebiete' nennen. In unseren Großstädten liegen sie oft in unmittelbarer Nachbarschaft des Stadtzentrums; in den Klein- und Mittelstädten bilden sie nicht selten den malerischen Stadtkern selbst. Attraktionen des Tourismus, Sorgenkinder der Stadtplanung. Nicht Hässlichkeit ist ihr gemeinsames Kennzeichen, sondern Alter – städtebauliches Erbe mit und ohne Denkmalswert. Fachwerkromantik und wilhelminischer Wohnungsbau kunterbunt gemischt. Was werden wir mit diesem Erbe anfangen? Seine Pflege ist in der Zeit des Wiederaufbaus sträflich vernachlässigt worden. Eine kurzsichtige Wohnungsbewirtschaftung hat den natürlichen Regenerationsprozess jahrzehntelang gehemmt, hemmt ihn zum Teil noch heute. In einer beispiellosen Bauleistung sind die riesigen Lücken, die der Krieg in unsere Städte gerissen hatte, wieder geschlossen und neue Wohnstädte draußen vor der Stadt aus dem Boden gestampft worden. Binnen weniger Jahrzehnte hat die totale Modernisierung unsere Lebensformen radikal verändert, Handel und Wandel auf neue Bahnen gebracht. Stadtkerne sind zu ‚Verkehrsdurchflutern' degradiert worden, manche davon angepasst an ihre neue Funktion, andere noch in dem Zustand, wie ihn Landesfürsten und Stadtväter vor Jahrhunderten geschaffen haben.
Was alt war in unseren Städten geriet ins Hintertreffen in diesen Jahren des Wiederaufbaus. Die Altbauwohnung, mancherorts noch begehrt, weil billig, wird mehr und mehr zum Inbegriff der Rückständigkeit. Das schöne Fachwerkhaus in der betagten Altstadt, in dem jahrhundertelang Waren über den Ladentisch gereicht wurden, bietet nicht mehr genügend Platz für einen modernen Selbstbedienungsladen. Nur der Landeskonservator kann es auf die Dauer vor den Gefahren des Baggers bewahren. Gerade viele unserer Mittel- und Kleinstädte bangen um ihre oftmals so malerisch anzusehenden Altstadtviertel, deren Nutzwert leider in ein immer krasseres Missverhältnis zu ihrem Museumswert gerät. Was werden wir mit diesem Erbe anfangen?"

Fallbeispiel III: Leitbilder des Städtebaus und der Stadtplanung in Deutschland im 20. und 21. Jahrhundert

Unterrichtspraktischer Teil 3

3.3.4 Materialien

M 18: Stadtsanierung Weiden I: Denkmalschutz
Quelle: Breitling, Peter: Sanierung und städtebauliche Denkmalpflege. In: Akademie für Raumforschung und Landesplanung (Hrsg.): Grundriss der Stadtplanung. Hannover 1993, S. 515

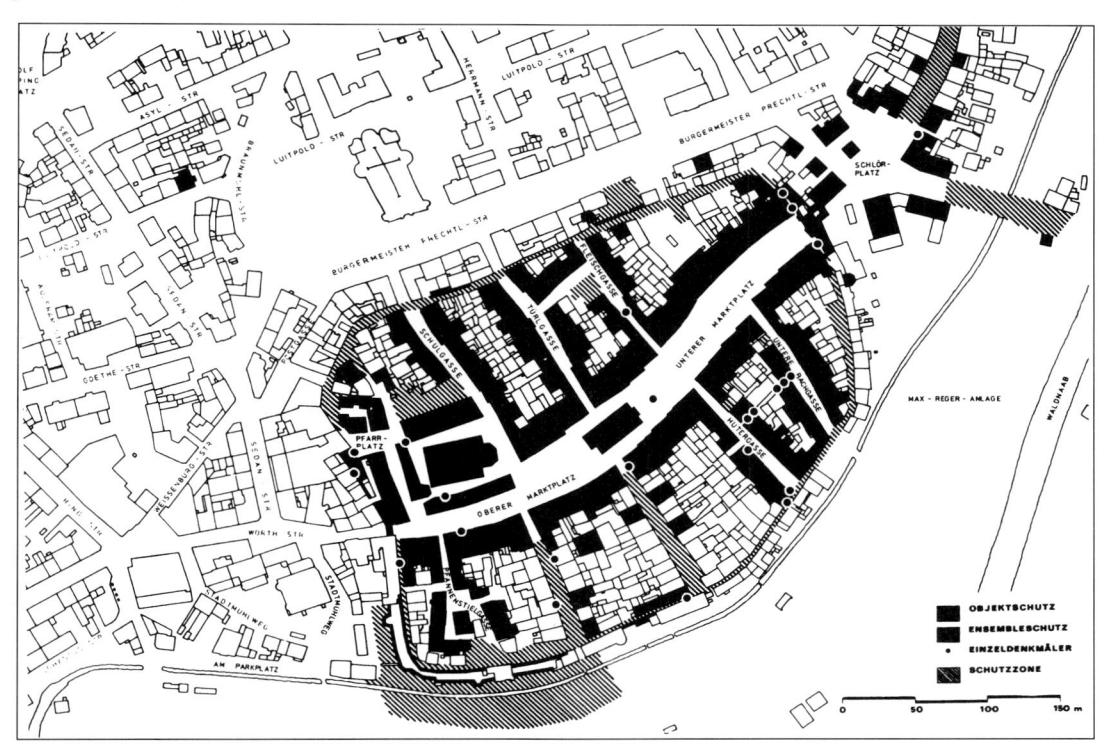

M 19: Stadtsanierung Weiden II: Entwicklungskonzept
Quelle: Breitling, Peter: Sanierung und städtebauliche Denkmalpflege. In: Akademie für Raumforschung und Landesplanung (Hrsg.): Grundriss der Stadtplanung. Hannover 1993, S. 517

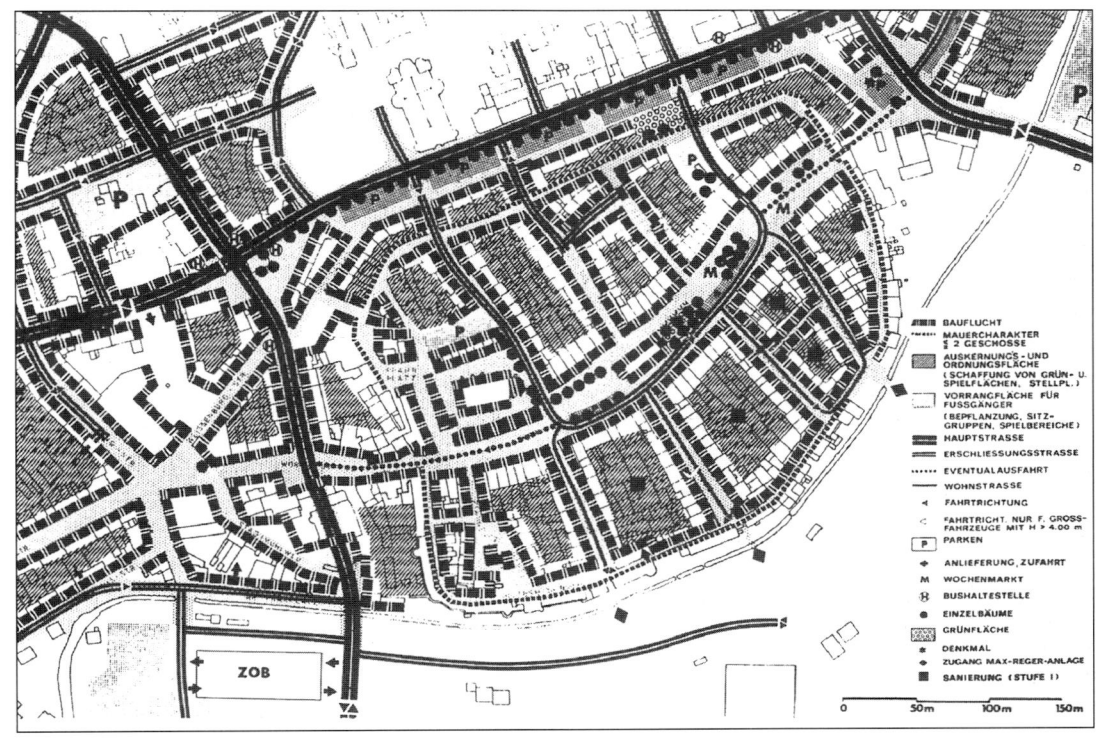

59

3 **Unterrichtspraktischer Teil**   Fallbeispiel III: Leitbilder des Städtebaus und der Stadtplanung in Deutschland im 20. und 21. Jahrhundert

3.3.4 Materialien

M 20: Stadtsanierung Weiden III: Maßnahmenprogramm
Quelle: Breitling, Peter: Sanierung und städtebauliche Denkmalpflege. In: Akademie für Raumforschung und Landesplanung (Hrsg.): Grundriss der Stadtplanung. Hannover 1993, S. 518

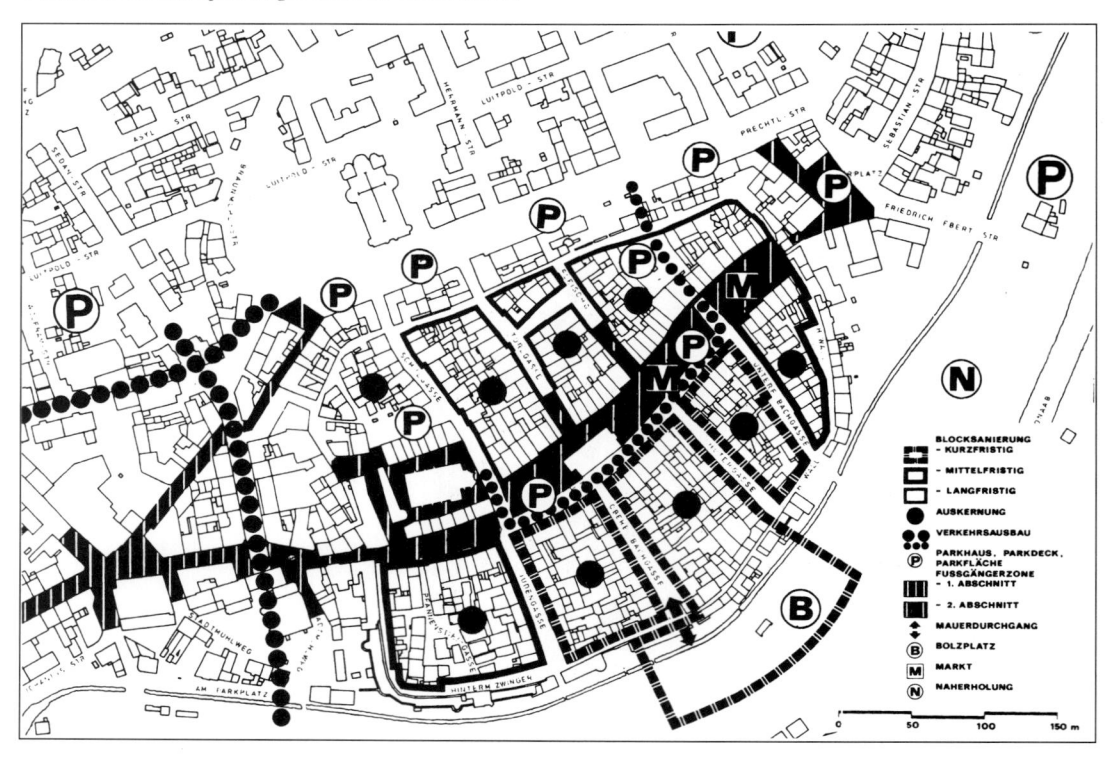

M 21: Stadtsanierung in Regensburg
Quelle: Altmann, J. und W. Taubmann: Zur Erneuerung historischer Stadtkerne. In: Der Erdkundeunterricht. Sonderheft 2, 1980³, S. 23

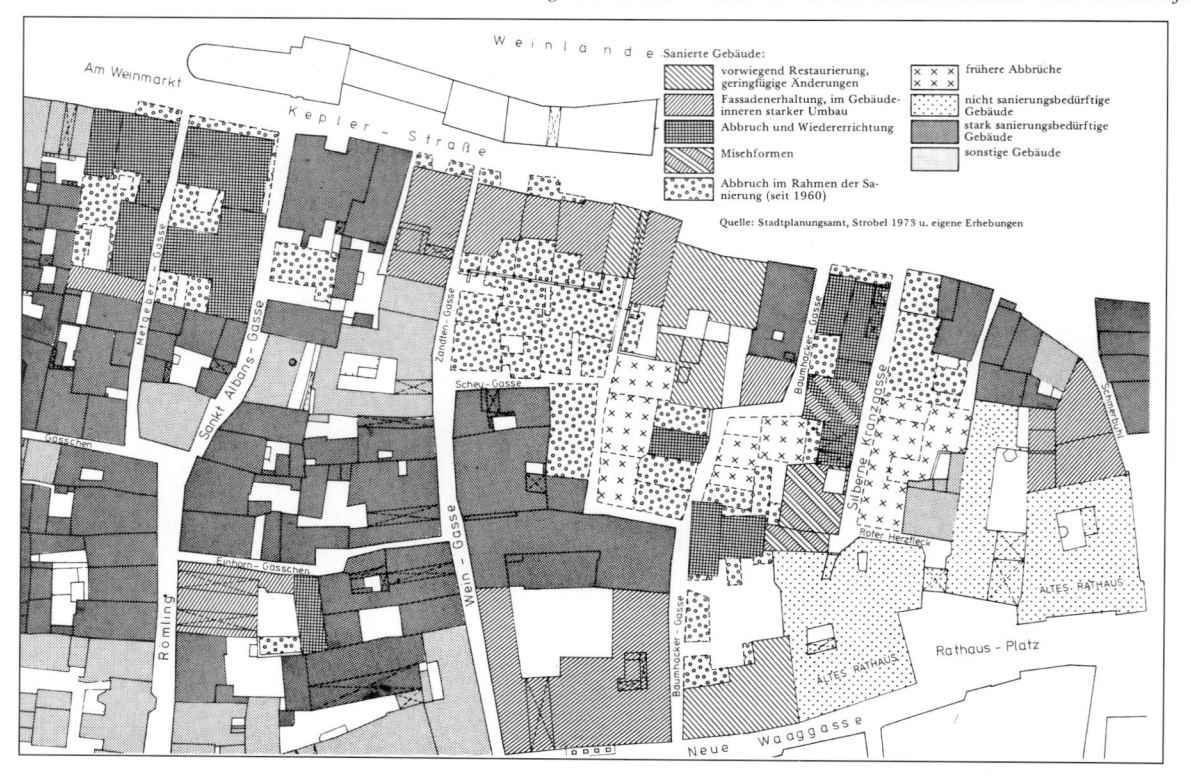

Fallbeispiel III: Leitbilder des Städtebaus und der Stadtplanung in Deutschland im 20. und 21. Jahrhundert

Unterrichtspraktischer Teil 3

3.3.4 Materialien

M 22: Stadtsanierung in Regensburg: Baublock „Am Römling": Grundriss und Nutzung (oben) – Sanierungsvorschlag (unten)
Quelle: Altmann, J. und W. Taubmann: Zur Erneuerung historischer Stadtkerne. In: Der Erdkundeunterrricht. Sonderheft 2, 1980³, S. 24 f.

Wohnen

ungenutzt bzw. leerstehend

Freifläche im Blockinneren

Gewerbe (überwiegend störend)

Nutzungsmischung (die Breite der Schraffuren entspricht dem jeweiligen Nutzungsanteil)

(Die Nutzungen beziehen sich auf die ges. Geschoßflächen)

Wohnen

Freifläche im Blockinnern

Handel/Gewerbe

(Die Nutzungen gelten nur für das Erdgeschoß, in den Obergeschossen nur Wohnen)
Quelle: Deutsche Akademie für Städtebau und Landesplanung, Landesgruppe Bayern (1959)

61

3 Unterrichtspraktischer Teil

Fallbeispiel III: Leitbilder des Städtebaus und der Stadtplanung in Deutschland im 20. und 21. Jahrhundert

3.3.4 Materialien

M 23: Tetraeder der nachhaltigen Raumentwicklung
Quelle: Heineberg, Heinz (1999): Leitbilder der Stadtentwicklung und Lebensqualität. In: E Helmstädter und R. E. Mohrmann (Hrsg., 1999): Lebensraum Stadt. Eine Vortragsreihe der Universität Münster zur Ausstellung Skulptur. Projekte in Münster. Münster: LIT Verlag, S. 111

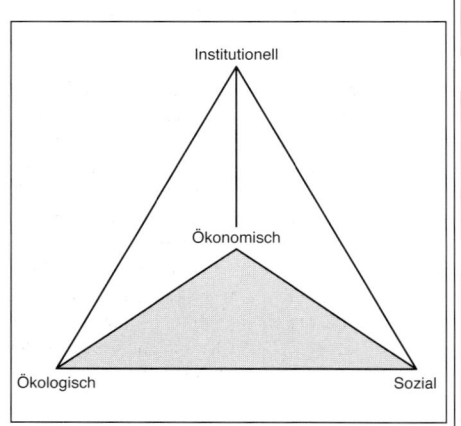

M 24: Nachhaltige Stadtentwicklung
Quelle: BfLR – Bundesforschungsanstalt für Landeskunde und Raumordnung (Hrsg.): Städtebaulicher Bericht Nachhaltige Stadtentwicklung. Bonn 1996, S. 2
© *Bundesamt für Bauwesen und Raumordnung*

Nachhaltige Stadtentwicklung – Strategie für die Zukunft
- Nachhaltige Entwicklung
- Nachhaltige Stadtentwicklung

Städtebauliche Aufgabenfelder
- Stadterneuerung und Stadtumbau
- Vitalisierung des Stadtrandes
- Stadterweiterung
- Stadtregionale Entwicklung

Handlungsfelder für eine nachhaltige Stadtentwicklung
- Haushälterische Bodenpolitik
- Stadtverträgliche Verkehrspolitik
- Städtische Umweltpolitik

Ökonomische und soziale Verträglichkeit
- Wirtschaft
- Soziales
- Wohnen

M 25: Nachhaltige Stadtentwicklung – Ziel-Strategie-Postulat
Quelle: BfLR – Bundesforschungsanstalt für Landeskunde und Raumordnung (Hrsg.): Städtebaulicher Bericht Nachhaltige Stadtentwicklung. Bonn 1996, S. 22. © Bundesamt für Bauwesen und Raumordnung

Nachhaltige Stadtentwicklung
– Ansatz für einen ressourcenschonenden und umweltverträglichen Städtebau –

Ziel: ökologisch
Strategie: ökonomisch · ökologisch · sozial

M 26: Die Charta von Aalborg
Quelle: BfLR – Bundesforschungsanstalt für Landeskunde und Raumordnung (Hrsg.): Städtebaulicher Bericht Nachhaltige Stadtentwicklung. Bonn 1996, S. 17.
© *Bundesamt für Bauwesen und Raumordnung*

Die Charta von Aalborg ist die „Geschäftsgrundlage" des „International Councils for Local Environmental Initiatives" (ICLEI), einem Städtebündnis, dem sich weltweit rund 200 Kommunen angeschlossen haben. In Deutschland sind dies unter anderem die Städte Berlin, Bremen, Heidelberg, Karlsruhe, Freiburg und Münster. Dieses Städtebündnis möchte den Gedanken der nachhaltigen Entwicklung auf lokaler Ebene in praktische Politik umsetzen helfen. Die beigetretenen Städte verpflichten sich, bis Ende 1996 einen lokalen Aktionsplan für eine dauerhaft umweltverträgliche Stadtentwicklung aufzustellen.

In der Charta von Aalborg wird das Prinzip von nachhaltiger Entwicklung auf die folgende Kurzformel gebracht:
– „Die Verbrauchsrate von erneuerbaren Rohstoff-, Wasser- und Energieressourcen darf nicht höher sein als deren Neubildungsrate,
– nicht-erneuerbare Ressourcen dürfen nicht schneller verbraucht werden, als sie durch dauerhafte, erneuerbare Ressourcen ersetzt werden können.
– die Emission von Schadstoffen darf nicht größer sein als die Fähigkeit von Luft, Wasser und Boden, diese Schadstoffe zu binden und abzubauen".

Fallbeispiel III: Leitbilder des Städtebaus und der Stadtplanung in Deutschland im 20. und 21. Jahrhundert

3.3.4 Materialien

M 27: Können Städte überhaupt nachhaltig sein?
Quelle: BfLR – Bundesforschungsanstalt für Landeskunde und Raumordnung (Hrsg.): Städtebaulicher Bericht Nachhaltige Stadtentwicklung. Bonn 1996, S. 16, © Bundesamt für Bauwesen und Raumordnung

Ein Entwicklungsmodell mit dem Ziel der Nachhaltigkeit sollte in erster Linie Grenzen bestimmen und Rahmen festlegen. Nur so kann – zuerst auf der Ebene der Zielformulierung – ein verantwortungsbewusster Umgang mit den knappen und endlichen Umweltressourcen sichergestellt und der natürliche Kapitalstock gewahrt werden; hierzu sind Grundsätze für den Umgang mit natürlichen Ressourcen und der Eintrag von Schadstoffen zu formulieren, die sich aus der allgemeinen Zieldefinition ableiten. Ziel und Grundsätze sind der erste Schritt in die Nachhaltigkeit, Handlungsprinzipien und Instrumente die notwendige Fortsetzung.

Dabei ist verstärkt an zentrale Ursachen unserer bisherigen, nichtnachhaltigen Entwicklungen zu erinnern: Die Ressourcennutzung orientiert sich an „falschen" Preisen. Erst eine Korrektur dieser Preisstruktur – in Verbindung mit planungs- und ordnungsrechtlichen Vorgaben – wird jene Rahmenbedingungen schaffen, die auch eine Grundvoraussetzung für eine nachhaltige Stadtentwicklung bilden. Warum ist eine Beschäftigung mit der Stadt notwendig, wenn es um nachhaltige Entwicklung geht: Was hat die Stadt als konkreter Ort mit der globalen Forderung nach Nachhaltigkeit zu tun? Zum einen sind die Flächen- und Ressourcennutzung in den Städten, aber auch die Stoffaustauschprozesse der Stadt mit dem Umland und die städtischen Siedlungsstrukturen in ihrer heutigen Ausprägung nur begrenzt mit dem Ziel vereinbar, die ökologischen Ressourcenbestände zu sichern. Zum anderen liegen sowohl Teile der Ursachen als auch mögliche Ansatzpunkte für Maßnahmen in den Städten. Gerade in den Städten hat eine Ressourcennutzung, die die externen Kosten nicht mitreflektiert hat, zu „falschen" Standortentscheidungen geführt, die wiederum neben anderen Ursachen wie etwa Konsumstilen und Produktionsweisen für Umweltbelastungen mit verantwortlich sind.

Auf die Frage, ob Städte überhaupt nachhaltig sein können, gibt es mindestens zwei – sich auf den ersten Blick widersprechende – Antworten. Einerseits wird betont, dass eine nachhaltige Siedlungsstruktur ohne Städte überhaupt nicht möglich sei. Die Konzentration in Form von Städten verhindere eine ökologisch unverträgliche „Gleichverteilung" der unterschiedlichen Nutzungen im Raum. Eine „stadtfreie" Raumstruktur wäre energetisch ineffizient, würde Verkehr erzeugen und eine extensive Flächennutzung fördern. Andererseits wird argumentiert, dass Städte überhaupt nicht nachhaltig sein können, weil sie immer in räumlich-funktionale Arbeitsteilungen mit anderen Gebieten – insbesondere mit ihrem Umland – eingebunden seien. Städte benötigten zu ihrer Existenz die Zufuhr von Rohstoffen aus dem Umland, gleichzeitig seien sie darauf angewiesen, ihre Entsorgung auch aus der Stadt heraus zu verlagern.

M 28: Von der Funktionstrennung zur Nutzungsmischung
Quelle: BfLR - Bundesforschungsanstalt für Landeskunde und Raumordnung (Hrsg.): Nutzungsmischung im Städtebau. Bonn 1996 (= ExWoSt-lnformationen 19.2), S. 2. © Bundesamt für Bauwesen und Raumordnung

Funktionstrennung hat als städtebauliches Prinzip – getragen von der Interpretation der Charta von Athen – den Städtebau der Nachkriegszeit in Deutschland maßgeblich beeinflusst. Führt man sich die städtischen Lebensverhältnisse in der Hochphase der Industrialisierung vor Augen, so hatte das Prinzip der Funktionstrennung seine Berechtigung: die Trennung von Wohnen und Arbeiten versprach eine Reduzierung von störenden und im Extremfall gesundheitsschädlichen Beeinträchtigungen des Wohnens; der Funktionalismus im Städtebau passte zu den aufkommenden technischen Möglichkeiten wachsender räumlicher Mobilität und zunehmender Individualisierung der Gesellschaft. Gleichzeitig förderten Marktkräfte eine Trennung der Funktionen.

Inzwischen haben jedoch wachsende Distanzen zwischen einst eng verflochteten Standorten für Wohnen und Arbeiten, Versorgungs- und Freizeiteinrichtungen vielfältige ökologische, soziale und auch ökonomische Probleme hervorgerufen. Bei aller Berechtigung eines vorrangigen Schutzes des Wohnens vor störenden Nutzungen hat die planerische Praxis einer absoluten Trennung aller Funktionen zu großen und unwirtschaftlichen Entfernungen zwischen den Funktionen beigetragen. Statt der traditionellen kompakten und durchmischten Stadt europäischer Prägung entstehen („amerikanisierte") disperse und entmischte Siedlungsstrukturen, die einer nachhaltigen und umweltverträglichen Stadtentwicklung widersprechen. An den Stadträndern entwickeln sich voneinander separierte „funktionale Nutzungseinheiten" – Wohngebiete hier, und jeweils voneinander getrennt Flächen für Güterproduktion, Handel, Dienstleistungen und Freizeitaktivitäten dort. In den ostdeutschen Ländern haben diese Entwicklungen in kürzester Zeit besonders krasse Formen angenommen. Der jüngste Bauboom die steigende Verkehrsflut und die zunehmenden sozialen Verwerfungen in den Städten haben die Kritik an der Funktionstrennung aktualisiert.

Die Ursachen für die Entmischung sind vielfältig:
– Funktionstrennung war jahrzehntelang ein Ziel der Stadtplanung zur Vermeidung von Nutzungskonflikten und der rote Faden des Städtebaurechts (BauNVO).
– Mechanismen des Bodenmarktes, unterstützt durch städtebauliche Planungen, haben Funktionstrennungen begünstigt.
– Für private Haushalte und Unternehmen hat räumliche Nähe als Kriterium der Standortwahl an Bedeutung verloren. Das zeigt sich bei der Wahl des Wohnstandorts und im Versorgungsverhalten sowie im Ansiedlungsverhalten von Unternehmen. Eine wesentliche Ursache ist die allgemeine Mobilitätserhöhung.
– Die Entfernungen zwischen Standorten für Wohnen, Arbeiten, Einkaufen oder auch sich erholen sind gewachsen. Nicht die jeweils nächste Möglichkeit wird aufgesucht. Es haben sich vielfach „regionalisierte Lebensweisen" durchgesetzt. Das ist eine Folge „erzwungener Mobilität", weil Bodenpreisentwicklung und Verdrängung von Mietern aus den Innenstädten, Abwanderung von Arbeitsplätzen in das Umland und Zentralisierung von Infrastrukturen Funktionen stärker räumlich getrennt haben. Es ist aber auch Ausdruck „freiwilliger Mobilität". Bei verbesserten Mobilitätsmöglichkeiten, höheren Einkommen und ausdifferenzierten Konsumansprüchen ist nicht mehr Entfernung das entscheidende Kriterium für die Ausübung von Aktivitäten, sondern Breite und Spezialisierung des Angebots; damit werden auch weiter voneinander entfernt liegende Einrichtungen attraktiv.
– Unternehmen meinen darüber hinaus, in Gewerbegebieten mehr Sicherheit als in gemischten Gebieten zu haben, weil sie weniger Auflagen und Einschränkungen fürchten sowie betriebliche und bauliche Veränderungen und Vergrößerungen leichter durchzuführen sind.

Die Entmischungsprozesse haben jedoch vielfältige negative Folgen für die Stadt- und Regionalentwicklung. Sie sind in den letzten Jahren deutlicher geworden:
– Sie haben zu ständig wachsendem Flächenverbrauch geführt und die weitere Zersiedelung des Umlands begünstigt.
– Sie haben durch die Dispersion von Aktivitäten Mobilität erzwungen und zu einer Zunahme des motorisierten Individualverkehrs durch Verstärkung des Wirtschaftsverkehrs, des Berufspendel- und Freizeitverkehrs beigetragen.
– Sie haben mit dem Verkehr vielfältige Belastungen für Umwelt, Wirtschaft und Gesellschaft hervorgerufen, die mit hohen gesamtgesellschaftlichen Kosten verbunden sind und die Standortqualitäten unserer Städte beeinträchtigen, weil sie Mobilität in und zwischen den Städten behindern.
– Sie haben monotone Stadtteile gefördert, Urbanität verringert und Sicherheit in öffentlichen Räumen abgebaut.

3 Unterrichtspraktischer Teil

Fallbeispiel III: Leitbilder des Städtebaus und der Stadtplanung in Deutschland im 20. und 21. Jahrhundert

3.3.4 Materialien

M 29: Ziele der Nutzungsmischung im Städtebau
Quelle: BfLR - Bundesforschungsanstalt für Landeskunde und Raumordnung (Hrsg.): Nutzungsmischung im Städtebau. Bonn 1996 (= ExWoSt-Informationen 19.2) S. 3. © Bundesamt für Bauwesen und Raumordnung

Der zunehmenden räumlichen Entmischung wird seit einigen Jahren Nutzungsmischung als Ziel der Stadtplanung gegenübergestellt. Die verschiedenen Lebensbereiche der Menschen sollen wieder enger zusammengebracht werden. Arbeiten und Wohnen, geeignete Einkaufsmöglichkeiten, Freizeitangebote und soziale Einrichtungen sollen im selben Stadtteil bzw. Quartier vorhanden sein. Nutzungsmischung umfasst
– die funktionale Mischung von Stadtquartieren, also das Nebeneinander von Wohnstandorten und Arbeitsplätzen, Versorgungs- und Freizeiteinrichtungen,
– die bauliche Mischung, also das Nebeneinander unterschiedlicher Baukörper, Gebäudetypen, Körnigkeiten sowie die Vielfalt architektonischer Formen,
– die soziale Mischung, also das Miteinander unterschiedlicher sozialer Schichten, Haushaltstypen und Lebensstilgruppen.

Zahlreiche Vorteile verbinden sich mit einer solchen Nutzungsmischung im Städtebau:
– Für die Bewohner ergeben sich Möglichkeiten, Aktivitäten zu kombinieren und damit Wege (Arbeiten, Einkaufen, Freizeit) zu verringern und Zeit und Kosten zu sparen. Eine leichtere Erreichbarkeit unterschiedlicher Angebote und eine kleinere Maßstäblichkeit steigern die Lebensqualität. Sozial ausgewogenere und heterogener genutzte Stadtquartiere erhöhen Sicherheit und hemmen Segregationsprozesse. Aktivitätsmöglichkeiten für immobile Bevölkerungsgruppen werden vergrößert.
– Für die Unternehmen ergeben sich im Vergleich zu monofunktionalen Gewerbegebieten Fühlungsvorteile, günstige Flächenangebote und ein breites Spektrum an Mietbedingungen, ein flexibles Arbeitskräfteangebot (Teilzeitarbeit, weibliche Arbeitskräfte), ein attraktives Unternehmensumfeld durch Einkaufsmöglichkeiten, soziale Infrastruktureinrichtungen und ein verbessertes Gebietsimage („weiche Standortfaktoren"). Das Angebot „offener Nutzungsstrukturen" und die Möglichkeiten für kleinräumige Kooperation von Betrieben verbessern die Voraussetzungen für eine kleinräumige Kreislaufwirtschaft als Element nachhaltiger Stadtentwicklung.
– Für die Verkehrssituation ergibt sich eine Entspannung durch Vermeidung von Fahrten und verringerte Weglängen, Minderung des Verkehrszuwachses, Förderung anderer Verkehrsmittel als das Auto und in der Folge Verringerung von Energieverbrauch und Schadstoffbelastungen.
– Für die Städte ergibt sich eine bessere und kostensparende Inanspruchnahme von Flächen, eine intensivere und längere Auslastung von Infrastruktureinrichtungen sowie die Schaffung einer flexiblen und „robusten" Stadtstruktur.

M 30: Die Stadt der kurzen Wege als Konkretisierung nachhaltiger Stadtentwicklung
Quelle: BfLR - Bundesforschungsanstalt für Landeskunde und Raumordnung (Hrsg.): Städtebaulicher Bericht Nachhaltige Stadtentwicklung. Bonn 1996, S. 92, © Bundesamt für Bauwesen und Raumordnung

	Städtebauliche Strategien	Verkehrliche Strategien
Stadtzentrum	– „Bild der Stadt", Aufgreifen historischer Bezüge – vielfältige Nutzungsmischung/Branchenmix – attraktive Aufenthaltsflächen (Plätze, Arkaden, Passagen)	– zentrale ÖPNV-Erschließung – autofreie/autoarme Zonen – konzentriertes Parken am Zentrumsrand, – ggf. Park and Ride
Stadtteilzentren Wohngebietszentren	– Sicherung der Nahversorgung – Kombination mit Schulen, kulturellen Einrichtungen etc.	– ÖPNV-Anbindung (bedarfsorientiert) – fuß- und radwegeorientierter Einzugsbereich
Verdichtetes Wohnen	– zentrumsnahe Standorte – Wohnumfeldgestaltung – wohnungsnahe Freiflächen	– gute ÖPNV-Erschließung – internes Fuß- und Radwegenetz – konzentriertes Parken am Wohngebietsrand
Gering verdichtetes Wohnen	– Zuordnung zum Stadtgebiet – Gliederung in Nachbarschaften	– ÖPNV-Erreichbarkeit (Bike & Ride) – flächensparende Erschließung
Industrie, Gewerbe etc.	– Abstand zu empfindlichen Nutzungen (soweit erforderlich) – Flächenrecycling	– Bahnanschluss sichern/ermöglichen – Anschluss an schwerverkehrsverträglichen Routen
Verwaltung, Dienstleistungen	– zentrumsnahe Standorte – nutzungsverträgliche Mischung mit Wohnen, – Einkaufen etc.	– gute ÖPNV- und Rad-Erschließung – Parkraumbegrenzung für Bedienstete und – Besucher
Freizeit- und Erholungseinrichtungen	– wohnungsnahe Angebote	– Erreichbarkeit vorrangig ohne Pkw

Fallbeispiel III: Leitbilder des Städtebaus und der Stadtplanung in Deutschland im 20. und 21. Jahrhundert

3.3.4 Materialien

M 31: Wie sieht die Stadt der Zukunft aus?
Quelle: Welt am Sonntag 19.09.1999

Berlin – Wo liegt die Zukunft der Städte? In den 60er Jahren zeichneten Utopisten von der Gruppe Archigram hochaufgeständerte Kabinen, die mit langen schachtelhalmartigen Metallbeinen und Tentakeln wie Insekten über den Planeten staksten – „wandernde" Zukunftsstädte, die an keinen Ort mehr gebunden sind und Begriff „Heimat" nicht mehr kennen.

Andere, unter ihnen der aus Chemnitz stammende Architekt und Konstrukteur Frei Otto, tüftelten an riesigen Plänen, die zu künstlichen Himmeln aufgebläht ganze Siedlungen überspannen sollten – „Raumkapseln", die den Mond und den Mars bewohnbar machen sollten.

Von solchen Vorstellungen sind die Vordenker des Städtebaus heute weit entfernt: Sie richten ihre Fernrohre nicht mehr auf das Fiktive und Utopische, sondern auf den „Bestand". Sie sehen die „Zukunftsstadt" nicht in technischen Wundergebilden, sondern in den Geheimnissen von Verfahrensweisen des Städtebaus, die gedankenlos von Generation zu Generation weitergegeben und im Zeitalter technischer Pioniertaten achtlos über Bord geworfen wurden. Die Planungslehre hat für diese Besinnung auf den klassischen Städtebau den Begriff der „nachhaltigen Stadtentwicklung" geprägt.

„Nachhaltig" ist nach einer englischen Definition „jegliche ökonomische Aktivität, welche die soziale Wohlfahrt mit einem Maximum an Ressourcenschonung und einem Minimum an Umweltverschlechterung erhöht". In dieser umständlichen Erläuterung steckt Explosionsstoff. Denn was hier gefordert wird, das ist unvereinbar mit fast allen Errungenschaften der architektonischen Moderne.

Dies gilt bereits für den „aufgelockerten" Städtebau der 20er Jahre wie für die planmäßige Anlage von Trabanten- und Gartenstädten. Es gilt für die Wohnzeile, das Hochhaus, das Einfamilienhaus. Es gilt insbesondere für die seit der „Charta von Athen" (1933/44) propagierte räumliche Trennung der Wohn-, Gewerbe- und Erholungsbereiche.

Dem gegenüber erweist sich der klassische, „kompakte" Städtebau als geradezu modellhaft „nachhaltig". Mit seinen Korridorstraßen, seiner Blockrandbebauung, seinem verdichteten Geschosswohnungsbau, seiner Dickwandigkeit und Solidität kommt er den Anforderungen der sozialen Wohlfahrt ebenso wie denen eines Maximums an Ressourcenschonung und eines Minimums an Umweltverschlechterung entgegen.

Seit den 90er Jahren gilt diese Einsicht als Gemeingut von Politik und Verwaltung, Planungswissenschaft und Architekturtheorie. Sie ist von fast allen maßgeblichen Instituten der Stadt- und Umweltforschung „abgesegnet", vom Rat der Sachverständigen für Umweltfragen bekräftigt, vom Deutschen Städtetag erhärtet worden. Sie ist sowohl in das Baugesetzbuch wie auch in den Nationalbericht Deutschland für Habitat II 1996 in Istanbul eingegangen. Dennoch hat sie in Architektur und Städtebau der Bundesrepublik bisher kaum Eingang gefunden.

Nach wie vor gehen die Außenentwicklung der Städte und der Flächenverbrauch ungebremst weiter.

Wie kommt es zu dieser Entwicklung? Die Kommunalpolitik erweist sich entgegen allen Lippenbekenntnissen als unfähig und unwillig, die von den Wissenschaftlern und der UNO verlangte Abkehr von den Leitbildern der Moderne nachzuvollziehen. Hinzu kommt: Die deutschen Planer und Architekten sind für eine Umkehr im Städtebau nicht ausgebildet. Sie lehren und lernen noch immer die überholten Siedlungsschemata der vermeintlichen „Moderne".

Die Frage ist aber letztlich nicht, ob Siedlungsbilder „schön" oder mit der Tradition vereinbar sind, sondern ob sie noch bezahlt werden können und ob sie sich als sozial und ökologisch tragfähig erweisen. Dem wird von den Wissenschaftlern mit wachsendem Nachdruck widersprochen. In einer Studie der Konrad-Adenauer-Stiftung „Nachhaltige Stadtentwicklung" rechnen Klaus Einig, Hans Petzold und Stefan Siedentop vor, dass sich mit der Verlagerung ins Umland die Betriebsflächen verdreifachen und die Wohnflächen verdoppeln, wobei das Gesamtsiedlungsnetz immer verkehrsabhängiger werde.

Danach ist seit 1950 in den alten Bundesländern das Infrastrukturkapital um den Faktor sechs auf 1,8 Billionen Mark angewachsen – eine astronomische Summe. „Bei ungünstiger Siedlungsstruktur", so die Autoren, könne sich daraus schon heute „eine finanziell kaum mehr tragbare Situation für den kommunalen Haushalt ergeben".

Wo also liegt die Zukunft der Städte? Sie liegt unbezweifelbar im Bestand.

M 32: Stadtplanung in Deutschland
SZ-Zeichnung: Maria Marcks

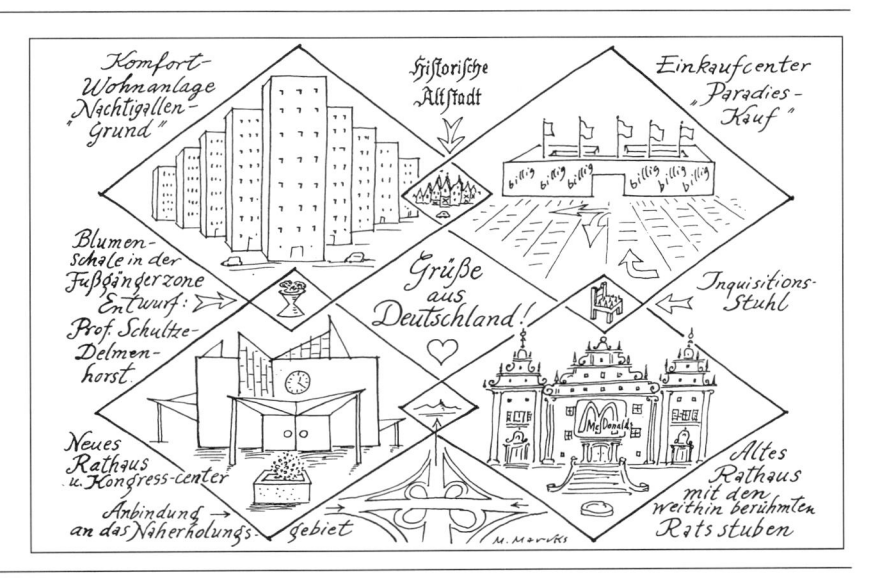

3 Unterrichtspraktischer Teil   **Fallbeispiel III: Leitbilder des Städtebaus und der Stadtplanung in Deutschland im 20. und 21. Jahrhundert**

3.3.4 Arbeitsaufträge

1 *Erklären Sie den Begriff Stadtplanung und begründen Sie deren Notwendigkeit.*
2 *Stadtplanung ist immer auch eine Frage der Größenordnung und Maßstäblichkeit. Diskutieren Sie diese These unter Einbeziehung von M 1.*
3 *Erläutern Sie Leitbilder und Merkmale der Stadtentwicklung im westlichen Deutschland im 20. Jahrhundert, wie sie in M 2 dargestellt sind. Nennen Sie nach Möglichkeit Beispiele zu den einzelnen Phasen aus der Umgebung Ihres Schulortes.*
4 *Erläutern Sie das Leitbild des „Urbanismus" (Lexikon) in Verbindung mit der Abbildung zur „Ville Contemporaine" (M 3).*
5 *Stellen Sie die Planungsüberlegungen von Ebenezer Howard zur Gartenstadt vor (M 4 – M 7).*
6 *Erläutern Sie die planerischen Überlegungen, die dem Nachbarschaftskonzept nach Perry zu Grunde liegen. (M 8)*
7 *Erläutern Sie die Verteilung und Konzeption der New Towns in Großbritannien (M 9 – M 11).*
8 *Erklären Sie das Funktionalismus-Prinzip der Charta von Athen (M 12).*
9 *Erklären Sie das Konzept der gegliederten und aufgelockerten Stadt (M 13).*
10 *Beschreiben Sie die Entwicklung zur sog. autogerechten Stadt und diskutieren Sie positive und negative Folgewirkungen dieser Entwicklung (M 14, M 15).*
11 *Nennen Sie wesentliche Merkmale von Großwohnsiedlungen (M 16).*
12 *Erläutern Sie Maßnahmen im Rahmen einer Stadtsanierung und begründen Sie deren Sinn. (M 17 – M 22).*
13 *Erläutern Sie den Begriff „Nachhaltigkeit" in Bezug auf die Stadtentwicklung (M 23 – M 26). Können Städte überhaupt nachhaltig sein? Diskutieren Sie die Frage aus M 28.*
14 *Erläutern Sie das Konzept der Nutzungsmischung im Städtebau (M 28, M 29).*
15 *Nennen Sie städtebauliche und verkehrliche Merkmale, die die sogenannte „Stadt der kurzen Wege" kennzeichnen.*
16 *Beschreiben Sie wesentliche Entwicklungen, die die „Stadt der Zukunft" beeinflussen und erläutern Sie Aufgaben, die in dieser Perspektive die Stadtplanung hat (M 31, M 32).*

3.3.5 Lösungshilfen

Arbeitsauftrag 1

Der Bonner Stadtplaner *Thomas Sieverts* formulierte einmal pointiert: „Die Kunst der Stadtplanung besteht darin, aus der Stadt von gestern mit den Menschen von heute eine Stadt für morgen zu machen." Stadtplanung wird häufig verkürzt als Planung der städtischen Flächennutzung verstanden, allerdings ist der Begriff komplexer. Gegenstand der Stadtplanung ist die Erfassung und Steuerung der Entwicklung einer Stadt unter Berücksichtigung raumwirksamer Elemente wie u.a. physisch-geographischer Lagefaktoren, Gewerbe- und Wohnnutzung, Verkehr, Freizeitverhalten. Stadtplanung vollzieht sich in einem komplexen Wirkungsgefüge unterschiedlicher Akteurs- und Interessensgruppen und ist jeweils nicht aus dem historisch-sozioökonomischen Kontext zu lösen.

Arbeitsauftrag 2

Stadtplanung kann sich auf verschiedene Maßstabsebenen beziehen. Platzgestaltungen, Stadtteilplanung sowie Planungskonzepte, die ganze Städte und Stadtregionen (Regionalstadt) einbeziehen, verdeutlichen die Spannweite. Wichtig erscheint dabei, dass nicht die – gleichwohl wichtige – architektonische Gestaltung im Mittelpunkt steht, sondern die Einbindung in das differenzierte städtische Raumgefüge.

Arbeitsauftrag 3

Die selbsterklärende Darstellung stellt die verschiedenen Phasen und Leitbilder in einem Strukturdiagramm in ihrer historischen Entwicklungsfolge dar. Wichtig erscheint die starke wechselseitige Beeinflussung der verschiedenen Planungskonzepte. Einflüsse aus den Bereichen Philosophie, Ethik, Technik, Soziologie, Wirtschaft und Politik können ebenfalls identifiziert werden. Die Verknüpfung der Aussagen aus der Abbildung mit konkreten Fallbeispielen aus dem Erfahrungshorizont der Schüler kann helfen, einer abstrakt-theoretischen Diskussion entgegenzuwirken.

Arbeitsauftrag 4

Seit etwa 1900 war eine zunehmende Polarisierung des Städtebaus zwischen dem an den technischen Städtebau des 19. Jahrhunderts anschließenden Urbanismus einerseits und einer antiurbanen Stilrichtung andererseits festzustellen. Der Grundgedanke des Urbanismus bildete das Bekenntnis zur großen und dichten Stadt. Der Sprung zum utopistischen Städtebau wurde insbesondere durch den französischen Architekten Le Cor-

Fallbeispiel III: Leitbilder des Städtebaus und der Stadtplanung in Deutschland im 20. und 21. Jahrhundert

busier vorangetrieben, dessen Grundideen sich noch in zahlreichen aktuellen städtebaulichen Entwürfen wiederfinden lassen. In seinem Entwurf der „ville contamporaine", die für etwa 3 Millionen Einwohner geplant war, lassen sich diese deutlich erkennen. Charakteristisch ist die klare Trennung unterschiedlicher Flächennutzungskategorien. Le Corbusier kreierte erstmals eine zentralgelegene Hochhauscity mit einer großen Zahl an 50- bis 60stöckigen Bürobauten, umgeben von etwa achtstöckigen freistehenden Wohnbauten. Außerhalb dieser stark urbanen Elemente seines Entwurfes wollte Le Corbusier jedoch eine lockere Bebauung gartenstadtähnlicher Einzelhausbebauung verwirklicht wissen. Hinsichtlich der Wohndichte schreckte Le Corbusier vor Dichtewerten von etwa 30.000 Einwohnern pro Quadratkilometer keineswegs zurück.

Arbeitsauftrag 5
Als stilistischer Gegenpol zum urbanistischen Städtebau des 20. Jahrhunderts ist insbesondere die Gartenstadtidee anzuführen. Räumlich hatte diese ihren Ursprung zunächst in Großbritannien und erfasse bereits in der ersten Hälfte dieses Jahrhunderts als Gegenbewegung zum Urbanismus weite Teile des Städtebaus Nordwesteuropas. Als wichtiger Vertreter dieses Leitbildes ist Ebenezer Howard zu nennen. Seine Idee der Town-Countries sollte die Vorteile des intensiven „Stadtlebens" mit der „Schönheit des Landlebens" in Einklang bringen. Die von ihm projektierten Siedlungen sollten voll funktionsfähige Städte mit allen notwendigen Versorgungseinrichtungen hinsichtlich Gütern und Dienstleistungen sowie hinsichtlich der Infrastruktureinrichtungen darstellen. Gestalterisch sollte die offene Einzelhausbebauung - durchzogen mit zahlreichen Grünzügen – vorherrschendes Element der Gartenstädte sein.

Arbeitsauftrag 6
Die Nachbarschaftsidee verkörpert ein städtebauliches Konzept, das danach strebt, städtische Wohnviertel in einzelne Nachbarschaften zu gliedern, um ein reges Gemeinschaftsleben der Bewohner zu ermöglichen und dabei die städtische Anonymität zu überwinden. Insbesondere bei der Planung von neuen Städten und größeren Neubausiedlungen in der Nachkriegszeit spielte das Konzept eine wichtige Rolle.

Arbeitsauftrag 7
Das New Town Konzept in Großbritannien sah im Rahmen einer bewussten Standortwahl und in Gestaltung nach funktionalen Gesichtspunkten die Anlage von neuen Städten vor. Teilweise in bewusster Fortführung der Gedanken der Gartenstadt-Bewegung wurde in Großbritannien 1949 der sog. New Town Act als gesetzliche Planungsgrundlage verabschiedet, der die Gründung von mehr als 30 New Towns sowie die großflächige Erweiterung bestehender Ortschaften vorsah. Ziel war insbesondere die Entlastung der großen Agglomerationen durch neue Wohn-, Arbeits- und Versorgungsstandorte.

Arbeitsauftrag 8
Die räumliche Trennung von städtischen Funktionen, insbesondere der Daseinsgrundfunktionen des Arbeitens und Wohnens, bildet eine Kernaussage der Charta von Athen. Derartige Separierungsprozesse sind auch heute noch in den Städten anzutreffen; räumliche Spezialisierungen, auch als Folge von Planungsinstrumenten wie dem Flächennutzungsplan, prägen die Siedlungslandschaften. Zum Vergleich war die traditionelle mittelalterliche Stadt noch völlig anders strukturiert: Handwerker und sonstige Gewerbebetriebe waren innerstädtisch anzufinden, man wohnte und arbeitete im selben Haus. Veränderte Produktionsverfahren, neue Verkehrstechnologien und veränderte Lebensbedürfnisse (Wohnen im Grünen) leisteten einer zunehmenden räumlichen Differenzierung Vorschub, die letztlich das heute vielfach anzutreffende Bild der Wohn- und Gewerbesuburbanisierung bestimmt.

Arbeitsauftrag 9
Das Funktionalismus-Prinzip der Charta von Athen wird auch im Leitbild der gegliederten und aufgelockerten Stadt seit dem 2. Weltkrieg aufgegriffen. Dieses Leitbild zeichnet sich vor allem durch die Errichtung neuer Wohnsiedlungen auf der grünen Wiese aus. Hauptelement dabei waren Einfamilienhäuser als zweigeschossiges Reihenhaus. Mit wachsendem Wohlstand in den 50er Jahren bestand dafür auch ein erhöhter Bedarf. Durch diese Bauweise kam es zu einer Trennung der Grunddaseinsfunktionen, vor allem der Funktionen „Wohnen" und „Arbeiten", aber auch der Funktionen „Verkehr" und „Erholung". Die weitgehende räumliche Trennung der verschiedenen Funktionen erfordert eine störungsfreie Anordnung im Raum. Die starre Flächenzuweisung und der daraus resultierende hohe Flächenverbrauch sind negative Ausformungen dieses planerischen Konzeptes. Hinzu kommen Probleme bei der Verkehrserschließung und -anbindung, die häufig bei weniger verdichteten Wohnarealen zu einer ungünstigen ÖPNV-Erschließung führten.

Arbeitsauftrag 10
Trotz der Vielgestaltigkeit der Planungsentwürfe nach dem Zweiten Weltkrieg lassen sich einige Planungsprinzipien herausstellen, die für die Zeit des Wiederaufbaus kennzeichnend waren. Im Osten wie im Westen Deutschlands sah man weitgehend die Chance und Notwendigkeit, die Städte zu dezentralisieren und dazu neue Infra-

3 Unterrichtspraktischer Teil — Fallbeispiel III: Leitbilder des Städtebaus und der Stadtplanung in Deutschland im 20. und 21. Jahrhundert

struktureinrichtungen zu schaffen. Dabei kam der Planung und dem Bau von breit angelegten Straßen für den PKW als verkehrstechnischen Hoffnungsträgern eine zentrale Rolle zu. Durch die Trennung der Grunddaseinsfunktionen und den steigenden Wohlstand stieg der MIV (motorisierter Individualverkehr) in den Städten etwa ab Beginn der 1960er Jahre stark an. Diese Entwicklung war von den Stadtplanern nicht vorausgesehen worden. Um das stärkere Mobilitätsbedürfnis der Bevölkerung zu ermöglichen, wird dem Straßenausbau eine Schlüsselrolle in den Städten zugesprochen. Die Städte werden zugunsten des Verkehrs umgebaut. Dieses Leitbild fand bis etwa 1975 Einsatz.

Arbeitsauftrag 11
Zeitgleich zum Ausbau der Verkehrswege (ca. 1960 – ca. 1975) entstanden auch die Großwohnsiedlungen am Rande der Städte unter dem Leitbild der „Urbanität durch Dichte". Die Innenstädte wurden immer mehr zu Dienstleistungszentren umgebaut, da der tertiäre Sektor durch den Strukturwandel immer mehr an Bedeutung gewann. Hauptkennzeichen dieses Leitbildes ist die Überdimensionierung von Wohnkomplexen und Verkehrsbauten (z.B. Stadtautobahnen), wie man sie zum Beispiel in Köln-Chorweiler, im Märkischen Viertel in Berlin oder in Hamburg-Steilshoop (vgl. Fallbeispiel I) findet.

Arbeitsauftrag 12
Durch den wachsenden Wohlstand stieg die Zahl derer, die die Städte verließen. So erreicht die Stadtflucht Anfang der 70er Jahre den Höhepunkt. Durch die Öl- und Wirtschaftskrisen verschwand der Glaube an ein stetiges Wachsen des Wohlstandes („Grenzen des Wachstums"; Club of Rome). Daneben setzte eine Kritik an der monotonen Architektur der Neubauten ein. Diese Entwicklungen mündeten in das Leitbild der behutsamen Stadterneuerung (ca. 1970 – 1985). Durch eine Verbesserung des Wohnumfeldes und der Zentren sollte eine weitere Stadtflucht verhindert werden. So wurden Denkmalgesetze erlassen und Fußgängerzonen eingerichtet. Die Flächensanierung, bei der ganze Stadtbezirke verändert wurden, wurde durch behutsamere Konzepte in Form der Fassaden- und Objektsanierung abgelöst. Kernzeit dieses Leitbildes war etwa bis 1985, aber auch heute findet es noch Anwendung.

Arbeitsauftrag 13
Das heute aktuelle Leitbild ist das der sogenannten nachhaltigen Stadtentwicklung. Über die Jahre haben sich in den Städten krasse soziale Unterschiede herausgebildet. Dazu kommen weiterhin Unweltprobleme. Durch die Verabschiedung der Agenda 21 sind die Kommunen dazu aufgefordert, eigene lokale Agenden unter Einbeziehung der Wohnbevölkerung zu verfassen. Daraufhin werden in verschiedenen Städten lokale Agenden erarbeitet, durch die die Städte nachhaltig in sozialen, ökologischen und wirtschaftlichen Aspekten entwickelt werden sollen. Durch den Aspekt der Nachhaltigkeit sollen die Städte auch in Zukunft einen lebenswerten Wohnraum für alle Bevölkerungsgruppen, auch für nachfolgende Generationen sein. So sollen z.B. Umweltprobleme nicht mehr „vererbt" werden. Unklar ist allerdings, ob der an sich schon hoch komplexe Raumkörper einer Stadt einem derartig ebenso höchst differenzierten Leitbild subsumiert werden kann.

Arbeitsauftrag 14
Das Konzept der Nutzungsmischung im Städtebau hat die funktionale Mischung von Stadtvierteln durch räumlich enge und intensive Verflechtungen von Wohnen und Arbeiten, aber auch von Versorgung und Freizeit zum Ziel. Die Entwicklung von gemischten Quartieren, beispielsweise auf nicht mehr genutzten Bahnflächen, steht im Mittelpunkt derartiger Projekte. Einhergehend ist eine Mischung unterschiedlicher soziökonomischer Schichten angestrebt, deren Realisierung aber häufig nur schwer gelingt, sowie die Mischung unterschiedlicher Bau- und Wohnformen.

Arbeitsauftrag 15
Die Stadt der kurzen Wege als Konkretisierung der sog. kompakten Stadt hat das Ziel den Individualverkehr zu reduzieren und umweltverträgliche Mobilitätsformen zu fördern. Als Extremform gibt es dabei vereinzelt Projekte zum sogenannten autofreien Wohnen.

Arbeitsauftrag 16
Mit dem Verlauf des fortschreitenden kultur-, wirtschafts-, und sozialgeschichtlichen Wandels änderten sich in der europäischen Geschichte auch die Siedlungsziele und Siedlungszwecke der Menschen. Diese erforderten je nach kultureller und erwerbswirtschaftlicher Prägung und Orientierung der Siedler unterschiedliche Gestaltungen städtischer Siedlungen in Form ihres Grund- und Aufrisses. Damit wird schließlich offensichtlich, dass auch heute vom Menschen entwickelte und realisierte Planungsvorstellungen zur Gestaltung städtischer Siedlungen allenfalls Ausdruck aktueller kulturspezifischer Nutzungsansprüche als Bestandteil menschlichen Sozial- und Wirtschaftsverhaltens sein können und wiederum ihre Ablösung durch zukünftig entwickelte Leitbilder und Planungsvorstellungen finden werden. Einflussfaktoren wie Verkehrstechnologie, Telematik, E-Commerce, Telearbeit werden die zukünftigen Planungsvorstellungen merklich beeinflussen.

Klausurvorschlag 4

Historische Entwicklung von Städtebau und Stadtplanung in Deutschland

1 *Die Materialien 1 bis 3 zeigen schematisch die geschichtliche Entwicklung einer deutschen Stadt über fünf Jahrhunderte.*

1.1 *Ordnen Sie die drei Skizzen zeitlich ein.*

1.2 *Nennen Sie typische Bestimmungsmerkmale (z. B. Grundriss, Aufriss, Orientierungsmerkmale), die die Stadt in den einzelnen Entwicklungsphasen kennzeichnen.*

1.3 *Verorten Sie, soweit wie möglich, die vier Entwicklungsphasen in der Stadt Koblenz (M. 22, Fallbeispiel I)*

2 *Die topographische Karte von Koblenz zeigt weitere Entwicklungsphasen. Grenzen Sie auf der Karte Stadtviertel aus diesen Phasen ab und beschreiben Sie deren wesentliche Bestimmungsmerkmale.*

3 *Erörtern Sie am Beispiel der drei Schemazeichnungen und des Stadtplans von Koblenz, wie mit dem Wachstum der Stadt auch funktionale Veränderungen einhergehen.*

M 1

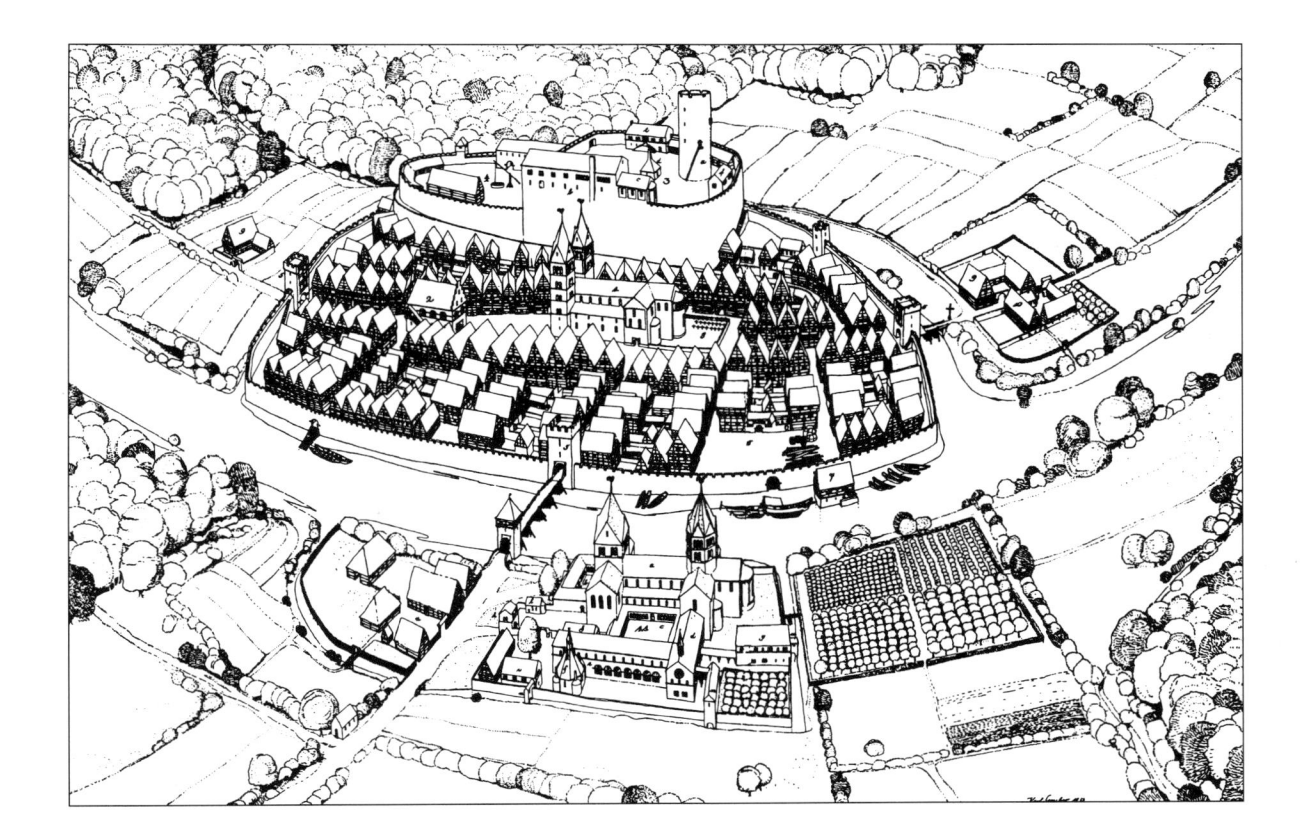

4 Klausurvorschlag

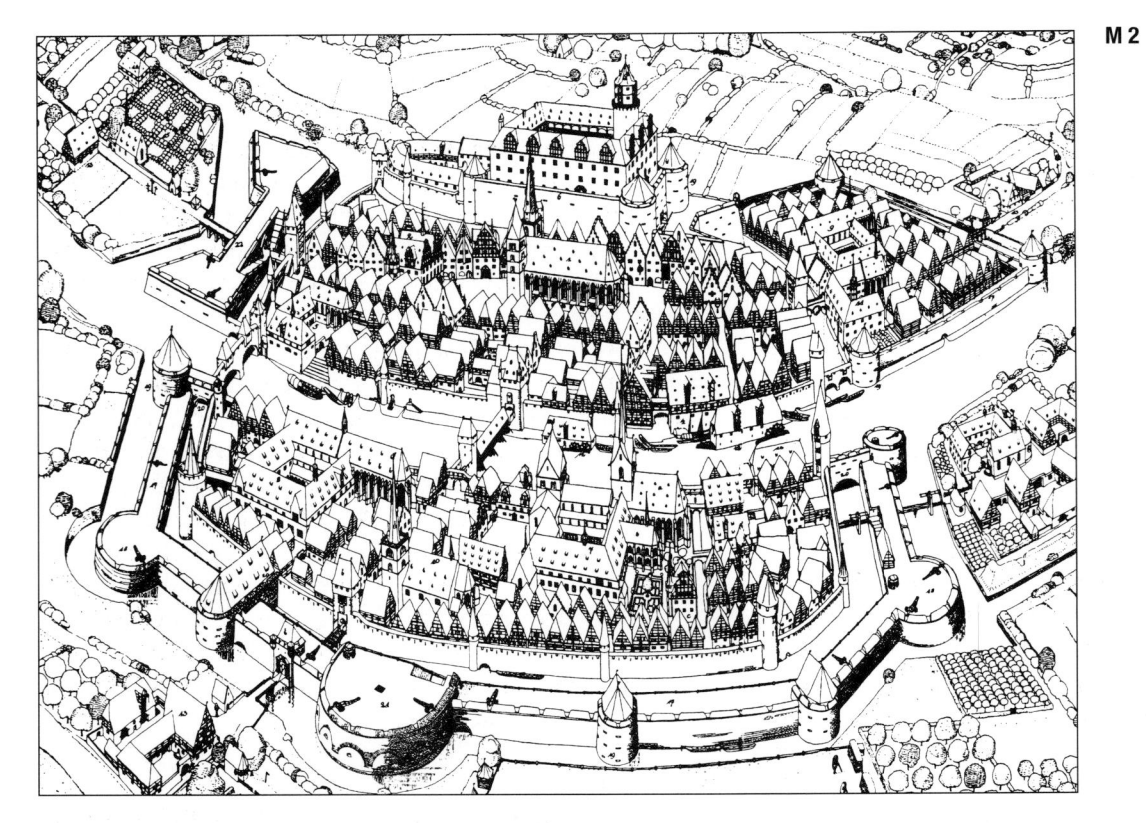

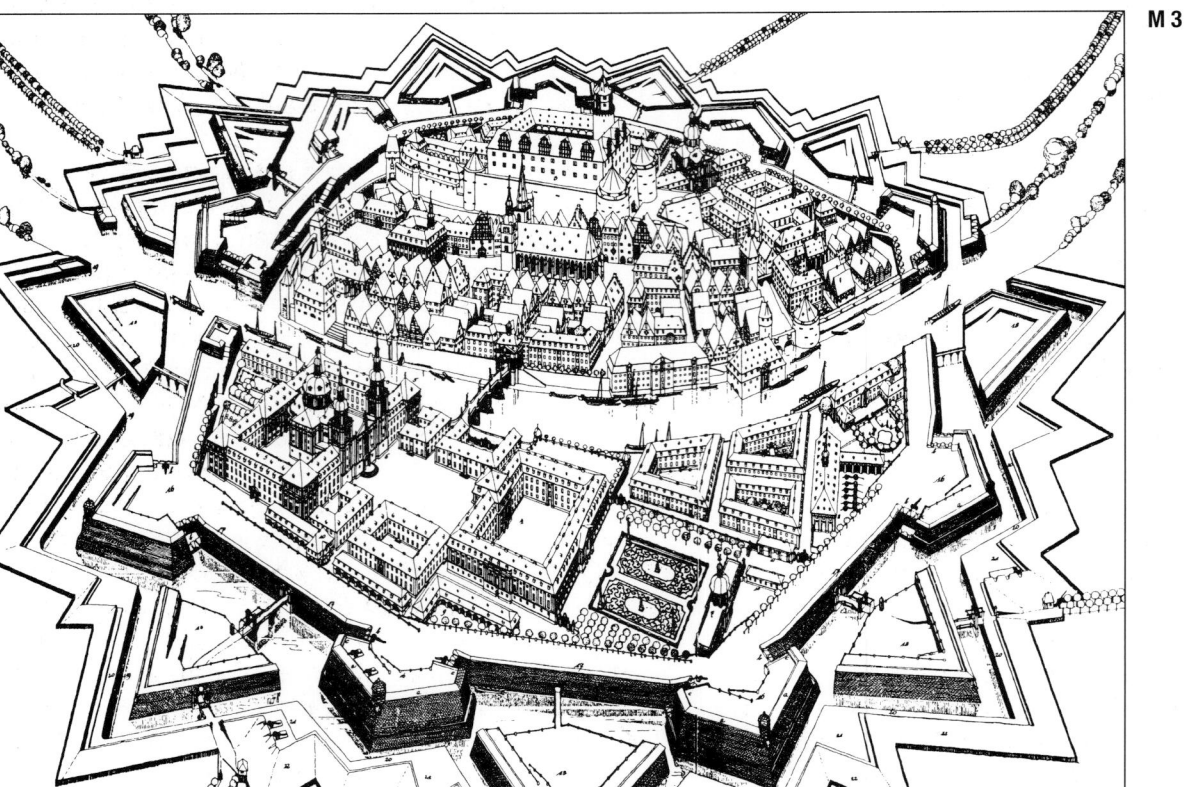

M 2

M 3

Quelle: Karl Gruber: Die Gestalt der deutschen Stadt. Ihr Wandel aus der geistigen Ordnung der Zeit. München: Callwey 1976²

Erwartungshorizont:

Aufgabe 1:

1.1 Die drei Skizzen stellen Ansichten einer deutschen Stadt aus den folgenden Epochen dar:
M 1: 10. bis 13. Jahrhundert (mittelalterliche Stadt), M 2: 16. Jahrhundert (frühneuzeitliche Stadt der Renaissance), M 3: 18. Jahrhundert (barock-überformte Stadt). Besonders auffällig ist der Einfluss der Kriegstechnik auf die bauliche Entwicklung. Sie führte von der einfachen Stadtmauer (M 1) über die verstärkten Befestigungsanlagen der Renaissance (M 2) bis zu der aufwändigen Bastionsbefestigung des 17. und frühen 18. Jahrhunderts (M 3).

1.2 Typische Bestimmungsmerkmale:
Mittelalterliche Stadt (M 1): Lage in einem agrarisch geprägten Raum im Schutz einer Burg; Kirche und Marktplatz als Mittelpunkt der Bürger- (Kaufmanns-) siedlung; dichte Bebauung; Kern-Rand-Gefälle (vgl. Höhe der giebelständigen Häuser), dennoch rel. einheitliche Gestaltung der Baukörper; Stadtmauer mit Stadttoren; Klosteranlage vor den Toren der Stadt
Frühneuzeitliche Stadt der Renaissance (M 2): zwischenzeitliches Wachstum der Stadt, dadurch Erweiterung auf das andere Flussufer und Bau einer zweiten, verstärkten Stadtmauer; aufwendige Gestaltung der „Neustadt"; nach wie vor deutliche Trennung vom agrarischen Umland
Barock-überformte Stadt (M 3): kein weiteres flächenhaftes Wachstum, allerdings starke Umformung der Baukörper in der „Altstadt" und besonders der „Neustadt"; Ausbau zu einer prunkvollen Residenzstadt; barocke Paläste, Platzanlagen und Gärten, symmetrisch gegliederte, weitläufige Grundrissgestaltung als prägende Elemente der „Neustadt"; sternförmig vorgeschobenes Bastionssytem

1.3 Deutlich ist am rechten Moselufer süd-östlich der Balduinbrücke die Altstadt auszumachen mit dem ehemaligem Befestigungsring, der Kirche und mehreren Plätzen (ehem. Marktplätze). Die zwei halbkreisförmig verlaufenden Straßen deuten auf ehemalige Stadtmauern hin (spätmittelalterliche Stadterweiterung zwischen den beiden Ringstraßen). Südlich (bis zur Doppelallee in Verlängerung der Pfaffendorfer Brücke) und östlich (bis zum Rhein) schließt sich die „Neustadt" an mit der für die Zeit des Absolutismus typischen Schlossanlage; Kennzeichen dafür ist der planmäßige Straßengrundriss mit der auf die Residenz ausgerichteten Hauptachse.

Aufgabe 2:
Die Karte weist mehrere neuzeitliche Stadterweiterungen aus:
– gründerzeitliche Wohnviertel aus der Phase der Hochindustrialisierung südlich der „Neustadt" zwischen Rhein/Rheinlache und Hauptbahnhof bzw. Bahngeleisen – zu erkennen an dem rasterförmigen Straßennetz, den großzügigen Durchgangsstraßen sowie der Blockbebauung,
– Industrie- und Gewerbegebiete, vereinzelt durchsetzt von Wohngebäuden, z. B. nördlich der Mosel und in Rauental, typisch dafür sind vor allem die gute Verkehrserschließung sowie die heterogene Nutzungsstruktur (Gemenge von Industrie, Gewerbe, Wohnsiedlungen und Einrichtungen der Verkehrsinfrastruktur),
– reine Wohngebiete in bevorzugter Lage (Karthause) mit den für Stadterweiterungen aus der Mitte des 20. Jahrhunderts typischen Siedlungsmustern, wie dem gut strukturiertem Straßennetz, der Vielfalt an Haus- und Wohnformen oder der klaren räumlichen Trennung von Wohn- und Arbeitsstätten.

Aufgabe 3:
Die funktionale Entwicklung der Stadt Koblenz lässt sich prägnant zusammenfassen: Vom römischen Heerlager über die mittelalterliche Handelsstadt, Residenzstadt des Absolutismus zur Industrie- und Verwaltungsstadt der Neuzeit.

Der Name Koblenz (lat. Confluentes – Zusammenfluss von Mosel und Rhein) weist auf die Gründung durch die Römer hin, die hier zur Sicherung des Moselübergangs ein Kastell errichteten (in der Karte nicht mehr zu erkennen). Aus diesem Kastell entwickelte sich eine mittelalterliche Moselhafenstadt mit Burg, Kirchen, Marktplatz und einer Stadtmauer. Aufgrund der günstigen Lage (Übergang über die Mosel) und eines ausgedehnten agrarischen Hinterlandes entwickelte sich die Stadt zu einem bedeutenden Handelsplatz. Im 18. Jahrhundert wurde Koblenz Hauptsitz der Trierer Erzbischöfe: Schloss und Verwaltungsgebäude bringen die Stadt an das Rheinufer und prägen zusammen mit anderen Gebäuden und großartigen Promenaden bis heute das Stadtbild. Das größte flächenmäßige Wachstum erfuhr die Stadt in der Phase der Industrialisierung, obwohl Koblenz nie eine reine Industriestadt war. Heute dominiert der tertiäre Sektor. Koblenz ist Hauptstadt des gleichnamigen Regierungsbezirkes.

Das Geographiewissen unserer Zeit für den Unterricht in SI und SII

grundlegend · umfassend · praxisorientiert

Zuletzt erschienen:

Band 5: Agrarwirtschaftliche und ländliche Räume

Einen umfassenden Einstieg in die vielschichtigen Aspekte agrarischer und ländlicher Räume bietet der fünfte Band des „Handbuchs des Geographieunterrichts". Er ist in drei Teile gegliedert. An die Beurteilung der fachdidaktischen Bedeutung des Themas schließen sich ein ausführlicher allgemeingeographischer und ein regionalgeographischer Teil an. Letzterer befasst sich intensiv mit der Entwicklung und mit speziellen Aspekten der deutschen und europäischen Landwirtschaft (z. B. „Landwirtschaft in den neuen Bundesländern", „Die Agrarpolitik der EU und ihre Folgen") und vermittelt Einblick in ausgewählte Problemfelder anhand von Fallstudien in Amerika, Afrika und Asien. Der unterrichtspraktische dritte Teil bietet Unterrichtsvorschläge für die Klassen 5–13, in denen ausgewählte Fragestellungen zu den Regionen aufgegriffen werden.

Handbuch des Geographieunterrichts

Werk in zwölf Bänden

Herausgeber: Prof. Dr. Dieter Böhn, Dr. Dieter Börsch, Prof. Dr. Helmuth Köck

Zwölf Bände voller Grundlagen, Materialien und didaktisch-methodischer Hinweise für den Geographieunterricht bietet das Handbuch allen Geographielehrern sowie Geographen, die in der Aus- und Fortbildung tätig sind. Nach einer Einführung in das Gesamtthema des jeweiligen Bandes werden in den allgemein- und regionalgeographischen Teilen II und III die fachlichen Grundlagen geboten. Im unterrichtspraktischen Teil IV werden ausgesuchte Fallbeispiele aus den Teilen II und III praxisorientiert aufbereitet. Diese Konzeption macht das Handbuch zu einem klassisch aufgebauten Standardwerk: fachwissenschaftlich fundiert, kompetent, zeitgemäß und praxisnah.

Bisher erschienen:

Band 1: Grundlagen des Geographieunterrichts
Best.-Nr. 3-00793, 364 S., 34 Abb.

Band 2: Bevölkerung und Raum
Best.-Nr. 3-01484, 412 S., 135 Abb.

Band 3: Industrie und Raum
Best.-Nr. 3-01176, 416 S., 130 Abb.

Band 4: Städte und Städtesysteme
Best.-Nr. 3-01356, 432 S., 146 Abb.

Band 5: Agrarwirtschaftliche und ländliche Räume
Best.-Nr. 3-02189, 432 S., 130 Abb.

Band 10/I: Physische Geofaktoren
Best.-Nr. 3-01028, 274 S., 135 Abb.

Band 10/II: Physische Geofaktoren
Best.-Nr. 3-01130, 290 S., 128 Abb.

Band 11: Umwelt: Geoökosysteme und Umweltschutz
Best.-Nr. 3-01773, 416 S., 200 Abb.

Band 12/I: Geozonen I
Best.-Nr. 3-01618, 304 S., 155 Abb.

Band 12/II: Geozonen II
Best.-Nr. 3-01619, 236 S., 80 Abb.

In Vorbereitung:

Band 6: Freizeit- und Erholungsräume
Band 7: Politische Räume – Staaten, Grenzen, Blöcke
Band 8: Entwicklungsräume
Band 9: Globale Verflechtungen

Alle Bände im Format 25 x 17,6 cm, in Leinen gebunden.

Bei geschlossenem Bezug des Gesamtwerks erhalten Sie 15 % Rabatt auf die Preise der Einzelbände!

Der AULIS VERLAG für Lehrer

AULIS VERLAG DEUBNER
Antwerpener Straße 6–12, D-50672 Köln
Telefon (02 21) 95 14 54-0, Telefax (02 21) 51 84 43
E-Mail: vertrieb@aulis.de